U1005221

一口气读懂经济学

白金版 PLATINUM EDITION

黄晓林 何艳丽 编著

新世界出版社
NEW WORLD PRESS

图书在版编目（CIP）数据

一口气读懂经济学 ：白金版 / 黄晓林，何艳丽编著. -- 北京 ：新世界出版社，2011.8

ISBN 978-7-5104-1974-4

Ⅰ. ①一… Ⅱ. ①黄… ②何… Ⅲ. ①经济学－通俗读物 Ⅳ. ①F0-49

中国版本图书馆CIP数据核字（2011）第140135号

一口气读懂经济学 ：白金版

作　　者：黄晓林　何艳丽
责任编辑：杨艳丽　梁素娟
责任印制：李一鸣　黄厚清
出版发行：新世界出版社
社　　址：北京市西城区百万庄大街24号（100037）
发行部：（010）6899 5968　　（010）6899 8733（传真）
总编室：（010）6899 5424　　（010）6832 6679（传真）
http://www.nwp.cn
http://www.newworld-press.com
版权部：+86 10 6899 6306
版权部电子信箱：frank@nwp.com.cn
印刷：三河市骏杰印刷厂
经销：新华书店
开本：787×1092　1/16
字数：380千字　　**印张**：19.5
版次：2011年9月第1版　2011年9月第1次印刷
书号：ISBN 978-7-5104-1974-4
定价：35.00元

版权所有，侵权必究

凡购本社图书，如有缺页、倒页、脱页等印装错误，可随时退换。

客服电话：（010）6899 8638

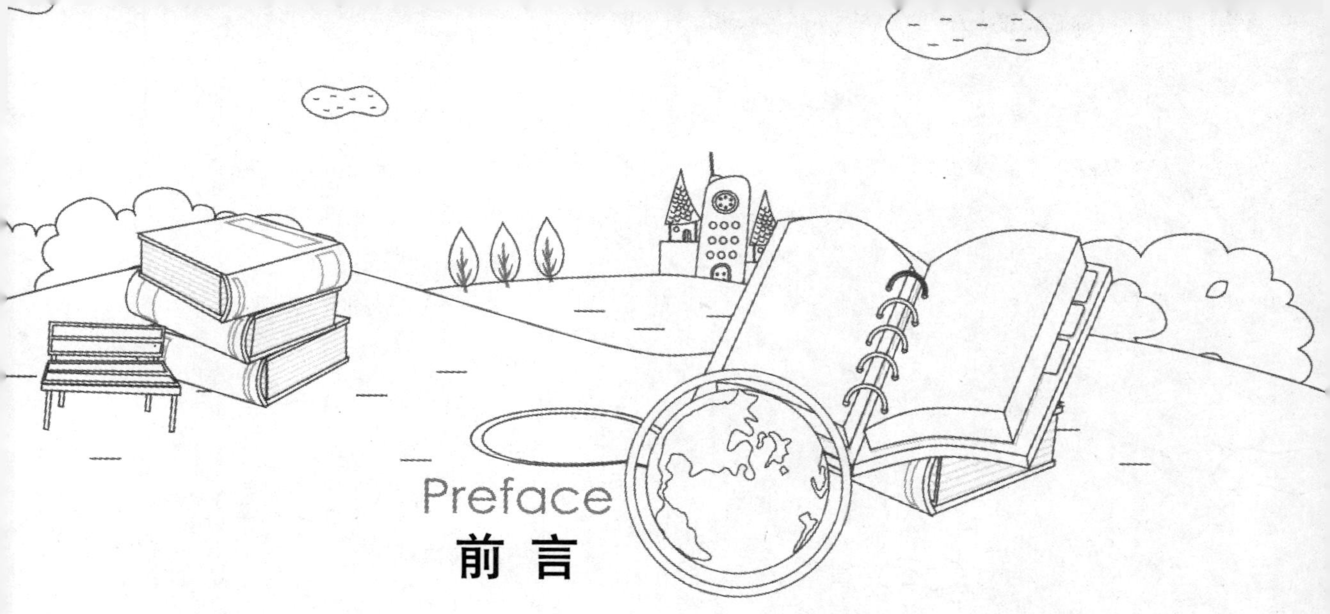

Preface 前言

挎着菜篮子去市场买菜，你会感到政府公布的物价指数与体验指数的不同；当读研已成为“鸡肋”时，你会留意选择考研与选择工作的机会成本；工资越挣越多，手头的钱却越来越不经花，你会注意到货币升值、贬值与自己的切身联系；马路上的路灯频频坏掉、购买的股票连续涨停……所有这些现象，背后都隐藏着神奇的经济哲学。

面对一个充满约束的世界，如何在各种各样的约束下获得尽可能多的收益，这就是经济学的主要研究内容。当然，经济学并不是一个药方，它是一种思维方法。经济学最基本的功能就在于给人们提供认识世界的平台、分析世界的方式和改造世界的方法。我们今天处在一个扑朔迷离的快节奏的社会里，用经济学的眼光和方法去思考、分析问题，就能让一切事物真实地呈现在自己面前。

萨缪尔森说得好：“学习经济学并非要让你变成一个天才，但是不学经济学，命运很可能与你格格不入。”随着经济全球化和市场经济的发展，经济学的魅力正与日俱增，现实社会也迫切需要我们学习和了解经济学。

初恋情人最难忘，因为初恋的边际效用很高；恋爱了就要结婚，因为结婚可以同时使两人获得收益最大化；结婚后吵吵闹闹却不会离婚，因为夫妻二人陷入重复博弈中……不仅是婚恋，生活中的大事小事都与经济息息相关：作为消费者，你要看清消费背后的玄机；作为经营者，你要算清利润背后的一笔账；作为普通的市民百姓，你要跟得上现代金融的节奏……

本书从大众最关注的社会经济现象入手，用白描的手法勾勒出当代社会繁复的经济金融环境，并对大众习以为常的经济现象进行了深入浅出的解释，让读者全方位地感受一个多层次和多维度的经济世界。本书为大家揭开了经济学的神秘面纱，让每一位读者都能触及经济学的本质。

这本集知识性、趣味性为一体的经济学读物，通过简洁明了、幽默风趣的方式将那些高深的经济学道理用平白易懂的解释娓娓道出，让你摆脱啃大部头经济学著作时的费力和烦躁，随时随地在享受阅读的乐趣中学会有用的经济学知识。本书将大众经济学带给读者，让人领略到萨缪尔森的《经济学》殿堂之外的一种平民经济学的亲切面目。

读完本书，你会发现，那些无所不在生活现象中，无不闪耀着经济学的光芒。就让我们通过经济学的“第三只眼”寻找生活的本质和真谛吧!

Contents
目 录

第一章 入门——经济学与我们面对面

第二章 基础原理——十大原理帮你了解经济学

第三章 信息——用经济学侦破真实世界的伪装

第四章 博弈——经济学不是教你诈

第五章 投资——用今天的钱打理明天的财富

第六章 市场——价格背后的真相

第七章 消费行为——看清消费背后的玄机

第八章 消费心理——其实你不懂消费者的心

第九章 企业竞争——竞争压力下的商业交锋

第十章 经营成本——利润背后的一笔账

第十一章 经营战略——福布斯富人榜上的经营智慧

第十二章 宏观经济——逃不了的经济周期

第十五章 就业——把自己“卖”一个好价钱

第十六章 金融——读懂生活中的“钱”规则

第十七章 贸易——“中国花”开遍地球村

第十八章 国际金融——谁在导演货币战争

第一章 入门

——经济学与我们面对面

经济学的根本作用是富民强国

经济学故事

在中国的文字中，“经”的本来含义是“东西之道”，后来引申为“治理”，如经天纬地。“济”则是“济水”，后来引申为“帮助”。“经济”在中国古代文化和古代文学中更多地意味着知识分子安邦兴业的一种责任。

而在公元前469～399年的古希腊，“经济（Economy）”一词作为一种治理家庭财物的方法出现了，近代时则扩大到治理国家的范围。

等到了19世纪末的时候，先进的中国知识分子开始学习西方，他们也认识了“Economy”，并将其翻译成“计学”或“生计学”，即“家计之学”，不过这个译法并没有被后人认可。

此时，日本国内掀起了工业革命浪潮，接受、吸收、宣传西方文化，大量翻译西方书籍，并将“Economy”一词译为“经济”，他们认为，这两个汉字恰好可以表达英文原词的本义。19世纪末20世纪初，随着中日两国文化和人员交流不断加深，“经济”一词以新的含义从日本传到中国，并被广泛使用。

而“经济学”一词的出现源于法国人蒙克莱田，1615年他写了一本书——《献给国王和王太后的政治经济学》，里面出现了法文的“经济学”，之后，英文“Economics”随之出现。在1867年，日本人神田孝平把该词翻译成3个汉字：经济学。

经济学课堂

经济学主要分为微观经济学和宏观经济学。微观经济学研究市场中个体的经济行为，即单个家庭、单个厂商和单个市场的经济行为。它从资源稀缺这个基本概念出发，认为所有个体的行为准则是设法利用有限的资源取得最大的收获，并由此来考察个体取得最大收获的条件。

微观经济学研究的核心问题是既定的经济资源如何被有效地分配到各种不同的用途上。在市场经济中，众多的生产者生产着种类繁多的商品，由市场价格引导资源配置方向，使稀缺资源得到最优配置。由于市场供求是决定市场价格的基本力量，因此，对供给和需求的分析是现代西方微观经济学一般理论分析的逻辑起点。

宏观经济学是相对于微观经济学而言的。宏观经济学是约翰·梅纳德·凯恩斯的《就业、利息和货币通论》发表以来快速发展起来的一个经济学分支，它以国民经济总过程的活动为研究对象，主要考察就业总水平、国民总收入等经济总量，因此，宏观经济学也被称作就业理论或收入理论。

宏观经济学是在微观经济学基础上发展起来的，但宏观又区别于微观。微观研究的是某个组织、部门或个人在经济社会上怎样做出决策，以及这些决策会对经济社会产生什么样的影响；而宏观则是研究整个经济社会如何运作，并找出办法，使其运行得更加稳定、发展得更快。

经济学茶座

中国有几千年的文明史，其中不乏杰出的理财专家，比如汉武帝的大司农桑弘羊，就曾向武帝建议煮盐和制铁由政府专营，为西汉对匈奴的战争胜利奠定了财力基础，他还提出了“均输”和“平准”之法；杨炎是唐德宗的宰相，最早提出“两税法”；北宋时的王安石，推行了著名的“王安石变法”；明朝的张居正，提出了“一条鞭法”，等等。

一门科学，应有一套自己的概念和体系，有自己独特的方法。古人对经济问题有很多真知灼见，但没有形成系统和理论，因而不能被称为经济学。

现代经济学产生的标志，是1776年英国人亚当·斯密发表的《国民财富的性质和原因的研究》，即《国富论》，1901年严复将其译成中文。

发展到如今，经济学无疑是当今的显学。打开电视，翻开报纸，满眼尽是财经新闻、股票行情，经济学家们经常被邀请为政府的座上宾，为国家经济政策出谋划策。

作为一门解释社会现实的学问，经济学主要来源于生活，其核心理论并不复杂，只要在日常生活中多思考、勤实践，普通人一样可以成为经济学高手。

经济学是资源配置的学问

经济学故事

在亚运会召开之前，广州市政府出台了十项亚运惠民政策。作为其中一项，2010年11月1日，广州市实行公交免费政策，预期两个月。

没想到的是，公共交通免费首日，地铁挤爆、公交挤爆，公交地铁日客流量高达1754万人次，远远超出额定运输能力，人们用“震撼”和“无立锥之地”来形容当时的场景。“下午3点，跟平时周五下班时的人一样多。”在天河体育中心附近工作的王小姐回忆起免费时期的地铁仍觉得很恐怖。

公共交通免费政策勉强实行一周后，有关决策部门从安全角度考虑，取消了该项政策，改为向市民发放交通补贴。次日，地铁、公交客流量又恢复正常。

分析其背后原由可知，人们其实明白“天下没有免费的午餐”，所以一旦真的有了“免费的午餐”，难免产生占有心理，决策部门对这一心理缺乏理性预计，就使得决策原意未能有效体现。

这一事件反映的是公共资源配置方法及其可能产生的影响。

经济学课堂

经济学所研究的内容，就是用既定的资源生产什么、如何生产以及为谁生产这三个基本问题。

1．生产什么

因为资源稀缺，不可能什么都生产，所以，生产一种东西，就意味着放弃另外的东西。一亩地种了玉米，就不能同时再种水稻，因此，需要仔细考虑选择什么，满足什么欲望，在经济学上，这叫“生产什么”。

2．如何生产

生产可以采取不同的方式。比如经营快递的公司，可以用飞机，也可以用汽车递送快件。除了联邦快递等几家大公司外，一般都是用汽车送。因为联邦快递名气大、信誉好、收费更高，用飞机送也可以赚钱。但是大量的小快递公司，只能用汽车，因为小快递公司主要靠低收费来维持经营，如果用飞机送，只能是亏损倒闭。对企业来说，赢利才是硬道理。用什么方式生产很重要，需要仔细考量，做出抉择，经济学家把这叫“如何生产”。

3．为谁生产

东西生产出来以后，怎么把东西分到每个人手里呢？要靠规则。规则怎么定？是谁出价高就给谁，还是谁权力大就给谁？不同的规则对人们的影响和造成的后果是不一样的，社会要想平稳发展，就必须采取妥当的办法，实行合理的规则。所以，对于如何分配，也得做出选择，这叫“为谁生产”。

经济学就是关于资源如何配置的学问。迄今为止，人类找到了两种配置资源的方式，一个是计划，一个是市场。主要用计划方法配置资源的经济叫计划经济，主要用市场配置资源的经济叫市场经济。

经济学茶座

经济学是一门研究人类行为及如何将有限或者稀缺资源进行合理配置的社会科学。这个解释可能显得有些抽象，让人难以理解，事实上，经济学并不复杂。经济学要解决的问题，是人类最基本、最重大的问题。往大了说，人类的生存和发展离不开经济学；往小了说，个人的生活与工作离不开经济学。

人类社会的基本问题是生存和发展，就是不断地用物质产品或劳务来满足人们日益增长的需求，而各种各样的需求则来自于人的欲望。20世纪美国心理学家马斯诺提出了需要层次理论，把人由欲望产生的需求分为5个层次，即生理需要、安全需要、社交需要、尊重需要与自我实现需要。需要层次理论表明，人首先满足最基本的欲望，然后才会去追求其他的欲望。而欲望的最显著特征是无穷大、无止境。

要满足欲望就得有满足的手段，经济学把满足人们欲望的手段，叫“资源”。一个社会无论有多少资源，相对于人的无限欲望而言，都总是有限的。这就是经济学家所说的“稀缺”。这里所说的稀缺不是指资源的绝对量多少，而是指相对于无限欲望而言，再多的资源也是稀缺的。

如此一来，矛盾就产生了：欲望是无穷的，资源是稀缺的，那该怎么办?

在过去，解决这个矛盾的办法，是压抑人的欲望，让欲望和资源相接近，比如各种宗教都有这个作用。现代社会解决的办法，则是发展生产，增加资源的总量，以此来满足人的欲望，从而缓解稀缺。

但是欲望是无限的，资源总是比欲望要求的少，因而并不是所有欲望都能得到满足。让哪些欲望得到满足，哪些欲望不得到满足，至少是暂时不能满足，这就是资源配置的过程。

总之，经济学产生于稀缺性，它要解决任何社会和个人都必然面临的选择或资源配置问题。

经济学是帮助推导正确结论的思维工具

2008年11月，英国女王伊丽莎白二世视察伦敦经济学院，与一些教授讨论经济形势。她随后发问："为什么当初就没有一个人注意到它（金融危机）？"

"抱歉，女王陛下，我们没能预测到国际金融危机的到来。"时隔半年，英国一批顶尖经济学家于2009年7月25日在致女王伊丽莎白二世的信中这样写道。

信件的署名者皆为英国知名经济社会学者，包括伦敦经济学院教授、英格兰银行货币政策委员会委员蒂姆·贝斯利，伦敦大学著名历史学教授彼得·埃内西等。

在这封长达3页的信中，学者们除表达歉意外，还向女王解释了金融危机爆发的原因：金融家成功说服各国政府并让自己也相信，他们已完全掌握了控制风险的有效办法，而现在看来，"这已成为人们一相情愿和傲慢自大的最佳例证"。"总之，没能预测出这次危机的时间、幅度和严重性是许多智慧人士的集体失误，无论国内还是国际上的学者，人们都没能将系统性风险视作一个整体。"

经济学课堂

凯恩斯说得好，经济学是方法，而不是教条；经济学是心灵的仪器，是思维的工具，能帮助人们推导出正确的结论。我们学习经济学，是为了运用经济学指导生活，而不是盲从于经济理论，否则，就很可能上了经济学的当。

关于学习经济学的好处，保罗·萨缪尔森说："经济学不能直接给你带来财富，但能促使你像经济学家一样思考，更好地理解这个世界，更加聪明地安排自己的工作和生活。"詹姆斯·布坎南则幽默地表示："研究经济学不会使你脱离领接济食物的穷人队伍，但是至少会使你了解你为什么会站在那个队伍中。"

虽然经济学不可能为所有问题提供现成的答案，但能教会我们分析这些问题的方法。如果我们能像经济学家一样思考，学会用经济学提供的方法、工具、概念和理论来分析现实问题，那么就可以做出正确的经济决策，从而改善我们的生活。

经济学茶座

从经济学的角度看，任何一个人在进行经济活动时，都是精于算计的理性经济人，都要考虑具体经济行为在经济价值上的得失，以便对投入与产出关系有一个尽可能科学的估计。

其一，精于算计的基本含义之一是成本小于收益；其二，是帕累托改进，也就是在不使得一方利益变坏的情况下，使得另一方的利益有所增加；其三，是像经济学家一样思考，为自己获取最大的利益。

一般来说，面对同样一件事情，不同的人为了自身获取最大的收益，会采取不同的方式，我们来看看经济学家是如何理性思考的。

有一个经济学家、一个医生和一个牧师约好某天去打高尔夫球。这天，玩兴正浓时，他们发现有一个人老是在球场上漫无目的地乱跑，这严重影响了他们的兴致，于是向球场交涉。球场的管理人员向他们解释："球场为了向全社会的残疾人献爱心，星期一下午向盲人免费开放。今天是星期一，那个到处乱跑的人是盲人。如果他的行为影响了你们，我向你们表示歉意。"

牧师听后大为感动，遂决定抽出一定时间，免费为残疾人祈祷，祈求上苍保佑，为残疾人带来福音。医生听后，决定向球场学习，在他的诊所里，留出一定的时间免费为残疾人提供医疗服务。经济学家则反问道："我有些不明白，你们球场为什么不把向盲人开放的时间放在晚上？"

从理性视角来看，白天与黑夜对于盲人没有区别，把对盲人开放的时间从白天改到晚上，一点都不损害盲人的利益。如果盲人在白天和一般游客共享高尔夫球场，那么盲人的利益虽然能得到保证，但是一般游客的利益就会受到损害。这就是说，盲人的利益建立在牺牲一般游客利益的基础上，因此，球场资源的配置是不够合理的。从资源配置的角度看问题，这就是经济学的思维方式。

《春明梦录》记载，道光皇帝非常节俭，一次他的裤子破了一块，他让内务府打上补丁以便自己接着穿。裤子补好后，道光皇帝问花了多少钱，回答说：一千两白银。道光皇帝很吃惊，问为什么这么贵，内务府官员回答：湖绉制的布料不太好找，并且很难找到花头刚好能合在一起的，所以这么贵。

这个故事可以从两个方面来理解，一个是经济层面的问题：补一条裤子要花一千两银子，还不如花几十两银子买条新的；另一个层面是意识形态领域的问题：皇帝穿补过的裤子，这种节俭的精神是多少钱也买不来的。经济学家主要是从成本和收益的角度去思考问题，而不是从意识形态方面去思考。做什么事情都要区分为“划算”与“不划算”，这也是经济学的思维方式。

从亚当·斯密到凯恩斯

亚当·斯密于1723年出生在苏格兰小城可可卡迪。亚当·斯密的父亲是一名律师，同时也是苏格兰的军法官和可可卡迪的海关监督。亚当·斯密出生的前几个月，父亲便去世了，亚当·斯密一生与母亲相依为命，终身未娶。

1768年，亚当·斯密受朋友之邀，着手写作《国民财富的性质和原因的研究》一书。1773年该书基本完成，亚当·斯密又花了3年时间修改。1776年此书正式出版，引起世人的广泛讨论，这就是著名的《国富论》。

1790年7月17日，亚当·斯密在爱丁堡与世长辞，享年67岁。去世前，他烧毁了自己的全部手稿，以免误导后人。他的墓志铭是：《国富论》作者亚当·斯密长眠于此。

亚当·斯密生前享有极大的荣誉。一次，英国首相皮特与几位重臣正在交谈，亚当·斯密被邀参加。亚当·斯密步入室内，每个人都站起来，他说：“诸位先生，请坐。”首相却说：“我们要等您先坐下来才就座，我们都是您的门徒啊。”

经济学课堂

亚当·斯密之后，经济学成为一门独立的学科，它的发展经历了以下几个阶段：

第一阶段：古典经济学。

古典经济学核心的一点是，强调劳动决定商品的价值。古典经济学的创立者是亚当·斯密。他分析了国民财富增长的条件以及促进或阻碍国民财富增长的原因，分析了自由竞争的市场机制，把它看做是一只看不见的手，支配着社会经济活动。他反对国家干预经济生活，提出自由放任原则。他首次系统地论述了劳动价值论的基本原理，指出利润和地租都是对劳动所创造的价值的扣除。

1817年，英国人大卫·李嘉图发表《政治经济学及赋税原理》，开创了经济学的演绎法，把经济学的分析引领入科学轨道。他强调经济学的主要任务是阐明财富在社会各阶级间分配的规律，认为全部价值都是由劳动生产的，工资由工人的必要生活资料的价值决定，利润是工资以上的余额，地租是工资和利润以上的余额，由此，他阐明了工资和利润的对立，工资、利润和地租的对立。他还提出了影响深远的比较优势原理。

值得一提的是，李嘉图是理论与实践相结合的典范，25岁时他就靠炒股赚了200万英镑。

第二阶段：新古典经济学。

19世纪70年代，经济学发生了一场革命，即“边际革命”，微积分方法被引进经济学。边际革命论强调，决定商品价值的，不是客观的劳动，而是主观的边际效用。有关边际革命的代表作有《纯粹经济学要义》、《政治经济学理论》、《国民经济学原理》。

价值到底是古典经济学所说的由劳动决定，还是边际革命者强调的由边际效用决定？经济学在此处产生了分歧。

1890年，英国经济学家马歇尔发表了《经济学原理》。他兼收并蓄，以折中主义手法把供求论、生产费用论、边际效用论、边际生产力论等融合在一起，建立了一个以完全竞争为前提、以均衡价格论为核心的相当完整的经济学体系。

在他看来，商品的价格（价值），既取决于劳动等客观因素，即供给，同时，也取决于效用等主观因素，即需求，供给和需求共同决定价格。这就是新古典经济学，也就是现在大家知道的微观经济学。

第三阶段：凯恩斯主义经济学。

1936年，马歇尔的嫡传弟子约翰·梅纳德·凯恩斯出版《就业、利息和货币通论》，建立了现代宏观经济学，解释了资本主义世界1929～1933年大萧条的原因。此后，经济学分为微观经济学和宏观经济学两大部分。从其产生到20世纪60年代，凯恩斯主义经济学一直是经济学的主流。

20世纪70年代西方资本主义国家经济发展出现“滞胀”，即通胀和经济停滞共存，宣告了凯恩斯主义的破产。

第四阶段：凯恩斯主义经济学到目前。

这一阶段，经济学流派纷呈，百家争鸣，不过大体可以分为凯恩斯主义的支持者和反对者。

支持的流派主要有新凯恩斯主义经济学和新剑桥学派。

新凯恩斯主义经济学，即新古典综合派。他们既认为市场是有效的，市场的作用是基本的，又承认市场有缺陷，政府的干预也是必要的。这一派代表人物很多，最杰出的是保罗·萨缪尔森，他是第一个获得诺贝尔经济学奖（1970年）的美国人，构建了现代经济学的分析框架，他的《经济学》从1948年第一版到今天，一直是全球流行的经济学教材。

新剑桥学派。其主要人物在剑桥大学，基本观点和新古典综合派大同小异，主要代表人物是琼·罗宾逊夫人，代表作是《不完全竞争经济学》。

凯恩斯主义的反对派主要有货币主义和新奥地利学派。

货币主义。领袖是弗里德曼，他是1976年诺贝尔经济学奖获得者，自由主义的大师，强烈反对国家干预。弗里德曼的名著包括《自由选择》、《资本主义与自由》等。

新奥地利学派。以哈耶克等为代表，反对国家干预，竭力鼓吹自由主义，崇拜市场自发势力，反对计划经济。哈耶克曾经在20世纪30年代的论战中输给凯恩斯。哈耶克是1974年诺贝尔经济学奖得主，除了经济学，他在法学和政治学领域也有突出成就。哈耶克的代表作有《通往奴役之路》、《致命的自负》、《自由秩序原理》等。

经济学茶座

今天，各种经济学派林立，有人开玩笑说，10个经济学家，可能有11种意见，根本统一不起来。很多笑话嘲讽当今经济学学派众多，是不能解决社会经济问题的上层建筑。

问：要多少个经济学家才能把一个坏灯泡换掉?

答：8个。一个人负责把灯泡换上，剩下的7人负责保持其他条件不变。

问：要多少个芝加哥学派（主张自由竞争）的经济学家才能把一个坏灯泡换掉?

答：一个也不用。要是灯泡坏了，万能的自由市场机制自然会把它更换，如果市场没有更换，说明没有换灯泡的需求，就不必去更换。

问：要多少个新古典学派的经济学家才能把一个坏灯泡换掉?

答：那就要看当时的工资水平和物价指数如何了。

问：要多少个凯恩斯学派的经济学家才能把一个坏灯泡换掉?

答：越多越好。因为这样可以增加就业，刺激消费，经济就这样发展起来了。

问：如果我们派1000个经济学家去换灯泡，他们多久能换好?

答：永远也换不好。这1000个经济学家会先分成10个派别，每个派别会分别拥戴一个自己的精神领袖，然后众多派别开始口水大战，纷纷寻找对自己有利对他人不利的证据，然后报纸、杂志和电视台也陆续加入，最后还是没人去换灯泡。

各种不同的经济学派对于同一个经济问题，往往会给出不同的经济解答。美国金融危机之后，很多人指责说，危机是对自由市场过度迷信，缺少监管的结果，美国和中国、欧洲国家纷纷通过扩大政府财政支出，刺激需求，以图摆脱危机的影响，这是典型的凯恩斯主义政策。但是也有不少经济学家指出，危机并非市场之过，而是市场作用的方式，是正常的周期性调整，政府干预只会让衰退拖延。

我们都是“经济人”

经济学故事

清代小说《镜花缘》中有一个君子国，在这个国家，人人都大公无私，绝无半点私心。

君子国也有交易行为，但卖者少要钱，而买者要多给钱。以下是其中一幕场景。

买东西的人说：“我向你买东西所付的钱已经很少了，你却说多，这是违心的说法。”

卖东西的人说：“我的货物既不新鲜，又很平常，不如别人家的好。我收你付价的一半，已经显得很过分，怎么可能收你的全价？”

买东西的人说：“我能识别好货物，这样好的货物只收半价，太有失公平了。”

卖东西的人又说：“如果你真想买，就照前价减半，这样最公平。如果你还说这价格太低了，那你到别的商家那儿去买，看还能不能买到比我儿这更贵的货物。”

他们一番争执不下，买东西的人给了全价，拿了一半的货物转身就走。卖东西的人坚决不他让走，路人驻足观看，都说买东西的人“欺人不公”。最后，买东西的人拗不过大家，只好拿了上等与下等货物各一半才能离开。

故事中的两位主人公与经济人相差甚远，他们的行为从经济学的角度看显得十分可笑。

经济学课堂

所谓“经济人”假设，就是假定人思考和行为都是目标理性的，唯一试图获得的经济好处就是资源既定时的利益最大化，对个人而言是收入和效用最大化，对企业而言是利润和企业资产价值最大化，对国家而言就是GDP和社会福利的最大化。换句话说，经济学认为所有人都是理性经济人，一切行为的目标只为利益最大化。

亚当·斯密在《国富论》中的一段话对理性经济人有较为清晰的阐述：“我们每天所需要的食物和饮料，不是出自屠户、酿酒师和面包师的恩惠，而是出于他们自利的打算。我们不说唤起他们利他心的话，而说唤起他们利己心的话；我们不说我们自己需要，而说对他们有好处。”亚当·斯密的这段论述向我们表明，人和人之间是一种交换关系，能获得食物和饮料，是因为每个人都想获得对自己最大的利益。

在经济学世界里，人人都是理性经济人——不懈地追求自身欲望最大限度满足的理性的人。它包含两层意思：人是自利的，同时人又是理性的。也就是说，每个人做事情都是为了有利于自己，并且每个人都知道做什么事情和怎样做事情才能有利于自己。

显然，经济人都是自利的，以自身利益的最大化作为自己的追求。当一个人在经济活动中面临若干不同的选择机会时，他总是倾向于选择能给自己带来更大经济利益的机会，即总是追求最大的利益。需要区别的是，自利并不等于自私。

资源总是有限的，人类生存的本能决定了人必须是利己的。功利主义学派的代表人物边沁总结认为，趋利避害是人类的天性。

如果人人都是理性经济人，都是理性且自利的，那么社会秩序不会变得混乱吗？以亚当·斯密为代表的经济学家给出了回答：“他追求自己的利益，往往能使他比在真正处于本意的情况下更有效地促进社会的利益。”也就是说，人人都是理性经济人，更能在客观上维护社会的秩序。

经济学茶座

自古以来，人们关于人性的争论就从来没有停止过，其争论焦点是人性的根源和善恶。

先秦时期的韩非子认为，医生能够在病人的伤口上吮吸脓血，并不是由于与病人之间存在骨肉亲情，而完全是因为他的利益在于病人的回报；同样，木匠造棺材的本意不是憎恶别人，而是因为他的利益在别人的死亡上。由于利益的驱动，人们心中的念头才在道德层面上发生了善恶的区分。

我国明代思想家李贽认为，世间所有人无不为私而忙碌着。“如服田者，私有秋之获而后治田必力；居家者，私积仓之获而后治家必力；为学者，私进取之获而后举业之治也必力。”也就是说，私和利是人们做一切事情的直接动因。君子国中的人在现实世界中是不可能出现的。

经济学承认人性利己的合理性，承认人利己的行为是正当的。经济人假设的正确性，并不是说它适用于每一个人及其一切行为，而是指它适用于绝大多数人的绝大多数行为。

范美忠本来是四川省都江堰市的一名普通教师，但在2008年“5·12”地震发生的时候他丢下了学生，第一个跑出了教室。

后来范美忠发表了《那一刻地动山摇——“5·12”汶川地震亲历记》一文，文中细致地描述了自己在地震时所做的一切以及过后的心路历程。范美忠在这篇文章中自述：“我是一个追求自由和公正的人，却不是先人后己勇于牺牲自我的人！在这种生死抉择的瞬间，只有为了我的女儿我才可能考虑牺牲自我，其他的人，哪怕是我的母亲，在这种情况下我也不会管的。”这番言论引起了铺天盖地的批评与漫骂。

从道德层面来说，范美忠绝对应该受到非难和谴责，尤其是与谭千秋老师、周汝兰老师的高风亮节相比较时。由此可见，我们不能处处提倡利己的行为，因为在趋利性之外，我们还受到良心、道德乃至法律方面的约束。

经济学认为所有人都是经济人，并不是赞扬利己性，只是承认它是无法更改的人性，承认经济人的存在只是对人类趋利本性的一个认识和引导。在现实的经济活动中，我们不可能为了实现自身利益的最大化就不择手段，而必须遵循市场经济的规律以及法律制度的约束，将人的利己心变成增加社会财富、推动历史进步的动力。

经济人假设是经济学的根基，没有经济人假设，就不能正确认识经济规律，也不可能制定切实可行的经济政策。与此同时，我们也应该要看到经济人假设只是一种人性假设，在现实生活中，人不可能处处都以经济人的视角观察世界。如果把利己的观点运用到一切生活准则中，那么生活不可避免地会变味。

第二章　基础原理

——十大原理帮你了解经济学

选择——舍与得的生活智慧

《史记》中记载了“田忌赛马”的故事。

田忌经常与齐威王及诸公子赛马，设重金赌注，但每次田忌和齐王赛马都会输。孙膑后来发现田忌的马大致可分为上、中、下三等，各等级上，都比齐王的马稍逊一筹，于是，孙膑对田忌说：“您只管下大赌注，我能让您取胜。”田忌相信并答应了他，与齐王和诸公子以千金赌胜。比赛即将开始，孙膑说：“现在用您的下等马对付他们的上等马，拿您的上等马对付他们的中等马，拿您的中等马对付他们的下等马。”三场比赛过后，田忌一场落败而两场得胜，最终赢得齐王的千金赌注。

后来，田忌把孙膑推荐给齐威王。齐威王向孙膑请教兵法后，就请他当自己的老师，孙膑的才学有了更宽广的用武之地。

在各个等级上，田忌的马都要比齐王的马稍逊一筹，而孙膑利用不同的选择配置赢得了比赛。在做选择的过程中，我们应该学习田忌赛马中孙膑权衡取舍的智慧。

经济学课堂

经济学可以说就是关于权衡取舍的学问。美国经济学家保罗·萨缪尔森说：“经济学研究人与社会如何做出最终抉择，在使用或者不使用货币的情况下，使用可以有其他用途的稀缺的生产性资源，在现在或将来生产产品，并把产品分配给各个成员以供消费之用。它分析改进资源配置形式可能付出的代价和可能产生的效益。”因此，学会权衡取舍，能做出适合的决策，获得最大收益。

人的欲望是无限的，但用于满足欲望的资源是有限的，决定用什么资源去满足欲望，这就是资源配置问题。资源配置的实质是权衡取舍，即在取舍之间实现利益的最大化。

经济学茶座

人生总是处在选择中，早上起来要穿哪一套衣服出门，我们在选择；中午要去哪里吃饭，在选择；女孩子有众多的追求者，在考虑结婚的时候，到底哪一位男士比较适合自己，要选择；毕业后找工作时，面对多家企业，要做出选择。虽然以上的选择有大有小，但每日、每月所有的选择累积起来，就影响了人生的结果。

俗话说“有得必有失”，选择与决策是一门高深的学问，以经济学的思维思考问题，根据自己的实际情况和条件，可以做出能够实现自身利益最大化的最优决策。

每个人的价值观、客观条件各不相同，只有适合自己的才是最佳选择。有的人见到别人做出了某种选择，于是自己也跟着做，全然不顾自身的条件，这种选择和决策往往难以得到令人满意的结果。

我们在做出选择的时候还会面临的一种情况是：没有一个判断的标准，不知道什么才是最佳选择。其实，很多时候，认真思考之后并不一定能做出最佳选择，在短时间内做出来的反而往往是当前的最佳选择。

不过，我们在考虑绝大部分问题的时候，理性是做出选择和决策的基础。面对生活中种种困难抉择，我们更应该理性思考，做出最适合自己的选择。

这种理性思考具体来说，就是每个人在面临选择和决策的问题时，大致上会体现如下的规律：自然地做出趋利避害的决策，选择使自己利益最大化的结果；清楚认识到自己面临的选择约束条件，以尽可能实现代价最小化。

选择的情况越多，意味着人们的选择和自由度越大。现代社会可供选择的对象太多，该如何选择，也是在考验我们权衡取舍的智慧。我们需要充分利用自己的经济学知识，通过理性思考，做出使自身利益最大化的最优决策。

机会成本——鱼与熊掌不可兼得

经济学故事

《艺文类聚》里讲述了这样一个故事。

齐国有一个人家的女儿，有两家男子同时来求婚。东家的男子长得丑，但是很有钱；西家的男子长得俊美，但是很穷。父母一时间陷入了两难之中，不知该如何抉择。

于是父母便征询女儿的意见："你自己决定愿意嫁给谁，要是难以启齿不便明说，就以袒露一只胳膊的方式，让我们知道你的意思。"

女儿露出两只胳膊。

父母感到奇怪，问其原因，女儿说："想在东家吃饭，在西家住宿。"

经济学课堂

机会成本是指为了得到某种东西而放弃的另一样东西，也可以理解为把一定资源投入某一用途后，所放弃的在其他用途中能获得的利益。我们在一件事情上权衡利弊，然后做出选择，被放弃的价值最高的选择，就是机会成本。

关于机会成本，必须明确以下几点：

一是机会成本中的机会必须是你可选择的项目。比如农民只会种小麦、种蔬菜和养猪，搞房地产就不是农民的机会；又比如你只想吃豆沙糕或者巧克力薄饼，那么吃油条就不是你的机会。

二是机会成本必须是指放弃的机会中收益最高的项目。放弃的机会中收益最高的项目才是机会成本，即机会成本不是放弃项目的收益总和。例如农民只能在种小麦、种蔬菜和养猪中选择一个，三者的收益关系为养猪＞种蔬菜＞种小麦，那么种小麦和种蔬菜的机会成本都是养猪，而养猪的机会成本仅为种蔬菜。

经济学假设人们在理性的指导下，能够将有限的资源进行最优化的资源配置，以实现效益的最大化。产生机会成本是因为资源稀缺。由于任何一种资源都是有限的，而有限的资源又可以有多种用途，把资源用于某种用途就意味着同时放弃其他用途。

值得注意的是，有些机会成本是可以用货币进行衡量的。比如，要在某块土地上发展养殖业，在建立养兔场还是养鸡场之间进行选择，养兔的机会成本就是养鸡的收益。

在这种情况下，人们可以根据对市场的预期大体计算出机会成本的数额，从而做出选择。但是有些机会成本是无法用货币来衡量的，它们涉及人们的情感、观念等。

经济学茶座

生活中到处存在着机会成本，我们时常需要决定如何使用我们有限的时间或收入。当你决定是否购买汽车，或是否上大学时，你必须考虑任一选择可能付出的机会成本。下面以读研还是工作为例作分析。

先算一下考研的成本。首先，是金钱方面的成本。据报道，一个应届大学毕业生的考研费一般在2000～4000元之间，在职考研者的花费也不会少于这个数字。其次，是心理压力成本。几乎每个考过研的人都认为那段时间（复习时间）非常难熬，来自社会、家庭以及自身的压力都很大。特别是家庭状况不是很好的考生，考研意味着不仅不能为家里创收，还得继续向家里要钱。最后，是时间方面的成本。考研者的时间成本都大于其直接用于考研的时间，考的次数越多，时间成本也越大。那么，如果你选择读研而非工作，除了以上成本，你需要付出的机会成本是你工作3年的工资、资历等。

根据机会成本做出更优选择的最佳例证就是比尔·盖茨，他停学创业，而不是继续求学。如果真的选择后者，说不定他就错过了时机，成就不了今日的微软。从经济学角度来看，比尔·盖茨停学创业的机会成本即是继续求学的收益，如学历等。而事实证明，选择前者所获得的收益大于其机会成本，因此可以说比尔·盖茨做了一个理性经济的选择。

读研除考虑机会成本的问题，还有以下事项需要考虑。首先，仔细考虑一下，考上了这个专业的研究生，三年之后，你的就业方向和出路在哪里？这样的出路，是否令你感到满意，是否令你觉得为其付出三年的时光是非常值得的？再想一想，自己所要考的专业以及这个专业的毕业生所从事的工作是你真正喜欢的，还是迫于形势而做出的选择。要知道，一个人只有热爱他的工作，对他的工作时刻保有兴趣和激情，才能做出好的成绩。最后考虑，考上这个专业的研究生，是否能为你将来的就业增加一定分量的砝码，当然，这个砝码并非单指一纸文凭，还应该包括你自身学识的积累和能力的提高。

思考过以上的问题后，如果你的考研信念仍然坚定不移，那么考研就是你的最优选择，就应静下心来全力以赴地准备考试；如果你对自己应否考研产生了动摇，那么，奉劝你勇敢面对现实问题，不要盲目做出选择。

选择任何一方都意味着放弃其他各项，这就需要我们认清机会成本，确定所获利益高于成本，才能走好下一步。

边际——“新增一个”的学问

罗斯福连任三届美国总统后，记者问他有何感想，总统一言不发，只是拿出一块三明治面包让记者吃，这位记者不明白总统的用意，又不便问，只好吃了。接着总统拿出第二块，记者还是勉强吃了。紧接着总统拿出第三块，记者为了不撑破肚皮，赶紧婉言谢绝。这时罗斯福总统微微一笑：“现在你知道我连任三届总统的滋味了吧。”

这个故事揭示了经济学中的一个重要概念——边际。

经济学课堂

“边际”是经济学上的常用术语，一般是指新增的意思。19世纪70年代初出现的边际概念，是西方经济学自亚当·斯密以来的一个极为重要的变化，经济学家把它作为一种理论分析工具。因为这一分析工具在一定程度上背离了传统的分析方法，故有人称之为“边际革命”。

边际学派的代表人物门格尔认为，价值取决于人对财货效用的主观评价。那么价值量，即主观效用量是如何决定的呢？为了回答这个问题，门格尔在主观效用分析上，引入了一个边际概念。他在考察价值尺度或价值量的测定难题时，引申出了关于边际效用量决定商品价值的规律，最早对此作了明确阐述。

边际学派认为，人们在资源有限的情况下，不能使全部欲望得到满足，只能根据欲望的重要性进行分配，首先满足最重要的和较重要的，总有一个是最后被满足的、最不重要的、意义最小的、处在边沿上的欲望，它是随着资源的减少而首先放弃的欲望。这种欲望就是边际欲望，满足这种边际欲望的能力就是边际效用。

边际理论认为，决定物品价值的不是它的最大效用，不是它的平均效用，而是它的最小效用，即由它的边际效用来决定的。

在经济学上，把由某项业务活动引起的边际收入和边际成本（而不是全部成本）相比较的方法，就叫边际分析法。运用边际分析的方法观察经济问题时，稀缺论认为，财富的增长、人类福利的增进不是经济增长的自由展现，而是经济资源的最优配置；不是一切增量投入都是可取的，只有把增量投入与增量产出联系起来分析才能做出正确的决策。在这种理论的影响下，经济学家提出了边际生产力、边际成本、边际收益、边际替代率、边际消费倾向等概念，极大地丰富了经济学研究的内容。所以说，边际分析的广泛使用是经济学研究的重大变革。

经济学茶座

在经济学中，“边际”是一个常用概念，边际分析法不仅广泛应用于理论分析，而且可以帮助人们做出正确的决策。

如一家民航公司开辟从甲地飞往乙地的新航线，运载一位旅客的成本是260元，那么，当飞机有空位时，它能不能以每张130元的票价卖给学生呢？有人可能会说：“不行！”理由是每个旅客的全部成本是260元，低于这个数目的票价将会给航空公司造成亏损。

如果我们运用边际分析法分析一下，便会发现那其实是可行的。因为我们此时做决策不能依据全部成本（它包括飞机维修费用、机场设施和地勤人员的费用等），而是要依据边际成本。飞机维修费以及机场设施费等开销，不论是否搭载学生，均是要发生的，而学生在机上的就餐费和飞机因增加负载而增加的燃料支出，才是因学生乘坐飞机而额外增加的成本。若该边际成本只有30元，则边际收入130元大于它的边际成本，说明学生乘坐飞机能为公司增加利润，所以，按低价让学生乘坐飞机对航空公司是有利的。

在许多情况下，人们可以通过考虑边际量来做出最优决策。假如你马上就要大学毕业，现在要考虑自己是马上就业，还是再多读几年书，如果你将一个拥有博士学位的人和一个没有上完小学的人进行比较，那么这种分析是没有实际用处的。因为这两种人所受的教育时间相差太大，而你只是在决定是否应该再多上一两年学。如何分析才比较合理呢？

单纯从经济学的角度来分析，为了做出该决策，只需要清楚多上一年学所带来的额外收益和额外成本，通过比较边际收益与边际成本的大小，就可以得出多上一年学是否值得的结论了。当多上一两年学所带来的边际收益比边际成本多的时候，则应该继续上学。当然，在现实生活中，还应该考虑到其他因素，比如家庭及今后的人生规划等。

在现实生活中你肯定算过这些账，不自觉地运用过边际分析法，现在无非是把你曾经用过的思考方式加以抽象并定义成一个经济学名词而已。总之，个人和企业通过考虑边际量可以做出更好的决策。在一般情况下，只有行为的边际收益大于边际成本，理性决策者才会采取这项行动。

激励——人们增加付出的根源

一条猎狗追逐一只兔子，追了好久也没有追到。

牧羊犬看到了，讥笑猎狗。猎狗回答：“我仅仅为了一顿饭而跑，它却是为了性命而跑呀！”话被猎人听到了，猎人想：猎狗说得对啊，要想得到更多的猎物，我得想个好法子。

猎人又买来几条猎狗，凡是能够在打猎中捉到兔子的，就可以得到几根骨头，捉不到的就没有饭吃。这个办法果然奏效，猎狗们纷纷去追兔子，都想捕到更多猎物。

这样过了一段时间，问题又出现了。大兔子难捉，小兔子好捉，而得到的骨头都差不多，猎狗们发现了这个窍门，专门去捉小兔子。猎人对猎狗们说：“最近你们捉的兔子越来越小了，为什么？”猎狗们说：“反正没有什么区别，何必费那么大的劲去捉大兔子呢？”

猎人思考后，决定不将分得骨头的数量与是否捉到兔子挂钩，而是采用每过一段时间就统计一次猎狗捉到兔子的总重量的方法，按总重量来决定其在一段时间内的待遇。结果猎狗们捉到兔子的数量和重量都增加了。

猎人很开心，但不久后，新问题出现了。猎狗抓的兔子又少了很多，而且越有经验的猎狗，捉兔子的数量下降得就越厉害，于是猎人又去问猎狗们。猎狗们说：“我们把最好的时间都奉献给了您，但是我们会变老，当我们捉不到兔子的时候，您还会给我们骨头吃吗？”

猎人经过一番思考后，分析与汇总了所有猎狗捉到兔子的数量与重量，规定如果捉到的兔子超过了一定数量，即使捉不到兔子，每顿饭也可以得到一定数量的骨头。猎狗们都很高兴，大家都努力去做，以完成猎人规定的数量。

一段时间过后，终于有一些猎狗做到了。这时，其中一只猎狗说：“我们这么努力，只得到了几根骨头，而我们捉的猎物远远超过了这几根骨头，我们为什么不能给自己捉兔子呢？”于是，有些猎狗离开了猎人，自己捉兔子去了。

猎人意识到猎狗正在流失，于是又进行改革，每条猎狗除基本骨头外，可获得其所猎兔肉总量的n%，随着服务时间加长，贡献变大，该比例还可递增，并有权分享猎人总兔肉的m%。这样，出走的猎狗们纷纷强烈要求重归猎狗队伍。

猎人是个聪明的人，他充分利用激励的作用，达到了自己的目的。

经济学课堂

什么是激励呢？简单地说，就是当外界环境变化时，人们在重新比较成本和收益之后，会相应地改变自己的行为，促使人们改变行为的这些因素就是激励。激励一旦形成，就会作用于组织或个人本身，使组织机能处于一定的状态，并进一步影响组织的生存和发展。

在能力一定的情况下，激励水平的高低将决定人们工作成绩的大小。综合运用多种激励方法是有效提高激励水平的一大法宝。激励的手段主要包括以下几种：

一是物质激励。通过满足个人利益的需求来激发人们的积极性与创造性。应只对成绩突出者予以奖赏，如果见者有份，既助长了落后者的懒惰，又伤害了优秀者的努力动机，从而失去了激励意义。

二是精神激励。通过满足个人的自尊、自我发展和自我实现的需要，在较高层次上调动个人的工作积极性。精神激励主要有目标激励、荣誉激励、感情激励、信任激励、尊重激励。

三是任务激励。让个人肩负起与其才能相适应的重任，由社会提供个人获得成就和发展的机会，满足其事业心与成就感。

四是数据激励。明显的数据对人产生明显的刺激，激发强烈的干劲。数据激励，就是把各人的行为结果用数字对比的形式反映出来，以激励上进，鞭策后进。

五是强化激励。对良好行为给予肯定，即正强化，使之能继续保持；对不良行为给予否定与惩罚，即负强化，使之能记住教训，不再犯同样的错误。

激励对符合组织期望的行为具有反复强化、不断增强的作用，在这样的激励作用下，组织不断发展壮大，个人不断获得利益。尽管激励的初衷是希望通过激励有效地调动个人的积极性，实现组织或个人的目标，但是，激励机制本身的不健全，或者激励机制不具有可行性，会对一部分人的积极性产生抑制作用和削弱作用，这就是激励的致弱作用。

经济学茶座

激励在生活中应用广泛，人们常常利用激励，让他人为自己的利益付出。

一个老年人喜欢安静，他选择住在环境优美的市郊，但有一群孩子每天都到这里来玩，十分吵闹。老人不希望自己在如此吵闹的环境中生活，但如果直接撵他们走，恐怕达不到他所预期的目标。于是他对孩子们说："你们来陪我，我很高兴，以后我每天给你们一人5块钱。"孩子们都很高兴。几天后，老人说，以后给不了这么多钱了，每人只能给1块钱，孩子们不太高兴，但也勉强接受了。又过了几天，老人说，以后每天只能给1毛钱了。这次孩子们不干了，他们很气愤：这么少的钱，以后再也不来了！

老人巧妙制止孩子们吵闹行为的例子是激励在现实中的一种典型运用。作为经济学中的重要原理之一，激励现象存在于人们的很多决策和行为之中。就个人而言，根据行为科学理论，只有尚未满足的需要才有激励作用，已经满足的需要只能提供满意感。需要本身并不能产生激励，对满足需要的期望才真正具有激励作用。

18世纪英国政府为了开发新占领的殖民地——澳大利亚，决定将已经判刑的囚犯运往澳大利亚。从英国运送囚犯到澳大利亚的船运工作由私人船主承包，政府支付长途运输费用。据英国历史学家查理·巴特森写的《犯人船》记载，1790～1792年，运送囚犯到澳大利亚的26艘船共4082人，死亡498人，死亡率很高。其中有一艘名为海神号的船，424个囚犯死了158个。英国政府不仅经济上损失巨大，而且在道义上受到社会强烈谴责。

对此，英国政府实施一种新制度以期解决问题。政府不再按上船时运送的囚犯人数支付船主费用，而是按下船时实际到达澳大利亚的囚犯人数付费。新制度立竿见影，据《犯人船》记载，1793年，3艘新制度下的船到达澳大利亚后，422名罪犯只有1人死于途中。此后，英国政府对这些制度继续改进，如果罪犯健康良好还给船主发奖金。这样，运往澳大利亚的囚犯的死亡率下降到1%左右。

如果按一般思维方式寻找解决犯人死亡问题的方法，可以列举出两种做法：对船主进行道德说教，寄希望于私人船主的良心，为囚犯创造更好的生活条件，或者政府进行干预，使用行政手段强迫私人船主改进运输方法。这两种做法都有实施难度，同时收效也许甚微。而按经济学思维方式得出的新的激励机制则顺应了船主们获取利益的需求，使得犯人平安到达目的地。这就是激励机制的重要作用。

激励机制可以有效控制行事懒散、拖延等行为，使工作效率大大提高。有句名言说，"人们只有在被追赶和被督促中才能进步"，说的正是激励机制的重要性。

比较优势——贸易使生活更美好

经济学故事

亚伦是个优秀的厨师，退休后他常到举行聚会的富豪家中主厨。但亚伦除了当厨师之外，家务活都是请人做。很多人认为他是在外做得太多，厌烦了，于是回家就偷偷懒；亚伦自己却有不同的想法，他认为这样做很合算。

其实，做同一件家务，亚伦需要1小时，亚伦请的小时工苏珊需要2小时。亚伦当厨师每小时工资是30美元，苏珊当小时工的工资是每小时5美元。如果亚伦把1小时用于做家务，他就要放弃当1小时厨师的30美元收入，而把1小时用于做厨师，家务由苏珊来做，他就可以有30美元收入，支付给苏珊5美元，仍能赚25美元。

经济学课堂

在经济学上，比较优势主要用来衡量两个生产者的机会成本，生产一种物品，机会成本较少的生产者在生产这种物品中有比较优势。除非两个人有相同的机会成本，否则一个人就会在一种物品上有比较优势，另一个人将在另一种物品上有比较优势。

在国际贸易上，比较优势理论的中心思想是：如果一个国家在本国生产一种产品的机会成本（用其他产品来衡量）低于在其他国家生产该产品的机会成本，则这个国家在生产该种产品上就拥有比较优势。

与比较优势相对应的一个概念是绝对优势。比如甲和乙两个人，甲比乙会理财，那么，甲在理财方面对乙有绝对优势。比较优势和绝对优势如何影响人与人之间的分工或者国与国之间的贸易关系呢？下面我们来分析一下。

甲比乙会理财，在两人组成的团队中当然是甲来理财。但如果同时甲又比乙更会推销产品，那么在这个团队中谁来理财，谁来营销？答案是：为了团队的总体利益，甲只能忍痛割爱，将账本留给乙。乙虽然不如甲会理财，但乙在推销产品上能力更差。将账本交给乙，能够为甲腾出时间去搞推销，获得更多的利润。在这个团队中，甲的比较优势是营销，而乙的比较优势是理财。人与人之间的分工合作是建立在比较优势之上，而不是绝对优势之上。

这种分配的前提是人的时间和精力是有限的。尽管甲各个方面都比乙强，但甲不可能一个人承担所有的任务。如果甲选择什么都自己做，受时间资源及其自身精力的限制，甲的收益会少于和乙合作所得的份额。

经济学茶座

在经济生活中，机会成本和比较优势的差别引起了交易（交换）。每个人都知道，如果一件东西在购买时所花费的代价比自己独立生产时的费用小，就永远不要自己独立生产。例如，裁缝不想制作他自己的鞋子，而向鞋匠购买；鞋匠不想制作他自己的衣服，而雇裁缝制作。

李嘉图指出，贸易的基础并不是绝对优势，而是比较优势。生产并出售自己比较有优势的产品或劳务，购买自己不具有优势的产品或服务，各方都可以获益，这就是贸易的双赢原则。

比较优势这个概念告诉我们，对一个各方面都强大的国家或个人，聪明的做法不是处处逞能或事必躬亲，而是将有限的时间、精力和资源用在自己最擅长的地方。反之，一个各方面都处于弱势的国家或个人也不必自怨自艾，要知道，强者的资源也是有限的，为了它自身的利益，强者必定留出地盘给“弱者”。

比较优势原理是国际贸易的基本理论之一，直到今天，它仍然是指导国际贸易实践的重要理论。将比较优势理论应用到我们自身，其精髓就是我们中国人所说的“天生我材必有用”。

杨振宁曾在芝加哥大学做实验物理的研究，而他的研究工作并不太顺利。虽然老师们对他的见识非常欣赏，但缺乏动手能力成了杨振宁的死穴。

关于杨振宁的笨手笨脚有个笑话：杨振宁小时候曾用泥捏了一只鸡，拿给父母看，杨武之夫妇为了鼓励他，夸奖说：“这支藕做得真不错！”而在芝加哥大学，“哪里有爆炸，哪里就有杨振宁”的笑话，更是一直流传至今。杨振宁后来在他的导师特勒的建议下，转攻理论物理学。

1957年，因与李政道合作提出宇称不守恒理论，杨振宁获得诺贝尔物理奖。

实验物理并不是杨振宁的强项，他在转攻理论物理后才最大限度地发挥了他自己的比较优势。我们每个人都有比较优势，即使你所有的能力都比别人差，你仍可以从中选出“最优”，这就是你的比较优势。

无论个人、企业还是国家，只要坚持自己的比较优势，在与别人的合作与竞争中就总是可以获得对你来说最大的收益。

市场经济——“看不见的手”实现资源优化配置

经济学故事

1840年鸦片战争，英国用枪炮强行打开了中国的大门，英国商人为能打开中国这个广阔的市场而欣喜若狂。当时英国棉纺织业中心曼彻斯特的商人估计，中国有4亿人，假如有1亿人晚上戴睡帽，每人每年用2顶，整个曼彻斯特的棉纺厂日夜加班也不够，何况还要做衣服呢！于是他们把大量的布运到中国。

结果与他们的估计相反，中国当时处于自给自足的小农经济时代，在此基础上形成了保守、封闭甚至排外的社会习俗。鸦片战争打开了中国的大门，但没有改变中国人的消费习惯。当时，上层人士穿丝绸，一般老百姓穿自家织的土布，中国人晚上也没有戴睡帽的习惯，洋布根本卖不出去。

在19世纪的中国，人们的生活不依赖于市场，因为绝大多数人完全能够自给自足。

经济学课堂

市场经济是指通过市场机制来实现资源优化配置的一种经济运行方式。亚当·斯密用看不见的手形容市场机制对于经济活动的重要性，通过分散的、无数的个人在市场上进行相互交易，这样就能够促进社会获得利益。市场经济的核心优势是竞争机制，竞争机制带来优胜劣汰，而优胜劣汰的压力驱使人们更加努力，从而整个社会的效率就会提高，也就创造出更多的财富。

从本质上讲，商品经济就是市场经济，而市场经济必然导致以雇工经营和机器化大生产为主要特征的经济制度。商品经济的发展与自给自足的小农经济是对立的，它一方面刺激小农家庭增加消费，另一方面又在竞争中竭力排挤家庭手工业，减少小农家庭收入，同时还以胁迫利诱等手段，吸引家庭劳动力外流。

在市场经济时代，工业取代农业成为经济主导产业，相应的，厂商取代个体家庭成为基本的经济组织形式，个体私有制悄悄演变为扩大的私有制，新兴公有制开始萌芽。厂商生产经营的直接目的是赚取利润，各种生产要素都变成了厂商赚取利润的手段，即所谓“资本”。厂商凭借手中掌握的资本，面向市场从事生产经营活动，普遍使用机器和雇用工人，实现了生产科学化、规范化、专业化和社会化。一切产品都通过市场渠道按等价交换原则进行分配，到处存在着广泛而激烈的市场竞争。个人摆脱了人身依附关系，获得了前所未有的个人自由，平等协商、互利合作成为最基本的价值理念，并在政治上导致广泛的民主和法制。

经济学茶座

对于每个人而言，市场是个再熟悉不过的地方。商店、集市、商场、批发站、交易所等，都是与我们的生活有着密切关系的市场。当一个人进入超市买东西时，他就进入了市场。

市场提供了一种机制，使得人们相互进行交易，无论是企业还是个人，价格和利益引导着他们做出选择，这就是我们说的市场调节。

市场调节就好比一只看不见的手，而价格就是看不见的手用来指引经济活动的工具。在生活中，我们可以明显地感受到市场的作用。

例如，市场上的白菜两元一斤，而萝卜只卖五角一斤，那么农民们就会纷纷决定种更多的白菜，原来用以种萝卜的地也改种白菜了。三个月后大量的白菜涌入市场，而萝卜却无人供应。过量的白菜供给导致其价格一下狂跌到了两角一斤，而萝卜则因为供给不足大幅涨价。这下子农民便会想：再种白菜不但已经无利可图，甚至有可能亏本，而种萝卜可以给我带来更多的收入。于是，农民们又拔了白菜改种萝卜。而当有大量的萝卜涌入市场的时候，农民们会遇到像种白菜一样的市场结果。如此反复，市场上会出现供需趋于平衡的状态。

表面上看，上面的故事只是农民在种萝卜与种白菜之间的选择，事实上，这是一种市场调节，也就是《国富论》作者亚当·斯密提出的看不见的手，这也是现代经济学的基础。

虽然市场调节对于经济活动十分重要，但市场也绝非万能，“市场失灵”的情况仍有可能出现。

政府干预——“看得见的手”优化市场结果

乌托邦国处于一片混乱中，整个社会的经济处于完全瘫痪的境地，工厂倒闭，工人失业，人们束手无策。这个时候，政府决定兴建公共工程，雇用200人挖一个很大的坑。雇200人挖坑时，需要发200个铁锹；发铁锹时，生产铁锹的企业开工了，生产钢铁的企业也开始工作了；发铁锹时还得给工人发工资，这时食品消费也都有了。挖坑带动了整个国民经济的消费。大坑终于挖好以后，政府再雇200人把这个大坑填好，又需要200把铁锹……这样，萧条的市场逐步复苏了。经济恢复后，政府通过税收，偿还了挖坑时发行的债券，一切又恢复如常了。

这就是政府对经济发展的作用。

经济学课堂

在凯恩斯之前的西方经济学界，人们普遍接受以亚当·斯密为代表的古典学派的观点，即在自由竞争的市场经济中，政府只扮演一个极其简单的被动角色——“守夜人”。凡是在市场经济机制作用下，依靠市场能够达到更高效率的事，都不应该让政府来做。国家机构仅仅执行一些必不可少的重要任务，如保护私人财产不被侵犯等，而并不直接插手经济运行。

然而，事实证明，自由竞争的市场经济导致了严重的财富不均，周期性经济震荡，社会矛盾尖锐。1929～1933年的大萧条就是自由经济主义弊症爆发的结果。因此，以凯恩斯为代表的政府干预主义者浮出水面，他们提出，政府不应再仅仅扮演“守夜人”的角色，而是要充当一只看得见的手，政府必须平衡以及调节经济运行中出现的重大结构性问题，这就是政府干预理论。

政府干预经济的主要任务是：保持经济总量平衡，抑制通货膨胀，促进重大经济结构优化，实现经济稳定增长。调控的主要手段有价格、税收、信贷、汇率等。

从经济学角度讲，宏观调控就是宏观经济政策，也就是说，政府在一定时期可以改善市场结果。当然，政府并不是总是能够调控市场。什么时候能够调控，什么时候不能调控，需要人们利用宏观调控的经济学原理，来判断什么样的政策在什么情况下能够促进经济良性循环，形成公正有效的经济体系。

相比于亚当·斯密的自由主义，凯恩斯主义认为，凡是政府调节能比市场提供更好服务的地方，凡是个人无法进行平等竞争的领域，都应该通过政府干预来解决问题。凯恩斯强调政府的作用，认为政府可以协调社会总供需的矛盾，制定国家经济发展战略，进行重要的资源协调和产业调整。凯恩斯主义最基本的经济理论，是主张国家采用扩张性的经济政策，通过增加需求促进经济增长。

不过，在20世纪70年代，世界上一些发达资本主义国家陷入“滞胀”状态，无论政府如何挥舞那只看得见的手，经济总是停滞不前，物价却仍在不断地上涨，这便是“政府失灵”的状况。

在现代市场经济的发展中，为了克服“市场失灵”和“政府失灵”，人们认为“两只手”应配合运用，正确看待政府干预的积极性及其局限性。

经济学茶座

既然市场不是万能的，那么政府的干预必不可少。从大的方面来说，仅仅通过市场的调节，很多时候无法避免外部性问题，这时候就需要政府出面，通过行政管制、市场准入等措施，从法律上、政策上来减少市场失灵带来的损失。

政府干预很多时候都与我们的生活息息相关。

从2009年年底开始，随着物价的一路飙升，网络流行语也蜂拥而出，“蒜你狠”、“姜你军”、“豆你玩”、“糖高宗”，等等，反映了农产品一路领涨物价的现象。

在物价水平居高不下的情况下，2010年下半年，国务院发出了《关于稳定消费价格总水平保障群众基本生活的通知》（以下简称《通知》），强调以经济、法律手段为主，辅之以必要的行政手段，进一步做好市场价格调控监管工作。《通知》要求各地区、各部门通过各种手段干预价格。在经济手段上，要求各地区、各部门要积极采取发展生产、加大吞吐调节力度、保障市场供应等多种手段，稳定居民生活必需品价格；采取发放临时价格补贴等方式，保障低收入群体的基本生活。在法律上，针对2010年以来绿豆、大蒜等农产品价格异常波动的现象，政府有关部门经过缜密调查，依法查处了一批恶意囤积、哄抬价格、串通涨价的案件，维护了市场秩序；修订《价格违法行为行政处罚规定》，将捏造、散布涨价信息的行为纳入价格监管范围，增强处罚的针对性，加大处罚力度；抓紧出台《政府制定价格成本监审条例》，强化成本监管。

在随后的几个月，经过各方面的积极努力，消费价格总水平逐渐平稳下来。这是此次政府干预起到的作用。

当然我们也应该知道，即使在必要时采取干预措施，也不会改变市场经济条件下企业定价的自主权，不会影响企业的一般生产经营活动，更不是向高度集中的计划经济体制回归。这种干预措施只是暂时的、辅助的，不可能长期存在，以后的经济还会交给市场这只“看不见的手”来运作。

生产率——生活水平提高的前提条件

经济学故事

美国一个农庄农作物的产出值达平均上限的两倍，令人难以置信。有一位效率专家为研究其原因，千里迢迢来到这个农庄，看到一户农家，就推门而入，发现里面一位农妇正在工作。她怎么工作呢？两只手打毛线，一只脚正推动着摇篮，摇篮里睡着刚出生不久的婴儿，另外一只脚推动一个链条带动的搅拌器，嘴里哼着催眠曲，炉子上烧着有汽笛的水壶，耳朵注意听水有没有烧开。但是效率专家觉得很奇怪，为什么每隔一会儿，她就要站起来再重重地坐下去，并一直重复呢？效率专家再仔细一看，才发现这位农妇的坐垫，竟是一大袋必须重复压才会好吃的奶酪。

这下，他知道这个农庄的高生产率的产生原因了。

经济学课堂

生产率是指产出与投入的比率，如果相同数量的投入生产了更多的产出，则意味着生产率提高了。劳动生产率的增长通常由技术进步、劳动技能的改善和资本的深化引起生产率是一个整体经济运作的基础，直接决定经济水平的高低。

著名经济学家曼昆曾引用著名小说《鲁滨孙漂流记》的例子来说明生产率的提高对人们生活水平的影响，如果鲁滨孙能够在固定的时间段里捕到更多的鱼，即鲁滨孙捕鱼的生产率提高了，那么他的生活水平就会提高。这对于一个国家也是一样，一个国家只有在相同的时间里能生产更多的商品与劳务，它的成员才能享受更高的生活水平。从这个意义上说，一国生产率的增长率决定了它的人均收入的增长率。

需要注意的是，“生产率”和“生产力”两个概念是有区别的。生产力不是生产率，它是指人类发现与创造物质形态（要素）的能力，在生产力的基础上才有生产率的实现。通俗地说，生产力是指一种生产的能力，而生产率则是生产力的量化概念。

生产率是由哪些因素决定的呢？具体来说，主要有以下五种：

1．劳动者的平均熟练程度。劳动者的平均熟练程度越高，劳动生产率就越高。它包括劳动实际操作技术以及劳动者接受新技术的能力。

2．科学技术的发展水平。科学技术越发展，越是广泛运用，劳动生产率越高。

3．生产过程的组织和管理。主要包括劳动者的分工协作，以及工艺和管理方式。

4．生产资料的规模和效率。主要包括劳动工具的使用效率，原材料和动力燃料等的利用程度。

5．自然条件。主要包括与生产有关的地质状态、资源分布、气候条件等。

但生产率的提高一定要在诸要素共同作用下才能实现。

经济学茶座

生产率最终反映的是国家的生产水平，直接体现在人们的生活上。从横向来看，各国家有穷有富。

在2008年，世界上收入最高的国家是卢森堡，人均收入达到43940美元，收入最低的国家其人均收入则仅有1000美元。其实，不只国与国之间有贫富差距，就从公司、小区来讲，这种人均收入的差别也是很明显的。

从纵向的时间来讲，一国在不同时期的生活水平也有所不同。

在新中国刚成立时，所有人都穷得吃不起肉，只好勒紧裤袋过日子；到改革开放之初，很多家庭就有了自己的电视机、洗衣机，慢慢成为“万元户”；到了今天，电脑、轿车等早已经成为普通商品。

不同国家或同一国家不同时期生活水平的巨大差异与我们提到的生产率有关。

例如，有人把20世纪美国工人生活水平的提高归功于工会或最低工资法，但经济学家分析认为，当时社会最有建设性的行为是他们提高了生产率。另一个例子是，一些评论家声称，20世纪七八十年代美国收入增长放慢是由于日本和其他国家日益激烈的竞争。但真正的敌人不是国外的竞争，而是美国生产率增长的放慢。

生产率与生活水平之间的关系对公共政策的制定有深远的影响。在考虑任何一项政策如何影响生活水平时，关键问题是这项政策将如何影响我们生产商品与劳务的能力及投入产出比。

通货膨胀——货币发行过多必然引起物价上涨

经济学故事

2008年7月，津巴布韦中央银行公布，该国的通货膨胀率已高达百分之二百二十万，成为世界上通胀率最高的国家，一卷卫生纸要卖3万津巴布韦元左右，用面额100元的纸钞作卫生纸反而更便宜一点。

对于津巴布韦的一些作风不正的男人来说，通货膨胀让他们进入了难以忍受的时期，因为寻花问柳的成本也增加了。当男人手头紧时，他们只能选择减少婚姻外的暧昧关系。

同时，通货膨胀也让津巴布韦的多妻传统难以为继。物价飞涨使得许多人处于贫困线以下，很多以前的中产阶级，如教师、官员、工程师和工厂管理人员，每个月发放的工资大约一半用来付房租、买日用品和养第二个老婆，更多的老婆正渐渐远离他们的生活。

不过，因为通货膨胀让男人减少了寻花问柳的次数，津巴布韦的艾滋病感染率大大降低，这算得上是津巴布韦抗艾滋病斗争的一个意外收获了。

经济学课堂

通货膨胀一般是指纸币发行量超过商品流通中实际需要的货币量，引起纸币贬值，它的直接反应是物价上涨。如果商品流通中所需要的金银货币量不变，而纸币发行量超过了金银货币量的一倍，单位纸币就只能代表单位金银货币价值量的1/2。在这种情况下，如果用纸币来计量物价，物价就上涨了一倍，这就是通常所说的货币贬值。此时，流通中的纸币量比流通中所需要的金银货币量增加了一倍，这就是通货膨胀。

纸币发行量超过流通中实际需要的货币量，也就是货币供给率高于经济规模的增长率，是导致通货膨胀的主要原因。那么一般在什么样的情况下，纸币的发行量会超过实际需要的货币量呢？

首先，是外贸顺差。以一国为例，外贸顺差将使其外汇储备上升，其央行则需要增大本国货币发行量以维持货币流通量的平衡，由此引发了通货膨胀。

其次，投资过热。在发展中国家，为了让投资拉动经济发展，政府会加大对基础设施建设的投入，那么就有可能印更多的纸币。纸币多了，而国内商品流通量不变，通货膨胀也就由此引发了。

其实在我们的社会生活中还有一类隐蔽的通货膨胀，就是指社会经济中存在着通货膨胀的压力或潜在的价格上升危机，由于政府实施了严格的价格管制政策，通货膨胀并没有表现出来。一旦政府放松这种管制措施，通货膨胀就会发生。

当通货膨胀发生，就意味着人民手里的钱开始不值钱，但是大家也不用提“通胀”即色变。一些经济学家认为，当物价上涨率达到2.5%时，叫做不知不觉的通货膨胀。他们认为，在经济发展过程中，温和的通货膨胀可以刺激经济的增长，因为提高物价可以使厂商多得利润，以刺激厂商投资的积极性，同时，也不会引起社会太大的动乱。温和的通货膨胀即将物价上涨控制在1%～2%，最高不超过5%，能像润滑油一样刺激经济的发展，这就是所谓的润滑油政策。

经济学茶座

通货膨胀最典型的表现就是物价上涨，而且这种上涨有快速的传导性：一部分商品涨价，会很快引起其他商品涨价。以2007年的物价上涨为例，最先涨价的是猪肉等农产品，随之发生了一系列的物价上涨，之后引起生产成本的增加。在既定的价格水平下，生产厂商愿意而且能够供给的商品数量减少。这也就导致整个市场物价的进一步上涨。

通货膨胀对生活的影响有很多方面，我们感受最深的就是货币贬值，购买力下降。

第一次世界大战结束后，德国经济处于崩溃的边缘。战争本来就已经使德国经济凋零，《凡尔赛和约》又使德国背负巨额赔款；德国最大的工业区——鲁尔工业区1923年被法国、比利时军队占领，可谓雪上加霜。

德国政府只能通过大量发行货币来为赔款筹资。从1922年1月到1924年12月，德国的物价以惊人的比率上升，一张报纸的价格变迁可以反映出这种速度：每份报纸的价格从1921年1月的0.3马克上升到1922年5月的1马克、1922年10月的8马克、1923年2月的100马克、1923年9月的1000马克，再到10月1日的2000马克、10月15日的12万马克、10月29日的100万马克、11月9日的500万马克，直到11月17日的7000万马克。

通货膨胀也会对市场的发展产生严重影响。价格是市场经济活动的重要指针，通货膨胀带来的物价上涨会使价格信号失灵，给投资和消费带来更多的不确定性，让生产者和投资者判断失误。

从宏观上来讲，普通老百姓对通货膨胀无能为力，必须依靠政府进行调控。政府此时通常会出台相关的经济政策和措施，例如上调存贷款利率，提高金融机构的存款准备金率，实行从紧的货币政策，包括限价调控等。对于普通人而言，可以采取合理的措施抵消通货膨胀对财产的侵蚀，如进行实物投资、减少货币的流出等，以减少通货膨胀带来的压力和损失。

菲利普斯曲线——通货膨胀牵动失业率

经济学故事

1914年，新西兰的一个农民家庭迎来了一个新生命。小男孩名叫威廉·菲利普斯。15岁那年，他在澳大利亚的一个金矿做工，晚上收工后，在昏暗的灯光下自学电机工程。1937年他到了英国，在伦敦电力局找了一份工作，加入了英国电机工程师协会。二战爆发后，他弃笔从戎，在太平洋战场上作战，在日本战俘营里度过了一段艰难岁月。战争结束后，32岁的菲利普斯脱下军装，进入伦敦经济学院学习社会学，这时他才在课堂上接触到经济学，并深深为之吸引。其实，真正触发菲利普斯灵感的，是经济学里把国民收入视为循环流量和把经济系统视为水压机的想法。菲利普斯据此设计了一种解释凯恩斯经济学的教学模型，他在有机玻璃的管子里装进彩色的水流，运用动力学的原理，使这些彩色的水流来流去，模拟国民收入流程。他制作了许多这样的模型卖给研究机构和大学。这个精巧的设计还帮助他在伦敦经济学院谋取了一个教书的职务。

后来，菲利普斯对稳定政策和经济动态系统的关系产生了浓厚的兴趣。1954年他在《经济学》上发表了《封闭经济中的稳定政策》，其中讨论的就是反应滞后对宏观稳定政策的影响。菲利普斯认为，在理论思辨之前要先搞计量分析，于是，他开始着手做这方面的研究。在1958年，菲利普斯在《经济学》上发表了著名的《1861～1957年英国失业率和货币工资变化率之间的关系》，后来人们所说的菲利普斯曲线就是在这篇文章中首先提出来的。

经济学课堂

失业率和通货膨胀是两个备受关注的经济指标，它们常常用于判断一个国家的经济状况。其中，失业率是由劳动市场控制的，而通货膨胀是由国家发行的货币量决定的。最早发现这两者关系的是经济学家菲利普斯。

菲利普斯根据英国1861～1957年失业率和货币工资变动率的统计资料发现，名义工资的变动率是失业率的递减函数，即使当名义工资的增长率处在最低的正常水平，失业率仍然为正（菲利普斯的统计大约为2%～3%）。由此他提出了一条用以表示失业率和货币工资变动率之间关系的曲线，见下图。这条曲线表明，当失业率较低时，货币工资增长率较高；反之，当失业率较高时，货币工资增长率较低，甚至是负数。

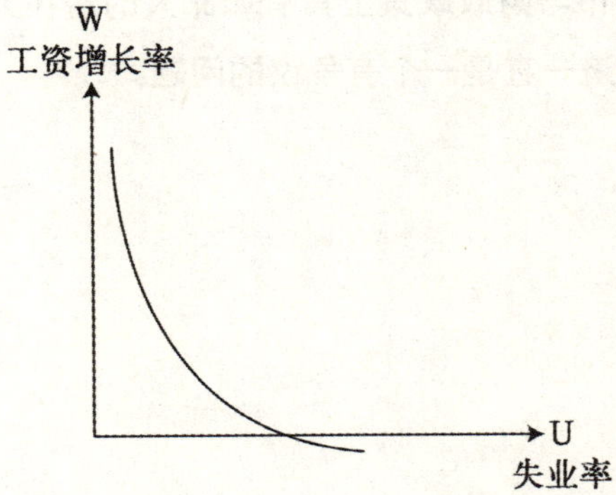

菲利普斯曲线后来又发展成为用以表示失业率和通货膨胀之间此消彼长、相互交替关系的曲线。

于是，菲利普斯曲线的重要观点可以归纳为：通货膨胀是由工资成本推动所引起的，这样就把货币工资增长率同通货膨胀率联系起来；失业率和通货膨胀率存在交替关系，两者可以并存；当失业率为自然失业率时，通货膨胀率为0；根据两者的交替关系，可以将其运用到宏观经济政策当中。

经济学茶座

尽管经济学家们仍对菲利普斯曲线有所争议，但大多数经济学家已经接受了这样一种思想：通货膨胀与失业率之间存在短期权衡取舍。这就意味着，在一两年的时间内，许多经济政策在相反的方向推动通货膨胀与失业。无论通货膨胀和失业是从高水平开始，还是从低水平开始，或者从这两者之间的某个地方开始，决策者都面临这种权衡取舍。

通货膨胀是生产商的天敌。虽然商品的售价会提高以维持现有的收入，但生产者购买的生产资料、劳动力等也会提高价格，所以实际利润没有变化。这时候，进行某一工程，原计划可能只要1000万，且收入丰厚，但现在要1200万。由于工资上涨，生产者如果要保持工人实际收入不变，就要多交所得税。由于工人的存款及现金在贬值，所以需求会减少，商品价格会降低。在收入减少，支出增加的情况下，生产者就会减少人员雇用，继而解雇一部分人。

通货膨胀和失业之间的权衡取舍只是暂时的，但这种关系会持续好几年，因此，菲利普斯曲线是理解经济中许多发展的关键，它对理解经济周期尤为重要。

决策者在运用各种政策工具时，可以利用通货膨胀和失业之间的这种短期权衡取舍，通过改变政府支出量、税收量和发行的货币量来影响经济所经历的通货膨胀与失业的组合。但也由于这些货币与财政政策工具有如此大的潜在力量，所以，决策者应该如何运用这些工具来调控经济一直是一个有争议的问题。

第三章　信息

——用经济学侦破真实世界的伪装

信息不对称——卖家总比买家精

经济学故事

孔子被困在陈、蔡之间，只能吃没有米粒的野菜汤度日，七天没吃到粮食，白天也只得睡觉。一天，颜回讨到一点米回来做饭，饭快熟时，孔子看到颜回抓取锅中的饭吃。一会儿，饭熟了，颜回拜见孔子并端上饭食。孔子装作不知颜回抓饭之事，说："今天我梦见了先君，把饭食弄干净了去祭先君。"颜回回答说："不行，刚才灰尘落进饭锅里，扔掉沾着灰尘的食物是浪费的，我就抓出来吃了。"孔子叹息着说："如果人所相信的是眼睛，可眼睛看到的还是不可以相信；如果人所依靠的是心，可心里揣度的还是不足以依靠，看来了解人真的很不容易。"

即使是孔圣人也不能了解到完全的信息，更不用说我们凡人了。这也就不奇怪为什么我们常常因为信息不完全而产生误会了。

经济学课堂

古典经济学研究有一个重要前提，就是完全信息假设，即假设市场的每一个参与者对商品的所有信息都了如指掌。实际生活中却不是这样，我们一直生活在一个信息不完全的世界中。

信息不完全不仅是指绝对意义上的不完全，即由于认识能力的限制，人们不可能知道在任何时候、任何地方发生的任何情况，而且还指相对意义上的不完全，即信息不对称。

信息对称就是指相关信息为参与交易各方共同分享。在市场条件下，要实现公平交易，交易双方掌握的信息必须对称。倘若一方掌握的信息多，另一方掌握的信息少，二者不对称，这交易就做不成，即使做成了，也很可能是不公平交易。

信息不对称的情况是十分普遍的，它影响了市场机制配置资源的效率，造成占有信息优势的一方在交易中获取太多的利益，出现因信息力量对比过于悬殊导致利益分配结构严重失衡的情况。

信息不对称，决定了竞争是不完全的，决策个体之间存在直接的相互作用和影响。在信息不完全和非对称条件下，完全理性将转化为有限理性，即经济个体是自私的，按利益最大化原则行事，但他们通常并不具有做出最优决策所需要的信息，因此，经济个体的能力是有限的，理性也就是有限的。

传统的经济学理论都是建立在信息对称的假设基础之上的，信息不对称的普遍性的发现则使研究信息经济学的学者获得了1996年和2001年的诺贝尔经济学奖。如今，信息经济学是经济学中兴起的分支，它抛弃了完全信息假设，而以不完全信息假设正视社会和市场，这对我们认识经济世界有重要作用。

经济学茶座

在生活中，我们也经常能发现因信息不对称而导致误解的实例。

一个年轻的小伙子带着女友到公园游玩。他们在途中的一个凉亭休息，小伙子看到不远处有卖冷饮的摊点，就问女朋友要不要雪糕。女友回答说不想要，小伙子就径直去了冷饮摊点，一会儿，他拿着雪糕和可乐边吃边走了过来。女友很不高兴，埋怨男友不体贴："为什么你只买自己的份？"小伙子一脸无辜："你不是不想吃吗？"女友更不高兴了："可我没说我不要可乐。"接下来一路气氛凝重，两人都玩得不开心。

即使是在一般来说极有默契的恋人之间也存在信息不对称的情况，由此可见信息不对称的普遍性。

"天天平价、始终如一"是沃尔玛的营销策略，也是沃尔玛成功经营的法宝。但10元钱进货的商品8元钱卖，真的会有这样的事情吗？实际上，超市不可能对所有的商品都如此打折销售，只有部分商品如此，并且是轮流打折。这一次是饮料打折，下一次是衣服打折，下下次可能是日用品打折，其他商品的价格则和别的超市没有区别，这就是沃尔玛真实的营销状况。

去沃尔玛超市，消费者不可能知道究竟有什么商品在打折促销，同时，消费者又不可能只买打折商品，很可能还买些其他商品。这也体现了在经济生活中，消费者掌握的商品信息往往是不完全的。

在商品流通过程中，一般而言，卖家比买家拥有更多关于交易物品的信息。有些商品是内外有别的，而且很难在购买时加以检验。人们或是看不到商品包装内部的样子（如香烟、鸡蛋等），或是看得到，却无法用眼睛辨别商品质量的好坏（如录音、录像带），显然，对于这些商品，买者和卖者了解的信息是不一样的，卖者比买者更清楚产品实际的质量情况。

经济生活中存在着大量信息不对称问题，但人们总是能够想出一定的解决办法，用以提高信息的质量，或减少因信息不对称所造成的损失。举个例子来说，当你需要购买电脑同时对电脑硬件又不了解时，你会找懂行的朋友咨询，参考网站和杂志，希望由此得到实用信息，在想购买的商品中做出理性的选择。人们会通过不断地搜寻信息，以求全面，给自己的决策提供有价值的参考。

21世纪是一个信息社会，对于个人来说，拥有信息越多，越有可能做出正确决策。提高获取信息的能力，增加获得信息的渠道，我们将最大限度地减少信息不对称造成的损失。

信息传递——名牌大学毕业生为什么受青睐

据说，美国某部队的一次命令传递过程是这样的：

少校对值班军官说：今晚8点左右，在这个地区可能看到哈雷彗星，这种彗星76年才能看见一次。命令所有士兵身穿野战服在操场上集合，我将向他们解释这一罕见现象。如果下雨，就在礼堂集合，我为他们放一部有关彗星的影片。

值班军官对上尉说：根据少校的命令，今晚8点，76年出现一次的哈雷彗星将在操场上空出现。如果下雨，就让士兵身穿野战服前往礼堂，这一罕见现象将在那里出现。

上尉对中尉说：根据少校命令，今晚8点，非凡的哈雷彗星将军将身穿野战服在礼堂出现。如果操场上有雨，少校将下达另一个命令，这种命令每隔76年才下达一次。

中尉对上士说：今晚8点，少将将带着哈雷彗星在礼堂出现，这是每隔76年才有的事。如果下雨，少校将命令彗星穿上野战服到操场上去。

上士对新兵说：在今晚8点下雨的时候，著名的76岁的哈雷将军将在少校的陪同下，身穿野战服，开着他那辆彗星牌汽车，经过操场前往礼堂。

我们看到，经过传递信息发生了变化，与原本的意思相差很远。这种情况经常发生在我们生活中。

经济学课堂

信息传递是指具有信息优势的一方采取某种行动向信息劣势方发送相关信号，用以回避逆向选择，改变市场运行状况。

信息传递理论是指通过一定的信号，改变信号接收者对信号发送者的条件概率估计，形成对信号发送者的正确认识，有助于降低观察和预测经济活动过程中的不确定性，帮助拥有公共信息的一方做出决策，是对信息不完备、非对称状况的补充。

作为信息信号理论的开创者，著名经济学家斯宾塞最早于1972年在《劳动力市场中的信号问题》一文中提出了信号在市场中的作用，并在20世纪70年代发表的一系列关于信号传递问题的论文中对此进行了深入的理论研究和分析，解决了在信息不对称的情况下，拥有信息的一方如何发送信号来显示自己的真实信息，以克服信息不对称带来的困惑。

当斯宾塞在哈佛大学读博士的时候，他观察到一个很有意思的现象：很多MBA的学生在进哈佛之前很普通，但经过哈佛几年的教育再出去，就能比教授多挣几倍甚至几十倍的钱。哈佛的教育真有这么厉害吗？斯宾塞研究的结果是：教育不仅仅具有生产性，更重要的是具有信号传递的作用。

这也是名校毕业的学生更容易进入名企的原因之一。虽然名牌大学也可能出现次品，但这样的概率相对来说要低得多。一个名牌大学的建立，是其多年有效信息费用累计的结果，没有人愿意轻易地毁掉自己的信誉。因此，同样是刚毕业的大学生，企业会优先选择名校毕业生。

因为在信息经济学方面取得的卓越成就，斯宾塞与阿克洛夫同获2001年度的诺贝尔经济学奖。

经济学茶座

在信息传递的过程中，往往会发生以讹传讹的情况，这就要求人们必须加以辨别考察。将信息传递引入现在的市场经济中时，我们看到它又被赋予了新的意义。

在市场上，商家是拥有信息的一方，也能决定如何向外界传递信息。此时，传递信息的成本由商家自己承担，他们需要主动通过广告等方式，在诸多同类产品中突显出来，如此才可能获得利润。如果一个企业没有卓有成效的信息传递，没有别具一格的形象推广，产品就不能有效地推向市场。

1995年之前，由于信息宣传上的不力，消费者对康佳彩电存在很多认知盲点和误区，对企业形象的树立和产品的广泛传播造成了很大障碍。

为了改变劣势，提高自己的知名度，康佳彩电在推广“彩霸”系列时，加大了广告宣传的力度，利用频繁出现的彩色广告和鲜明的标语，给消费者留下了深刻印象。康佳还聘请著名影星做产品形象代言人，从而为品牌做了更有影响的宣传。

信息的生产、制造、传播对于一个企业十分重要，他们从信息中寻找商机，再利用信息将自己的产品推销出去。当今社会通信发达，让人们的注意力集中在一点是很难的。就如赫伯特·西蒙曾说的那样：“信息的丰富产生注意力的贫乏。”要想让人们注意到自己的产品，从而让自己获得最高的收益，企业不仅要在产品的设计、文字和印刷上增加成本投入，还要在信息传递上投入越来越多的金钱与精力。尤其是市场瞬息万变，每一天都有新品牌进入市场，产品变得卓越的代价将越来越大。

另外，随着经济学研究的深入，特别是社会信息化进程的加快，人们认识到，信息传递的失真会带来额外的成本。我们要充分利用现代信息技术，减少信息传递的中间环节，如在企业中建立扁平化企业组织，这样能最大幅度地降低信息失真成本。此外，要建立一套信息保障制度，对那些专门制造虚假信息的人给予相应的处罚。

路径依赖——铁轨宽度与马屁股的关系

美国铁路两条铁轨之间的标准距离是4.85英尺。原来，早期的铁路是由建电车的人所设计的，而4.85英尺正是电车所用的轮距标准。那么，电车的标准又是从哪里来的呢？最先造电车的人以前是造马车的，所以电车的标准是沿用马车的轮距标准。马车又为什么要用这个轮距标准呢？英国马路辙迹的宽度是4.85英尺，所以，如果马车用其他轮距，那么它的轮子很快会在英国的路上撞坏。这些辙迹又是从何而来的呢？从古罗马人那里来的。因为整个欧洲，包括英国的长途老路都是由罗马人为它的军队所铺设的，而4.85英尺正是罗马战车的宽度。任何其他轮宽的战车在这些路上行驶，其轮子的寿命都不会很长。继续问下去，罗马人为什么以4.85英尺作为战车的轮距宽度呢？原因很简单，这是牵引一辆战车的两匹马屁股之间的宽度。故事到此还没有结束，美国航天飞机燃料箱的两旁有两个火箭推进器，因为这些推进器造好之后要用火车运送，路上又要通过一些隧道，这些隧道的宽度只比火车轨道宽一点，因此火箭助推器的宽度是由铁轨的宽度决定的。

最后的结论是，路径依赖导致美国航天飞机火箭助推器的宽度，竟然是由两千年前的两匹马屁股的宽度决定的。

经济学课堂

第一个使路径依赖理论声名远播的是道格拉斯·诺斯，由于用路径依赖理论成功地阐释了经济制度的演进，道格拉斯·诺斯于1993年获得诺贝尔经济学奖。

诺斯创立了制度变迁的轨迹概念，目的是从制度的角度解释为什么所有的国家并没有走同样的发展道路，为什么有的国家长期陷入不发达，总是走不出经济落后制度低效的怪圈。诺斯考察了西方近代经济史以后，认为一个国家在经济发展的历程中，制度变迁存在着路径依赖现象。

诺斯认为，路径依赖类似于物理学中的惯性，事物一旦进入某一路径，就可能对这种路径产生依赖。这是因为，经济生活与物理世界一样，存在着报酬递增和自我强化的机制。这种机制使人们一旦选择走上某一路径，就会在以后的发展中不断地自我强化。

诺斯关于路径依赖的理论很快得到了证实，甚至实验者们还发现，个体的全部行为几乎都受到了路径依赖的影响。区别只在于，不同情况下，好的路径依赖能带来正面作用，提高行为的效率从而进入良性循环，甚至形成规模效应；坏的路径依赖则让行为一直锁定在低效率的状态。

有人将5只猴子放在一只笼子里，在笼子中间吊上一串香蕉，只要有猴子伸手去拿香蕉，就用高压水枪教训所有的猴子，直到再没有一只猴子敢动手。

然后，用一只新猴子替换出笼子里的一只猴子。新来的猴子不知道这里的规矩，伸手去拿香蕉，结果触怒了笼子里原来的4只猴子，于是它们代替人执行惩罚任务，把新来的猴子暴打了一顿，直到它服从这里的规矩为止。

实验人员如此不断地将最初经历过高压水枪惩戒的猴子换出来，最后笼子里的猴子全是新的，但仍没有一只猴子敢去碰香蕉。

起初，猴子怕受到株连，不允许其他猴子去碰香蕉，这是合理的。但后来人和高压水枪都不再介入，而新来的猴子却固守着“不许拿香蕉”的制度不变，这就是路径依赖的自我强化效应。

路径依赖理论被总结出来之后，人们把它广泛应用在选择和习惯等方面。在一定程度上，人们的一切选择都会受到路径依赖的影响：人们过去做出的选择决定了他们现在可能的选择，人们关于习惯的一切理论都可以用路径依赖来解释。

路径依赖反映了历史发展对现在和将来发生的影响。任何体制和行为都离不开一定的历史社会环境，沿着既定的路径，体制和行为的改变可能进入良性循环，不断优化；也可能顺着原来的错误路径往下滑，甚至被锁定在无效或低效的状态，陷入恶性循环而不能自拔。

经济学茶座

路径依赖就像是人们的一种经济惯性，这种力量会使一种选择不断自我强化，让人们难以走出去。

在日常生活中，某项事物的一次选择，或许是历史的偶然，像美国铁路的宽度。但在这一次之后，使用者就会觉得继续这样做是有效率的，于是过去的选择影响了现在以及未来的选择，然后，人们就会在没有任何质疑的情况下，在这条路上一直走下去。

在当前经济学界，路径依赖是一个使用频率极高的概念。在网上买东西、炒股的系统交易、企业管理，其实也是缘于路径依赖。你的系统交易、企业治理模式不一定对，若你使用了很长时间，就会产生依赖，即便明知是错误的，也可能一直使用下去。

要想路径依赖的负面效应不发生，那么在最开始的时候就要找准一个正确的方向。每个人都有自己的基本思维模式，这种模式在很大程度上会决定你以后的人生道路。而这种模式的基础，其实是早在童年时期就奠定了的。因此，做好了你的第一次选择，你就设定好了自己的人生。

事实上，不仅仅是个人成就，其他方方面面同样也会遵循这种效应。人们会选择常光顾一些熟悉的店铺，会选择同样的方式提高自己的工作效率，会喜欢在同样的商品上长年付出同样的价钱……

需要注意的是，在一直遵循对某种路径的依赖时，我们应当提醒自己，要随着条件和时间的变化进行必要的调整。因为，当事物在某条固定的轨道上不停运行时，恐怕效率已经降低，甚至消失了。若不及时进行处理，路径依赖将对经济生活决策产生不利影响。

逆向选择——鲜花为什么会插到牛粪上

一位漂亮女孩有很多爱慕者，他们都这样想：这么漂亮的女孩，怎么轮得到我来追？肯定有那些比我有钱的男人，比如巴菲特去追求她，于是长叹一声，转而追求其他女孩去了。

巴菲特在华尔街上巧遇来纽约观光的漂亮女孩之后，也颇为心仪，但是他转念一想：这么漂亮的女孩，怎么轮得到我来追？肯定有那些比我年轻的小伙子，比如比尔·盖茨去追求她。于是巴菲特长叹一声，转而与白发老妇相伴去了。

漂亮女孩出席某次晚会时，巧遇比尔·盖茨。面对如此佳人，比尔·盖茨心动了，但他转念一想：这么漂亮的女孩，怎么轮得到我来追？肯定有那些比我更强壮的阔佬，比如乔丹去追求她。于是比尔·盖茨长叹一声，埋头继续他的软件事业了。

漂亮女孩去观看篮球比赛时，邂逅飞人乔丹。面对如此佳人，乔丹也心动了，但他冷静下来一想：这么漂亮的女孩，怎么轮得到我来追？肯定有那些比我更英俊的小伙，或许她的同学或同事，早就把她追到手了。于是乔丹长叹一声，转身来个空中走步。

那些想追求漂亮女孩的人相互之间不能互通信息，也不了解她的尴尬处境和真实想法，结果是男人们都预期追求漂亮女孩一定有极高的门槛，而选择退缩不前。

在这个过程中，大家只看到了女孩的美貌和自己的不足之处，而根本不知道其他任何信息。最后反而是那些考虑问题简单、懵懵懂懂的普通男生追到了漂亮女孩。漂亮女孩因为没人追求，从而对自己的美貌产生了怀疑，当普通男生来追求的时候，就选择了接受。

经济学课堂

逆向选择在经济学中是一个含义丰富的词汇，它的一个含义是指由交易双方信息不对称和市场价格下降而产生的劣质品驱逐优质品，进而出现市场交易产品平均质量下降的现象。

在现实的经济生活中，存在着一些和常规不一致的现象。例如，在产品市场上，特别是在旧货市场上，卖方比买方拥有更多的关于商品质量的信息，买方由于无法识别商品质量的优劣，只愿根据商品的平均质量付价，这就使优质品价格被低估而退出市场交易，结果只有劣质品成交。

“一个人掌握的信息达到何种程度，就会采取相应的选择。”这是信息经济学的一个基本原理。在信息不对称的前提下，交易中卖方往往故意隐瞒某种真实信息，使得买方最后的选择并非最有利于买方自己。

逆向选择违背了市场竞争中优胜劣汰的选择法则。在生活中，有些人常常会因虚假广告上当受骗，蒙受损失，这就是由信息不对称造成逆向选择的结果。

经济学茶座

在日常生活中，逆向选择的案例有很多。如在招聘场合，很多人找不到合适的工作，而企业又慨叹招不到合适的人才。一方面，招聘会里人头攒动，人声鼎沸，另一方面，企业求贤若渴，迫不及待。两相对比的反差，正是逆向选择在起作用。很多企业总是发愁，求职者的简历五花八门，好不容易筛选出一份来，面试过关了，等到工作时，却没有实际能力，给企业造成浪费和损失。尤其是高层次人才，讲起话来滔滔不绝，使听者觉得他见多识广，经验也好像非常丰富，一旦开始工作，总是漏洞百出。这即是招聘中的逆向选择。

老板为预防新招来的高管离职时带走秘密或资源，设立了重重防线。高管新上任，不久发现这些防线，不被信任之情油然而生，于是不久即离职。老板庆幸：幸亏我当初设立了防线，否则他拿走的更多。这就是职场上的逆向选择现象。

爱情里的逆向选择表现为好女子总是嫁了比较差的男子，有句俗话“好汉无好妻，赖汉娶个花枝女”，说的就是这个意思。在大学校园里，我们也经常慨叹，一对对恋人是那么不协调，这种结果也是逆向选择造成的。

在经济生活中，卖方知道的信息内容，买方不一定知道，而买方的价格底线，卖方也不知道。甚至，卖方有时候为牟取暴利，故意隐瞒某种对自己不利的信息，由于信息不对称，买方无法排除干扰，从而做出逆向选择，使自身利益受到损害。

可以说，只要存在信息不对称，就可能出现逆向选择。经济学家提出，解决逆向选择的办法就是将信号传递给缺乏信息的买方或买方诱使卖方披露全面而真实的信息，尽量使交易双方信息对称。信息传递、沟通得愈充分，愈有利于交易的达成，愈有利于市场的健康发展。

霍布森选择——不要轻易相信“自由选择”

1631年，英国剑桥商人霍布森从事马匹生意，他说：“所有人买我的马或者租我的马，价格绝对便宜，并且你们可以随便挑选。”霍布森的马圈很大，马匹很多，然而马圈只有一个小门。高头大马出不去，能出来的都是瘦马、赖马、小马，来买马的左挑右选，不是瘦的就是赖的。霍布森只允许人们在马圈的出口处选。大家挑来挑去，自以为完成了满意的选择，最后的结果可想而知。这样的选择只是一个低级的决策结果，其实质是小选择、假选择、形式主义的选择。

经济学课堂

在有限的空间里进行的有限选择，无论人们如何思考、评估与甄别，最终得到的还是一匹劣马。后来，管理学家赫伯特·西蒙把这种没有选择余地的所谓选择讥讽为霍布森选择。

在生活中，我们表面上面临各式各样的选择，其实很多是假选择。人们经常被表面上众多的选项弄昏了头，事实上，其他的选择项并不可行，摆在面前的只有一个选项或者没有选项。

对于个人决策来说，如果陷入霍布森选择的困境，就不可能发挥自己的创造性。道理很简单，任何好与坏、优与劣，都是在对比选择中产生的，只有拟订出一定数量和质量的方案对比选择才有可能得到合理的方案。只有在许多可供对比选择的方案中进行研究，在对其了解的基础上进行选择，才算得上选择。

经济学茶座

实际上，霍布森选择一直存在于人们的生活中。虽然从理论上说人们总是有许许多多的选择，但因某些限制的存在，减少了人们选择的范围，事实上选择项是唯一的。20世纪著名的汽车商亨利·福特曾经说：“你可以订白色的、红色的、蓝色的、黄色的、黑色的，订什么颜色的汽车都可以，但是我生产出来的汽车只有黑色的。”

生活中，我们也往往会遇到类似的陷阱，我们经常听到“自由选择”，实际上，这种自由总是或多或少地受到限制和约束，使得选择的范围大大缩小。

举一个简单的例子，对于一个自由的大学生来说，他毕业后可以工作，可以攻读研究生，可以出国留学，甚至可以成为自由职业者。真实的选择并不是这么回事：因为囊中羞涩，出国留学的选择其实已经名存实亡；因为英语基础差，通过考研英语分数线的可能性很低，这无疑又使读研成为弃选项；因为家里强烈反对他做自由职业者，于是他不得不放弃这种选择，因此他必须在毕业后找一份正式的工作……这就是现实生活中的霍布森选择。

没有选择余地的选择，就等于无法判断，就等于扼杀创造。一个企业家在挑选部门经理时，往往局限在自己的圈子里挑选人才，选来选去，再怎么公平、公正和自由，也只是在小范围内进行挑选，很容易陷入“霍布森选择”，甚至出现“矮子里拔将军”的惨淡状况。“当看上去只有一条路可走时，这条路往往是错误的。”毫无疑问，只有一种备选方案可行就无所谓择优，没有了择优，决策也就失去了意义。

受到限制的选择并非一无是处。现代商品经济下，生产资料日益丰富，走进超市面对各种品牌的同类商品人们总是有点无从下手，不知道自己该选择哪个，很担心自己会选中质量差的产品。但如果只有一种商品可供选择，人们对该商品的认知已经很清晰，就不再有这些担心。此外，如果只有一种选择，也可节省选择的机会成本。

绝大多数人都希望拥有更多的选择项，更多的选择总是令人身心愉悦。我们应利用自己的智慧之眼，洞悉霍布森选择，为自己创造尽可能多的可行选择。

道德风险——委托代理中的自私行为

《克雷洛夫寓言》中有一则“狐狸建筑师”的故事。

一头狮子特别喜欢养鸡，但鸡舍的严密性不好，总是丢鸡。狮子决定请最好的建筑师狐狸来建一个坚固的鸡舍。鸡舍建得极为精美，看起来固若金汤，围墙又高又严密，但鸡仍然在一天天减少。原来狐狸就是偷鸡贼，它把鸡舍盖得非常严密，谁也进不去，却把一个秘密通道留给了自己。

狮子委托狐狸建鸡舍是出于它的无知，用经济学术语说是狮子和狐狸之间的信息不对称。一旦狮子知道了狐狸的偷鸡本性，就会从维护自己的利益出发，炒掉狐狸。

假设狐狸没有偷鸡的动机，鸡舍也不一定能盖好，比如黄鼠狼为了偷鸡有可能贿赂狐狸，让狐狸留下通道，这涉及狐狸的道德水平。

经济学课堂

在以分工为基础的现代社会中，委托代理关系普遍存在。委托代理关系形成以后，由于信息不对称，就可能产生代理人的道德风险。

道德风险是20世纪80年代西方经济学家提出的，是属于经济哲学范畴的概念，即从事经济活动的人在最大限度地增进自身效用的同时，做出不利于他人的行动。或者是，当签约一方不完全承担风险后果时所采取的自身效用最大化的自私行为。道德风险亦称道德危机，但道德风险并不等同于道德败坏。

在经济活动中，道德风险问题相当普遍。可以说，只要市场经济存在，道德风险就不可避免。诺贝尔经济学奖获得者斯蒂格里茨在研究保险市场时，发现一个经典的例子。

美国一所大学自行车被盗比率约为10%，几个有经营头脑的学生发起了一个对自行车的保险，保费为保险标准的15%。按常理，这几个有经营头脑的学生应获得5%左右的利润，但该保险运作一段时间后，这几个学生发现自行车被盗比率迅速提高到15%以上。何以如此？这是因为在为自行车投保后，学生们对自行车的安全防范措施明显减少。

在这个例子中，投保的学生由于不完全承担自行车被盗的风险后果，因而采取了对自行车安全防范的不作为行为，而这种不作为就是道德风险。

经济学茶座

保险就是典型的委托代理关系。基于理性经济人假设，个人努力追求自己的效用最大化，因为任何预防性措施的采取都有代价，同时保险公司承担了保险的全部风险，所以理性的投保人不会在预防措施上投资，这样就增加了风险发生的可能，给保险公司带来了损失。更为极端的是个人会促使损失的发生，从而获得保险公司的理赔。保险公司预测到投保人投保后的这种行为，就会要求投保人交纳更多的保险金，这样就降低了保险市场的效率，投保人相对采取预防措施下的收益也会降低。此外，保险公司为了激励投保人采取预防措施，可以采用设置免赔额，并且要求投保者也承担一定比例的损失的方式保护自己的利益。

在经济人广泛存在的委托代理行业，道德风险是委托人经常会遭遇的问题。那么，如何控制委托代理关系中的道德风险行为呢？有人说要加强审计、监督、检查和惩戒，但是问题在于：第一，代理人的很多行为并不涉及法律和规则，比如他的工作热情不高、偷懒，你就无法用法律和规则约束；第二，检查和监督是有成本的，如果检查和监督很细致、很频繁，监督成本就很高，很可能得不偿失。

柠檬市场——劣币驱逐良币

经济学故事

四川有三个商人，都在市场上卖药。其中一人专门进优质药材，按照进价确定卖出价，不虚报价格，更不会过多地取得赢利。另外一人进货的药材有优质有劣质，他售价的高低，只看买者的需求程度来定，然后用优质品或次品来应对他们。还有一人不进优质品，只求多，卖的价钱也便宜。于是人们争着去专卖劣质药的药店买药，他店铺的门槛每个月换一次，过了一年就非常富有了。那个兼顾优质品和次品的药商，前往他家买药的稍微少些，过了两年也富裕了。那个专门进优质品的药商，不到一年时间就穷得上顿不接下顿了。

在这个故事中，卖优质药材的穷得揭不开锅，卖劣质药材的反倒很快致富，这和柠檬市场上的一些现象十分相似。

经济学课堂

阿克洛夫在1970年发表了一篇名为《柠檬市场：质量不确定性和市场机制》的论文，他本人也于2002年获得诺贝尔经济学奖。“柠檬”在美国俚语中表示“次品”或“不中用的东西”，“柠檬市场”即次品市场的意思。当产品的卖方对产品质量比买方有更多信息时，柠檬市场便会出现，低质量产品会不断驱逐高质量产品。

与此类似的是劣币驱逐良币，这也是经济学中的一个著名定律。金属货币作为主货币有较长的历史。但由于直接使用金属做货币有很多不便之处，于是人们将金属铸造成便于携带和交易，也便于计算的货币。这种铸造的金属货币，有与其实际价值相对应的面值，或称为名义价值。这一变化使得铸币内在的某种金属含量（如黄金含量）产生了与面值不同的可能，如面值1克黄金的铸币，黄金的实际含量可能不足1克，人们可以加入一些其他低价值的金属混合铸造，但它仍然作为1克黄金进入流通中。

16世纪英国商业贸易很发达，玛丽女王时代铸造了一些成色不足（即价值不足）的铸币投入流通中。金融家兼商人托马斯·格雷欣发现，当面值相同而实际价值不同的铸币进入流通时，人们会将足值的货币贮藏起来，或是熔化或是流通到国外，最后回到英国偿付贸易和流通的，则是那些不足值的劣币，英国由此受到巨大损失。因此，格雷欣向伊丽莎白一世建议，恢复英国铸币的足值，以恢复英国女王的信誉和英国商人的信誉，以免在贸易中因不足值铸币而遭受损失。

这就是劣币驱逐良币效应，产生这种现象的根源在于交易双方的信息不对称。因为如果交易双方对货币的成色或者真伪都十分了解，劣币持有者就很难将手中的劣币花出去，或者，即使能够用出去也只能按照劣币的实际价值而非法定价值与对方进行交易。

经济学茶座

劣币驱逐良币的现象在市场上是普遍存在的。在信息不对称市场中，产品的卖方对产品的质量拥有比买方更多的信息。在极端情况下，市场会萎缩乃至消亡，这就是柠檬市场效应。

柠檬市场效应是指在信息不对称的情况下，往往好的商品遭受淘汰，而劣等品会逐渐占领市场，从而取代好的商品，导致市场中都是劣等品。二手车市场模型可以形象地解释这种现象。

假设有一个二手车市场，买车人和卖车人对汽车质量信息的掌握是不对称的。买家只能通过车的外观、介绍和简单的现场体验来验证汽车质量的信息，这样很难准确判断出汽车质量的好坏。因此，对于买家来说，在买下二手车之前，并不知道哪辆汽车是高质量的，他只知道市场上汽车的平均质量。买家知道市场里面的好车至少要卖6万元，坏车最少要卖2万元。那么，买车的人在不知道汽车质量的前提下，愿意出多少钱购买他所选的车呢？一般情况下，买家只愿意根据平均质量出价，也就是4万元。但是，那些质量很好的二手车卖主就不愿意了，于是高质量的汽车就会撤出这个二手车市场，市场上只留下低质量的二手车。如此反复，二手车市场将会被低质量的车占领。

传统的市场竞争机制得出来的结论是优胜劣汰，可是，在信息不对称的情况下，市场的运行可能是无效率的，并且会出现劣币驱逐良币的现象。产品的质量与价格有关，较高的质量诱导出较高的价格，较低的质量导致较低的价格。然而，劣币驱逐良币使得市场上出现价格决定质量的现象，因为买者无法掌握产品质量的真实信息。

生活中柠檬市场无处不在。比如人才市场，由于信息不对称，雇主往往开出的是较低的工资，这根本不能满足精英人才的需要，却能被普通人接受，从而使精英人才被驱逐。信贷市场也是个柠檬市场，信息不对称使贷款人只好确定一个较高的利率，结果好企业退避三舍，资金困难甚至不想还贷的企业却蜂拥而至。了解柠檬市场产生的原因，在很多时候可以使我们免受损失。

第四章　博弈

——经济学不是教你诈

有限理性——你是聪明的傻子吗

一家商店正在清仓大甩卖，一套餐具有8个菜碟、8个汤碗和8个点心碗，共24件，每件都完好无损。同时还有一套餐具，共40件，其中有24件和前面那套的种类大小完全相同，也完好无损，除此之外，还有8个杯子和8个茶托，不过2个杯子和7个茶托已经破损了。在这种情况下，虽然第二套餐具比第一套多出了6个好的杯子和1个好的茶托，但人们愿意支付的钱反而少了。

人们往往有这样的心理：一套餐具的件数再多，即使只有一件破损，人们也会认为整套餐具都是次品，理应价廉；而件数再少，但全部完好，就成为理所当然的合格品，应当价高。由此看来，人们的理性并不是始终存在的。

经济学课堂

有限理性的概念最初是阿罗提出的，他认为有限理性就是人的行为“是有意识的理性，但这种理性又是有限的”。造成有限理性的原因有两点：第一，环境是复杂的，在非个人交换形式中，人们面临的是一个复杂的、不确定的世界，而且交易越多，不确定性就越大，信息也就越不完全；第二，人对环境的计算能力和认识能力是有限的，不可能无所不知。

20世纪40年代，西蒙详尽而深刻地指出了新古典经济学理论的不现实之处，分析了它的两个致命弱点：假定目前状况与未来变化具有必然的一致性，假定全部可供选择的备选方案和策略的可能结果都是已知的。事实上，这些假设条件在现实中都是不可能的。西蒙的分析结论使整个新古典经济学理论失去了存在的基础。

西蒙指出传统经济理论假定了一种经济人，他们具有经济特征，具备所处环境的知识——即使不是绝对完备，至少也相当丰富和透彻；他们还具有一个很有条理的、稳定的偏好体系，并拥有很强的计算能力，能计算出在他们的备选行动方案中，哪个可以获得最高利益。

西蒙认为人们在决定过程中寻找的并非是最大或最优的标准，而只是满意的标准。他提出的有限理性和满意准则这两个命题纠正了传统理性选择理论的偏激，拉近了理性选择的预设条件与现实生活的距离。

经济学茶座

在经济生活中，人人都是理性人，只不过这种理性一般是有限理性。“掩耳盗钟”的故事很能说明有限理性。

春秋时候，有人跑到晋国的范氏家里想偷点东西，看见院子里吊着一口大钟。小偷心里高兴极了，想把这口精美的大钟背回自己家去。可是钟又大又重，怎么也挪不动。他想来想去，只有一个办法，那就是把钟敲碎，然后分别搬回家。

小偷找来一把大锤，准备砸钟。这时小偷想到砸钟时，钟发出的声响就会被别人发现。怎么办呢？终于，他想到一个好办法——堵住自己的耳朵。他立刻找来两个布团，把耳朵塞住，然后动手砸起钟来。钟声响亮地传到很远的地方，人们听到钟声蜂拥而至把小偷捉住了。

这则故事讽喻小偷的愚笨，但小偷其实是一个理性的经济人，他精于算计：要把大钟偷回家，就必须把大钟砸碎，但砸钟会发出声响，必须阻止钟声的传播，于是他堵住了自己的耳朵。可以说，小偷的行为不失理性。为什么小偷是一个理性人，却还被视作傻瓜？因为他并不是一个完全理性人，他只是一个有限理性人，所以他才会做出堵住自己的耳朵盗钟的事情，忘记了别人的耳朵也能听到钟声。

在生活中，我们也常会因为有限理性而对得失的判断屡屡失误，做了理性的傻瓜。

一场由众多明星参加的演唱会即将上演，票价很高，需要800元。这是你梦寐以求的演唱会，机会不容错过，因此很早就买到了演唱会的门票。演唱会的晚上，你正兴冲冲地准备出门，却发现门票没了。要想参加这场音乐会，必须重新掏一次腰包，那么你会再买一次门票吗？

假设是另一种情况，同样是这场演唱会，票价也是800元。但是这次你没有提前买票，打算到了演唱会场后再买。刚要从家里出发的时候，你发现自己不知什么时候把刚买的价值800元的MP4给弄丢了。这个时候，你还会花800元去买这场演唱会的门票吗？

与第一种情况下选择再买演唱会门票的人相比，在第二种情况下选择仍旧购买演唱会门票的人要多得多。客观来讲，这两种情况是没有区别的，都是损失了800元的价值，然后你需要选择是否再花800元去参加演唱会。只不过在这两种情况中你的损失形式不同：在第一种情况下，你是因为丢了一张票而损失了800元，而在第二种情况下你是因为丢了MP4而损失了800元。

那为什么人们会有截然不同的选择呢？主要是因为人们的理性是有限的。在人们心里，对每一枚硬币并不是一视同仁的，而是视它们来自何方、去往何处而采取不同的态度，这是一种非理性的观念。

任何人都不可能是完全的理性人。在纷繁的世界中，我们应学会去认识世界，分析世界，尽量使理性趋于完全。

帕累托最优——谁也不愿破坏的最优状态

经济学故事

春秋时期，鲁国非常弱小，很多鲁国人在其他国家沦为奴隶。为了振兴国力，鲁国国君颁布了一条法律：如果鲁国人在其他国家中遇见沦为奴隶的同胞，可以先把这个奴隶赎回来，回国后国家给予相应的赎金。

孔子有一位学生子贡，家里比较富裕，他曾多次将沦为奴隶的鲁国人赎回，而且事后并不去找国君拿赎金。子贡觉得自己是在施行老师的“仁”，他为此非常得意。

孔子知道此事后，批评了子贡：“我知道你追求高尚，也不缺钱花，可是这个补偿你一定要去领。现在你掏钱救人，受到社会的赞扬。但是从今以后，当别人在国外再遇见沦为奴隶的鲁国人时，他就会想自己是不是应该去赎人呢？如果赎了人，回国后还去不去找国君要钱呢？不去找国君，自己会损失一大笔钱；如果去找国君，别人又会拿你来讥笑他。这样一来，他们再看到身为奴隶的鲁国人就会装作没有看见，你的行为正好是阻碍解救沦为奴隶的鲁国人的根源！”子贡听完老师的话，感到十分羞愧。

还有一次，孔子的另一位学生看到有人掉进河里，于是把落水者救上岸来。被救的人为了表示感谢，送给这位学生一头牛，学生收下了。孔子对这个学生的行为大加赞赏，因为这会激励更多的人去救人。

孔子的行为，暗合了经济学原理，这两件事体现的正是经济学中的帕累托效率准则。鲁国原有的制度其实已经发挥出很好的效果，人们开始积极赎回沦为奴隶的同胞，而子贡的行为，很可能会破坏这种积极性，从而使鲁国已有的制度出现问题。

经济学课堂

意大利经济学家帕累托曾针对资源的最佳配置提出了帕累托效率准则：经济的效率体现于配置社会资源以改善人们的境况。

所谓帕累托最优，指的是资源配置的一种理想状态。资源配置一旦达到了这种理想状态，想要使某些人的处境变好，就必定要使另外某个人的境况变坏，即你的得到是以他人的失去为代价的。由此，我们可以认为，帕累托最优是一个兼顾公平与效率的理想王国。相反，如果可以在不损害其他人利益的情况下改善某个人的处境，就可以认为资源尚未被充分利用，这时就没有实现帕累托最优。

经济学茶座

根据帕累托最优，如果社会资源的配置已经达到任何调整都不可能在不使其他人境况变坏的情况下，使任何一个人的情况变得更好，那么，这种资源配置的状况就是最佳的，最有效率的。如果没有达到这种状态，即任何重新调整都能使某人境况变好，而不使其他任何一个人情况变坏，就说明这种资源配置的状况不是最佳的，是缺乏效率的。

试举一例，球迷们去体育场观看一场精彩的足球比赛，球场能坐50000人。假如在比赛开场前，坐到了49000人，那么，体育场在此时还没有处在帕累托最优的状态。如果再进入1000名球迷，他们也可以看到比赛，他们的处境会变得更好，同时体育场内原有的49000人的处境并不会变坏，这个增加球迷的过程就是一个帕累托改进。如果已经坐满了50000人，就是已经达到了帕累托最优，再进入1000名甚至更多的球迷，他们会因为看到球赛而使自己的处境变好，但对于原有的50000名观众来说，处境会变差，原因是，球场内超过规定人数，球迷的安全就难以保障了。

同样的情况也适用于长途汽车。在没有满员的情况下，可以再上乘客，以达到帕累托最优，但是满员后再超载，全体乘客的安全就会受到影响。

在经济学上，帕累托最优描述的是一种理想状态，在现实的经济生活中难以达到。为了达到帕累托最优，便有了帕累托改进，如前面举例中使1000人进入已有49000人的球场中，它指在没有使任何人处境变坏的前提下，使得至少一个人的处境变得更好。

帕累托改进的特点是自己变好，同时又不使他人变差。正是由于帕累托改进没有损害到他人的利益，其行为所遇到的阻力往往很小。以我国改革开放为例，其政策大多都是帕累托改进，比如分田到户和联产承包责任制，由于广大农民获得了切实的好处，而其他行业也没有受到什么损失，所以推行起来阻力不大。如果不是帕累托改进，即某一行为在使一部分人变好的同时，可能使得另一部分人变差，那么其推行阻力就会增大。

在工作生活中，我们要学会合理利用帕累托效率准则，当资源配置达到最佳状态时，只需要保持这种状态就能实现效益最大化。

囚徒困境——聪明反被聪明误

经济学故事

李德裕是晚唐时期著名的政治家，曾两度为相。唐敬宗时，李德裕任浙西观察使。期间，他处理了一桩棘手的案子。

当地甘露寺的主事状告前主事私吞寺里的钱若干。这位主事不仅拿出了交割文书为凭，还有众多僧人为其作证。前主事大呼冤枉，却又拿不出被冤枉的证据。案子到了李德裕手里，他觉得很可疑。

有人私下告诉李德裕，那些交割文书是假的，其实并没有什么金子被私吞了，只是众僧对前主事不满，故而串通一气诬陷他罢了，可是这个案子人证物证俱全，要想为前主事申冤很难。李德裕说，要搞清楚是否串通一气诬陷前主事，是很容易的。

李德裕把作证的僧人全部叫来，问他们是不是都看见交给前主事的金子，众僧回答说都看见了。李德裕便将他们一个个分开，然后每人给一些软黄泥，让他们捏出给前主事的金子的模样来。

这些僧人事先谁也没有想到李德裕会有这么一手。结果可想而知，作证的僧人捏出的金子什么样子都有，他们串通一气作伪证诬陷前主事的事，也就水落石出了。

实际上，本故事中的李德裕就运用了博弈论中的囚徒困境理论，达到帮助自己破案的目的。

经济学课堂

1950年，担任斯坦福大学客座教授的数学家图克，为了更形象地说明博弈过程，用两个犯罪嫌疑人的故事构造了一个博弈模型，即囚徒困境模型。

警方在一宗盗窃杀人案的侦破过程中，抓到两名犯罪嫌疑人。但是，他们矢口否认曾杀过人，辩称是先发现富翁被杀，然后顺手牵羊偷了点东西。警察缺乏足够的证据指证他们所犯下的罪行，但如果罪犯中至少有一人供认罪行，那么就能确认罪名成立。

于是警方将两人隔离，以防止他们串供或结成攻守同盟，分别跟他们讲清了他们的处境和面临的选择：如果他们两人中有一人认罪，则坦白者立即释放而另一人将判8年徒刑；如果两人都坦白认罪，那么他们将被各判5年监禁。若两人都拒不认罪，因警察手上缺乏证据，他们将以较轻的偷盗罪各判1年徒刑。

那么，囚徒到底应该选择哪一项策略，才能将自己的刑期缩至最短呢？两名囚徒由于隔绝监禁，并不知道对方的选择；即使他们能交谈，也未必能够相信对方不会反口。

因此，在困境中任何一名理性囚徒都会做出如此选择：

若对方选择抵赖，自己选择坦白，会让自己获释，所以会选择坦白。

若对方选择坦白，自己也要坦白，才能得到较低的刑期，所以还是选择坦白。

二人面对的情况一样，所以二人的理性思考会得出相同的结论——选择坦白。坦白是两种策略之中的支配性策略，因此，这场博弈中唯一可能达到自身利益最大化的行为，就是双方都坦白，结果二人同样服刑5年。

这就是博弈论中经典的囚徒困境，可用下表表示。

囚徒困境

囚徒甲 \ 结果 \ 囚徒乙	坦白	抵赖
坦白	−5，−5	−8，0
抵赖	0，−8	−1，−1

囚徒困境是非零和博弈中具有代表性的例子，反映出个人的最佳选择并非团体最佳选择。

囚徒困境假定每个参与者都是利己的，都寻求自身利益最大化，而不关心另一参与者的利益。以全体利益而言，如果两个囚徒都保持沉默，两人都只被判刑1年，总体利益更高，结果比两人都坦白而各判刑5年的情况好。但根据以上假设，两人均为理性个人，且只追求个人利益。均衡状况会是两个囚徒都选择坦白，结果二人判决均比合作要高，总体利益较合作为低，这就是困境所在。

囚徒困境的主旨为，虽然囚徒们彼此合作、坚不吐实可为全体带来最佳利益，但在信息不明的情况下，因为坦白可为自己带来利益，所以囚徒们宁愿坦白而非合作保持沉默。

另外，单次发生的囚徒困境，和多次重复的囚徒困境结果会不一样。在重复的囚徒困境中，博弈会反复进行，因而每个参与者都有机会惩罚另一个参与者前一回合的不合作行为。这时，合作就可能会作为均衡结果出现。

经济学茶座

囚徒困境反映了个人理性与集体理性之间的矛盾，对每个人而言都是理性的选择，能得到最优的结果，对于整个集体来说却是非理性的，最终导致对集体中每个人都不利的结果。

在某城市郊区有个足球场，有一次足球场举行一个重要的比赛，大家都想去看。到足球场有好几条路，其中有一条是最近的。王波选择了走最近的这条路，但发现其他人也都选择走这条路，于是这条路非常堵，因此在路上所花的时间远远多于自己的预期。好不容易来到了足球场，精彩的比赛让人大开眼界，可惜前排有人站起来，影响了自己的观看效果。王波也选择站起来，这样他能看得清楚一些，于是他后排的人也都选择站起来看，最后的结果是所有人都在站着看比赛。

每个人想到的首先都是自己的利益，进行的都是有利于自己的决策，但最后的结果既没有使自己获利，也没有让大家从中获得好处。即，如果从个体来看所做出的选择或决策无疑是理性的，但人人都基于同样的考虑做出相同的选择或决策时，就可能陷入困境。

为避免囚徒困境，我们应该加强内部协作，不仅每个人要充当理性的经济人，集体也应该成为理性的经济人，只有这样，才能实现集体和内部成员利益的最大化。

纳什均衡——鹦鹉需要学的“新词”

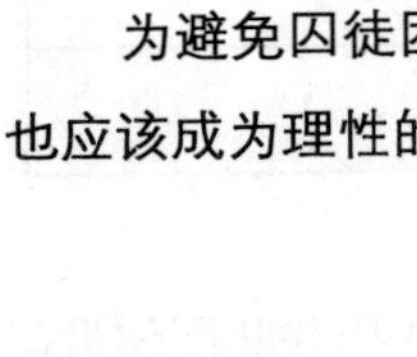

有一位数学家，很有天赋，很有成就，但精神分裂症困扰着他天才的大脑，他的妻子一直支持着他，最后帮助他走出了精神的泥沼。这个故事被拍成了电影，就是获得奥斯卡最佳影片奖的《美丽心灵》。人们在关注这部电影的同时，也了解了电影主人公的原型——数学家约翰·纳什。

约翰·纳什来自西弗吉尼亚的一个小镇，在中学、大学的时候就已经被认为在数学上是一个有天分的学生，进入美国著名学府普林斯顿高等研究院之后，纳什如鱼得水。

纳什曾经发明了一种让普林斯顿数学博士、教授们共同感兴趣的博弈游戏。他改造和发展了经典博弈论，使之能够切实地运用在经济活动中，而给现代经济学带来智慧的纳什均衡理论就是在那个时候诞生的。事实证明，约翰·纳什创立的有关理性冲突与合作的理论已经成为20世纪最具影响力的成果之一。

但是这个被精神分裂症困扰了30多年的天才被很多学术奖项和机构排斥在外，他的诺贝尔奖得来得更是艰难。约翰·纳什在20世纪80年代中期即出现在候选人名单当中，却因为两派意见相差太大而被搁置了近10年。1994年，他终于在投票中以微弱多数通过，获得当年的诺贝尔经济学奖。

经济学课堂

1948年约翰·纳什进入普林斯顿大学，其研究成果是题为《非合作博弈》（1950）的博士论文。在这篇博士论文的基础上，纳什又发表《n人博弈中的均衡点》（1950）和题为《非合作博弈》（1951）两篇论文。纳什在上述论文中，介绍了合作博弈与非合作博弈的区别。他对非合作博弈最重要的贡献是阐明了包含任意人数局中人和任意偏好的通用解概念，使其不再仅限于两人零和博弈。

假设有n个局中人参与博弈，在给定其他人策略的条件下，每个局中人选择自己的最优策略（个人最优策略可能依赖于也可能不依赖于他人的策略），从而使自己利益最大化。所有参与者的最优策略构成一个策略组合，这个策略组合即是纳什均衡，且没有人有足够理由打破这种均衡。

纳什均衡理论奠定了现代主流博弈理论和经济理论的基础，正如克瑞普斯在《博弈论和经济建模》一书的引言中所说：“在过去的一二十年内，经济学在方法论以及语言、概念等方面，经历了一场温和的革命，非合作博弈理论已经成为范式的中心……在经济学或者与经济学原理相关的金融、会计、营销和政治科学等学科中，现在人们已经很难找到不懂纳什均衡能够‘消费’的领域。”纳什均衡理论改变了经济学的语言和表达方法。在进化博弈论方面相当有造诣的坎多利对保罗·萨缪尔森的名言“你甚至可以使一只鹦鹉变成一个训练有素的经济学家，因为它必须学习的只有两个词，那就是‘供给’和‘需求’”曾做过一个幽默的引申：“现在这只鹦鹉需要再学一个词，那就是‘纳什均衡’。”

经济学茶座

在经济生活中，纳什均衡其实就在我们身边。节假日是超市人最多的时候，假如你怀抱着一堆东西在收银台结账，这时你会找个最短的队来排，还是就近找个队排？

在这里，我们假设超市里的每个人都有一个理性预期——尽快离开超市，那么所有的队都会一样长，你用不着费劲地去找最短的队。购物者只要看到旁边的队伍人少，就会很快排进较短的队中，如此一来较短的队也变长了，一直到两个队人数差不多，人们就不再转移队伍。最终，所有的队都会变得人数差不多，所以，还是就近选择最好。

如果我们从时间的角度来考虑，其结果也是一样的。我们排队除了要看每个队伍的长短，还得注意每个队的移动速度。如果一个队有10个人，但是每个人买的东西都很少，另一个队有7个人，却都推着购物车，买了一堆东西，显然人们还是愿意排第一个队。等到第一个队多出第二个队足够多的时候，两个队伍的移动速度就基本差不多了，所以你还是不用去找队排。除此之外，收银员的工作熟练程度也可能影响到队伍的移动速度，但如果你不知道哪个收银员快，也还是就近找个队排最好。

最后的结论就是排哪个队都一样，这就是经济学中所说的均衡。均衡是一种均势状态，或是一种皆大欢喜的状态，每个人都乐于接受它；抑或是一种作茧自缚的状态，每个人都被迫选择它。但是无论如何，这是我们所能做出的最好的选择。

生活中一种有趣的现象也可用均衡原理来解释。为什么许多美女最后嫁给了丑男，如果用纳什均衡原理对此进行分析，会得到有趣的结论。纳什均衡的基本原理是，如果对方的策略是确定的，我的策略就是最优的；对方的策略是不确定的，我的策略就很难是最优的。

在纳什均衡假定的情景下，如果四位优秀的男士看到四位美女和一位绝色美女，通常每一位男士都会假定其他男士会去追求绝色美女，故追到绝色美女的不确定性最强，很难有最优机会；为防止“赔了夫人又折兵”，每一位男士都会去追普通美女。普通美女知道自己与绝色美女的差距，在有确定追求者的时候，就会有清晰的迎合策略。因此相较于绝色美女的不确定策略，普通美女会更具吸引力，结果导致绝色美女轮空或无人敢追。

经济生活是各方参与者在理性预期的指导下综合博弈的结果，假如我们能够理解其中的奥妙，将减少许多无谓的烦恼。

负和博弈——双方都会遭受损失

经济学故事

皮洛士是小国伊庇鲁斯的王子，他一向醉心于马其顿国王亚历山大的“伟业”，企图在地中海地区建立一个大国。

公元前281年，皮洛士率领大批军队进攻罗马。在阿普里亚境内的奥斯库伦城附近，双方展开激战。在这次战斗中，皮洛士获得了胜利，但自身的损失也极其惨重。战斗结束后，大家向他表示祝贺，皮洛士眺望着硝烟还未散尽的战场，叹息着说道：“要是再来一次这样的胜利，我就彻底垮了。”

这就是著名的典故“皮洛士的胜利”，是一场负和博弈。

经济学课堂

所谓负和博弈，就是指双方冲突和斗争的结果是所得小于所失，就是我们通常所说的其结果的总和为负数，是一种两败俱伤的博弈，双方都有不同程度的损失。在博弈中，双方的有效合作可能会带来意想不到的效果，不合作则有可能造成两败俱伤的恶果。

人们在现实中的决策并不单单是考虑经济上的动机，也会考虑对方行为的目的。人类有知恩图报也有以牙还牙的心理，对于那些善待自己的人，他们常常愿意牺牲自己的利益给予回报；对于那些恶待自己的人，他们常常愿意牺牲自己的利益去实施报复。在这样的动机下，负和博弈的产生也就在情理之中了。

经济学茶座

负和博弈在生活中经常出现，在相处过程中，由于双方为了各自的利益或占有欲，而不能达成一致，使双方产生冲突和矛盾，结果是双方都会在博弈中受到损失。

有一对兄弟，哥哥仗着自己力气大，经常抢弟弟的玩具。弟弟的玩具被抢了，就跑到爸爸那去告状。可是爸爸很忙，不想总是管兄弟俩的小事，所以规定：如果来告状，不管是谁的过错，兄弟二人都将被关在屋子里一天且不许玩耍。如果弟弟是一个经济人，当他的玩具再次被抢的时候，他会怎么办？告状的后果就是自己和哥哥一起被关，这绝对是没有任何好处的。不告状，等哥哥玩腻了，自己尚且能有一点玩的时间。所以理性的经济人大多会选择忍气吞声——为了最大的利益。

但是现实情况也许并非如此，弟弟会选择告状，以此来惩罚哥哥，虽然哥哥被惩罚不会给自己带来任何直接利益，甚至会带来害处。这样，哥哥抢了弟弟手中的玩具，完全是损人利己的行为，结果造成了双输的结局，双方行为形成了负和博弈。

事实上，很多职场人士因为与老板不和，或与同事发生冲突，也常常出现负和博弈。

王超应聘到某文化公司做财务，业绩做得不错。前不久她上报的财务报表出了错（她认为是销售和库房的问题），老板当着众人的面对她大发雷霆。王超忍无可忍，于是与老板顶撞了起来，然后又哭着冲出了办公室。结果，受到顶撞的老板火气更旺，一气之下，除了王超的名，而王超也失去了工作。

事实证明，无论在工作中，还是在生活中，两败俱伤的负和博弈都是不足取的。它只能使双方的矛盾和冲突不断加大，结果是：博弈双方都将付出惨重的代价，得不偿失，双方都成了输家。

在现实中，我们要想避免负和博弈，就不要总想着战胜对方，而应考虑怎样友好地谈判才能让彼此的损失降到最低。在遇到竞争的时候，一定要运用智慧冷静行事，化干戈为玉帛，避免彼此的冲突，减少双方的损失。

正和博弈——新龟兔赛跑的故事

春秋时期，越国人甲父史和公石师各有所长。甲父史善于计谋，但处事很不果断；公石师处事果断，却缺少心计，常犯疏忽大意的错误。他们经常取长补短，合谋共事，两个人无论一起做什么，总是心想事成。

后来，他们在一些小事上发生了冲突，吵完架后就分了手。在各行其是的那段时间里，他们都在自己的事业中屡遭败绩。

一个叫密须奋的人对此感到十分痛心，他哭着规劝两人说：“你们听说过海里的水母吗？它没有眼睛，靠虾来带路，而虾则分享水母的食物。这二者互相依存，缺一不可。北方有一种肩并肩长在一起的‘比肩人’。他们轮流着吃喝、交替着看东西，死一个则全死，同样是二者不可分离。现在你们两人与这种‘比肩人’非常相似。你们和‘比肩人’的区别仅仅在于，‘比肩人’是通过形体联系在一起，而你们是通过事业联系在一起的。既然你们独自行事时连连失败，为什么还不和好呢？”

甲父史和公石师听了密须奋的劝解，感到很惭愧。于是，两人言归于好，重新在一起合作共事。

这则寓言说明个体的能力是有限的，在争生存、求发展的竞争中，只有坚持团结合作，才有可能获得最终的成功。这便涉及经济学中的正和博弈。

经济学课堂

正和博弈，也称合作博弈，是指博弈双方的利益都有所增加，或者至少是一方的利益增加，而另一方的利益不受损害，因而整个团体的利益有所增加。合作博弈采取的是合作的方式，或者说是一种妥协。妥协之所以能够增进妥协双方的利益以及整个团体乃至社会的利益，就是因为合作博弈能够产生合作剩余。至于合作剩余在博弈各方之间如何分配，则取决于博弈各方的力量对比和技巧运用。因此，妥协必须经过博弈各方的讨价还价，进而达成共识，最终进行合作。在这里，合作剩余的分配既是妥协的结果，又是达成妥协的条件。

正和博弈强调的是集体主义、团体理性，研究人们达成合作时如何分配合作得到的收益，即收益分配问题。为了更好地理解正和博弈，我们可以用猎鹿模型来解释在博弈中合作的必要性。

在古代的一个村庄里，有两个猎人。为了使问题简化，假设主要猎物只有鹿和兔子。如果两个猎人齐心合力，忠实地守着自己的岗位，他们就可以共同捕得一只鹿：要是两个猎人各自行动，仅凭一个人的力量，是无法捕到鹿的，但可以抓住4只兔子。

从能够填饱肚子的角度来看，4只兔子可以供一个人吃4天；1只鹿如果被抓住将被两个猎人平分，可供每人吃10天。对于两位猎人来说，他们的行为决策就成为这样的博弈形式：要么分别打兔子，每人得4；要么合作，每人得10。如果一个去抓兔子，另一个去打鹿，则前者收益为4，后者只能是一无所获，收益为0。在这个博弈中，要么两人分别打兔子，每人吃饱4天；要么大家合作，每人吃饱10天。

猎鹿博弈

猎人乙 / 结果 / 猎人甲	猎鹿	猎兔
猎鹿	10，10	0，4
猎兔	4，0	4，4

通过比较，猎鹿博弈中明显的事实是，两人合作猎鹿的好处比各自打兔子的好处要大得多。猎鹿博弈启示我们，双赢的可能性是存在的，人们可以通过采取各种举措促成这一局面。

经济学茶座

在全球化竞争的时代，共生共赢是企业的重要生存策略。为了生存，博弈双方必须学会与对手共赢，把社会竞争变成一场双方都得益的正和博弈。

厉以宁曾经讲过新龟兔赛跑的故事：

龟兔赛跑，第一次比赛兔子输了，要求赛第二次。第二次龟兔赛跑，兔子吸取经验，不再睡觉，一口气跑到终点。兔子赢了，乌龟又不服气，要求赛第三次，并说前两次都是你指定路线，这次得由我指定路线。结果兔子又跑到前面，快到终点了，一条河把路挡住，兔子过不去，乌龟慢慢爬到了终点，第三次乌龟赢了。于是它们又商量赛第四次。乌龟说，咱们合作吧。于是，陆地上兔子驮着乌龟跑，过河时乌龟驮着兔子游，两个同时抵达终点。

这个故事说明，合作才能实现利益最大化，才能促成双赢局面。很多时候，对手不仅仅只是对手，正如矛盾双方可以相互转化一样，对手也可以变为助手和盟友。

竞争中，为了一己之利而让对手受损，可能短时间内，自己是得利了，但下一次博弈时，也许吃亏的就是自己。长期来看，自己受损的概率和获胜的概率几乎平等，甚至受损的时候更多。与其这样争来争去，不如共赢。

正和博弈是一种你赢我也赢的博弈，可以运用到生活中的方方面面，用来解决很多看似无法调和的矛盾。那些看似零和或者负和的问题，如果转换一下视角，从更广阔的角度来看，也可以转化为正和博弈。

智猪博弈——少劳也能多得

经济学故事

三国时期，刘备派诸葛亮与孙权商议“联吴抗曹”，孙权经过慎重考虑，决定与刘备结盟，共同抗击曹操。

208年，孙权、刘备联军与曹操在赤壁一带形成对峙。曹操20多万军队横陈在长江北岸，而孙刘联军约5万军队陈列在长江南岸。周瑜鉴于敌众我寡，久持不利，采用火攻，曹军伤亡惨重，曹操不得已引军退走。此役过后，实力最弱的刘备得到了最大的胜利果实——荆州被顺利“借”走。

因为面对曹操的进攻，如果孙权和刘备都选择投降，孙权的损失要比刘备大得多，刘备并没有多少可损失的东西。在这样的情形下，只要孙权是一个理性人，他就必然选择抗曹的策略，因为他首先要维护自己集团的利益，至于在维护的同时，被刘备拣了便宜，那也没办法。

弱小的刘备集团能“借”走荆州，十分符合一个重要的博弈模型——智猪博弈。

经济学课堂

假设猪圈里有一头大猪、一头小猪，它们在同一个食槽里进食。猪圈的一端有猪食槽，另一端则安装着控制猪食供应的踏板，按一下按钮会有10个单位的猪食进槽，但是谁按按钮谁就必须付出2个单位的成本。若小猪踩踏板，大猪先到槽边，大小猪吃到食物的收益比是9∶1；同时到槽边，收益比是7∶3；若大猪踩踏板，小猪先到槽边，大小猪收益比是6∶4。那么，在两头猪都有智慧的前提下，最终的结果是小猪总是会选择等待。

实际上出现这一结果的原因很简单：在大猪选择行动的前提下，小猪也行动，小猪可得到1个单位的纯收益（吃到3个单位食品的同时也耗费2个单位的成本）。如果小猪等待，则可以获得4个单位的纯收益，等待优于行动。在大猪选择等待的前提下，小猪如果行动，小猪的收入将不抵成本，纯收益为−1个单位。如果小猪也选择等待，那么大小猪的收益都为0，成本也都为0。总之，对于小猪来说，等待要优于行动。大猪、小猪的收益矩阵如下表：

智猪博弈

大猪甲 \ 结果 \ 小猪乙	踩踏板	等待
踩踏板	7，1	4，4
等待	9，−1	0，0

经济学茶座

对小猪而言，不管大猪踩不踩踏板，自己不去踩踏板总是最好的选择。而大猪呢？

它知道小猪是不会去踩踏板的，与其一起饿肚子，不如自己去踩踏板还能获得食物。于是，主动去踩踏板成了大猪的唯一选择。同样聪明的两头猪，却有不一样的付出：小猪舒舒服服地等在食槽前，而大猪不得不来回奔波于踏板和食物之间。

智猪博弈告诉我们，多劳并不一定多得。这是因为小猪笃定一件事：大家是一个团队，就是有责罚，也是落在团队身上，总会有大猪不得不跳出来完成任务。在现实生活中，同样有很多人都想付出最小的代价，得到最大的回报，争着做那只坐享其成的小猪。

小李在一家合资企业上班，所在的部门只有三个人，正好分为三个等级：部门经理、经理助理和普通员工。小李是经理助理，处于中间级别。由于在这个部门中，小李表现最积极，慢慢的，其他部门的同事也认识到：办事就找小李。有时候，公司老板也直接给小李派任务。小李桌上的文件越堆越高，一上班，他就忙得连轴转；部门经理和员工小张则每天无所事事，逍遥自在。

到了年底，由于部门成绩出色，公司特别奖励了4万元，经理独得2万元，小李和小张各分得1万元。小李想到自己辛苦了一整年，到头来却和小张拿得一样多，心里觉得很憋气。

但是，小李心里明白：如果自己不拼命干活，那他连这1万元都得不到，因为指望经理和小张是得不到奖金的。思前想后，小李还得继续辛勤工作。

小李就像智猪博弈中的大猪，大猪拼命干活，小猪跟着拿奖金，这样的事情在很多公司都有发生。大猪明知道小猪过的是不劳而获的生活，也知道小猪不会去主动完成任务，所以为了不致最后落得大家都没食物吃，大猪总是会跳出来去踩踏板。

不过，小猪们不劳而获的日子虽然安逸，却并不稳定。他们得依靠大猪吃饭，心里总是没底的：万一哪天，大猪一气之下，跳槽走人，自己可就得饿肚子了。如果工作的性质发生改变，不再是团队合作，而变为独立工作，那小猪们就不能再四平八稳地坐等食物掉下来了。

大猪们付出了很多，虽然得到了回报，却和付出不相当；而小猪们可以在短期内坐享其成，却不是长久之计。其实在生活当中，我们每一个人都会面临自己不得不吃亏的现实，往往只有自己吃点明亏，才会得到更多。最智慧的表现应该是：既要有大猪的实力，也要有小猪的策略，两个角色交替，才会获得更多的成就。

斗鸡博弈——主动后退避免两败俱伤

经济学故事

清康熙年间，文华殿大学士兼礼部尚书张英在京为官。在老家桐城，邻居吴氏是当地的豪绅大户，欲侵占张府的宅地，家人驰书京城，要张英凭官威压一压吴氏气焰。张英回诗一首：“一纸书来只为墙，让他三尺又何妨。长城万里今犹在，不见当年秦始皇。”家人得诗，主动退让三尺。吴氏闻之，也后撤三尺，于是形成了六尺宽的巷道，这就是“六尺巷”的由来。

1958年，毛泽东接见苏联驻华大使尤金时，曾引用此诗，意在说明不与人计较斤两得失，大度处之。

由此可见，退让有时并不是一种懦弱和失败，而是一种智慧。我们在工作和生活中要知道进退的道理，不要等到斗得两败俱伤的时候才灰溜溜地退出。这则故事可引申出博弈论中一个著名的博弈模型——斗鸡博弈。

经济学课堂

斗鸡博弈，又称为懦夫博弈，描述的是两个强者在对抗冲突的时候，如何能让自己占据优势，力争得到最大收益，确保损失最小。下面简单认识一下斗鸡博弈。

两只实力相当的斗鸡狭路相逢，每只斗鸡都有两个行动选择：一是退下来，一是进攻。如果斗鸡甲退下来，而斗鸡乙没有退下来，那么乙获得胜利，甲就很丢面子；如果对方也退下来，双方则打个平手；如果甲没退下来，而乙退下来，甲则胜利，乙则失败；如果两者都前进，则两败俱伤。

因此，对双方来说，最好的结果都是，对方退下来，而自己不退，但这就可能导致双方都不退下来，最终两败俱伤。

二者如果均选择前进，结果是两败俱伤，二者均获得−2的收益；如果一方前进，另外一方后退，前进者获得1的收益，赢得了面子，而后退者获得−1的收益，输掉了面子，但没有二者均前进受到的损失大；二者均后退，则二者均输掉了面子，获得−1的收益。斗鸡博弈的收益矩阵如下表所示：

斗鸡博弈

斗鸡乙 结果 斗鸡甲	前进	后退
前进	−2，−2	1，−1
后退	−1，1	−1，−1

斗鸡博弈有两个最优策略：一方前进，另一方后退；一方后退，另一方前进，关键就是谁进谁退。在现实中，为破解斗鸡博弈，则需要僵持的双方有共同的认识，做出有益于双方的行动。

经济学茶座

面对骑虎难下的博弈，尽早退出才是明智之举。有时候，双方都明白二者相争必有损伤，但又碍于面子，不愿主动后退，于是陷入了斗鸡博弈的困境。

凡事都要决出输赢胜负，常会给自己带来不必要的损失。一方的主动撤退，往往能使双方获利。特别是占据优势的一方，如果具有这种以退求进的智慧，提供给对方回旋的余地，就会给自己带来胜利，双方都会成为利益的获得者。

生活中常有这样的例子，比如男女双方结婚之后，因为一些家庭琐事就像两只斗架的公鸡，斗得不可开交。婚姻双方的斗鸡博弈，使整个家庭战火纷纷，硝烟弥漫。一般来说，到关键时候，总有一方需要先作出让步，冷却两人之间的战火，这样才能使一场干戈化为玉帛。

在现实中，谁前进，谁后退，其实是实力的比较，谁稍微强大，谁就有可能得到更多的前进机会。但这种前进并不是没有限制的，而是有一定的界限。一旦超过了这个界限，只要有一只斗鸡接受不了，那么斗鸡博弈中的严格优势策略就不复存在了。

第五章 投资

——用今天的钱打理明天的财富

最大笨蛋理论——“博傻者”其实并不傻

经济学故事

1908～1914年，经济学家凯恩斯拼命赚钱，他什么课都讲，经济学原理、货币理论、证券投资等。凯恩斯获得的评价是“一架按小时出售经济学的机器”。

凯恩斯之所以如此玩命，是为了日后能自由并专心地从事学术研究而免受金钱的困扰。然而，仅靠讲课又能积攒多少钱呢？

终于，凯恩斯醒悟了。1919年8月，凯恩斯借了几千英镑进行远期外汇投机。4个月后，净赚1万多英镑，这相当于他讲10年课的收入。不过，投机生意赚钱容易，赔钱也容易。又过了3个月，凯恩斯把赚到的利和借来的本金亏了个精光。

投机与赌博一样，往往有这样的心理：一定要把输掉的再赢回来。半年之后，凯恩斯又涉足棉花期货交易，狂赌一通大获成功，从此一发不可收拾，几乎把期货品种做了个遍。他还嫌不够刺激，又去炒股票。到1937年凯恩斯因病金盆洗手之际，他已经积攒起一生享用不完的巨额财富。与一般赌徒不同，他给后人留下了极富解释力的“赔经”——最大笨蛋理论。

经济学课堂

什么是“最大笨蛋理论”呢？凯恩斯曾举例说：从100张照片中选择你认为最漂亮的脸蛋，选中有奖，当然最终是由最高票数来决定哪张脸蛋最漂亮。那么你应该怎样投票呢？正确的做法不是选自己真的认为最漂亮的那张脸蛋，而是猜多数人会选谁就投她一票，哪怕她丑得不堪入目。

凯恩斯的最大笨蛋理论，又叫博傻理论：你之所以完全不管某个东西的真实价值——即使它一文不值，也愿意花高价将其买下，是因为你预期会有一个更大的笨蛋，愿意花更高的价格，从你那儿把它买走。投机行为关键是判断有没有比自己更大的笨蛋，只要自己不是最大的笨蛋，那剩下的就只是赢多赢少的问题。如果再也找不到愿意出更高价格的更大笨蛋把它从你那儿买走，那你就是最大的笨蛋。

可以这样说，投机者信奉的就是“最大笨蛋理论”。对于博傻行为，也可以分成两种，一类是感性博傻，一类是理性博傻。

感性博傻，指在行动时并不知道自己已经进入了一场博傻游戏，也不清楚游戏的规则和必然结局。而理性博傻，则在行动时已经清楚地知道了博傻及相关规则，只是相信当前状况下还有更多更傻的投资者即将介入，因此才投入资金赌一把。

理性博傻能够赢利的前提是，有更多的傻子来接棒，这就需要对大众心理作准确判断。当投资大众普遍感觉到当前价位已经偏高，需要撤离观望时，市场的真正高点也就来了。“要博傻，不是最傻”，这话说起来简单，但做起来并不容易，因为到底还有没有更多更傻的人并不能轻易判定。一不留神，理性博傻者就成为最傻者。所以，要参与博傻，必须对市场的大众心理有较为充分的研究和分析，并控制好心理状态。

经济学茶座

最大笨蛋理论是对中外历史上不断上演的投机狂潮的最有力解释。

1593年，维也纳的一位植物学教授到荷兰的莱顿任教，带去了在土耳其栽培的一种荷兰人从未见过的植物——郁金香。没想到荷兰人对它如痴如醉，郁金香被种在了很多荷兰人的花园里。后来，郁金香受到花叶病的侵袭，病毒使花瓣生出一些反衬的彩色条或“火焰”。富有戏剧性的是病郁金香成了珍品，以至于一个郁金香球茎越古怪价格越高。于是有人开始囤积病郁金香，又有更多的人出高价从囤积者那儿买入并以更高的价格卖出。1638年，最大的笨蛋出现了，持续了五年之久的郁金香狂热悲惨落幕，球茎价格跌到了一只洋葱头的售价。

而始于1720年的英国股票投机狂潮有这样一个插曲：

一个无名氏创建了一家莫须有的公司。自始至终无人知道这是什么公司，但认购时有近千名投资者争先恐后地购买它的股票。没有多少人相信它真正获利丰厚，但都预期更大的笨蛋会出现，价格会上涨，自己能赚钱。饶有意味的是，牛顿参与了这场投机，并且不幸成了最大的笨蛋之一。他因此感叹：“我能计算出天体运行，但人们的疯狂实在难以估计。”

投资者们期待一个更大的笨蛋来替代自己，并且从中得到好处。不懂投机的投资者，往往就成了最大笨蛋。那么，如何才能避免做最大的笨蛋呢？只要猜对了大众的想法就可以。所以，在博傻游戏中，除了需要深入地认识自己外，还需要对别人心理的准确猜测和判断。

投机行为建立在对大众心理的猜测之上，炒房地产也是这个道理。比如说，你不知道某套房的真实价值，但为什么你会以5万元每平方米的价格去买呢？因为你预期有人会花更高的价钱从你那儿把它买走。

从另一个角度来说，只要有钱在手，就要拿它投资，不要害怕风险。在投资时不要有太多顾虑，如果总在犹豫里徘徊，把钱攥得紧紧的，那你将永远赚不到钱。只有你把钱投进去了，更大的笨蛋出现时，你才有机会得利；要是你不投钱，那么发财的机会就永远是别人的。

股票投资——冒险家们不会错过的“赚钱游戏”

1929年，丘吉尔从财政大臣的职位上卸任后，他带着自己的家人到加拿大和美国旅行。他们先到了加拿大，9月进入美国，受到美国战时工业委员会主席、金融家巴鲁克的盛情款待。巴鲁克陪丘吉尔参观了华尔街证券交易所，当时丘吉尔已经55岁了，却颇有激情，马上开户进场炒股。在他看来，炒股赚钱实在是小菜一碟。

丘吉尔的第一笔交易很快被套住了，这使他很丢面子。他又瞄准了一只很有希望的英国股票，但股价偏偏不听他的指挥，一路下跌，他又被套住了。如此折腾了一天，丘吉尔做了一笔又一笔交易，陷入了一个又一个泥潭。下午收市的时候，他的账户大幅度亏损。丘吉尔感觉颇为丢脸，一个劲儿地向巴鲁克抱怨。

这时，巴鲁克递给他一本账簿，上面记载着另一个“丘吉尔”的“辉煌战绩”。原来，巴鲁克早就料到丘吉尔虽然在政治上是个老手，但其聪明睿智在股市中未必有用武之地，加之初涉股市，很可能赔了夫人又折兵。因此，他提前为丘吉尔准备好了一根救命稻草，他吩咐手下用丘吉尔的名字开了另外一个账户，丘吉尔买什么，另一个“丘吉尔”就卖什么；丘吉尔卖什么，另一个“丘吉尔”就买什么。

经济学课堂

进行股票投资首先要对股票进行分析。股票是股份有限公司在筹集资本时向出资人发行的股份凭证，代表着其持有者（即股东）对股份公司的所有权。这种所有权是一种综合权利，如参加股东大会、投票表决、参与公司的重大决策、收取股息或分享红利等。股东所拥有的公司所有权份额的大小，取决于其持有的股票数量占公司总股本的比重。股票一般可以通过买卖方式有偿转让，股东能通过股票转让收回其投资，但不能要求公司返还其出资。

股票在交易市场上作为交易对象，同商品一样，有自己的市场行情和市场价格。由于股票价格受到公司经营状况、供求关系、银行利率、大众心理等多种因素的影响，其波动有很大的不确定性。正是这种不确定性，使得股票投资者有可能遭受损失。

股票投资是一种高风险的投资，人们常说："风险越大，收益越大。"投资者应掌握好风险分散原则和量力而行的度。股票价格变动较大，投资者不能只想赢利，还要有赔钱的心理准备和实际承受能力。

理性的股票投资过程，应该包括确定投资策略——股票投资分析——投资组合——评估业绩——修正投资策略五个步骤。

经济学茶座

股票投资是一种重要的投资方式。经常说投资要谨慎，但并不意味着投资名气大的公司股票就是谨慎。

2008年中石油回归内地，不少人购买中石油股票，结果众多股民遭受重大损失。而同样是持有中石油股票，因为时机不同，巴菲特就大赚了一笔。

2008年的世界首富是"股神"沃伦·巴菲特。2001年他斥资23亿元买进1.4～1.6港元之间的中石油，此后共持有了5年。到2007年，中石油要回归中国内地发行A股，所有人都看好中石油的时候，巴菲特却在中国香港股市上分批抛出了自己手上所有的中石油股票，卖价在12～14港元之间。当他卖完股票，中石油股票仍然暴涨。而当中石油回归中国内地股市后，香港中石油股价也随之直线下跌了。

股市上有句谚语："不要告诉我什么价位买，只要告诉我买卖的时机，就会赚大钱。"因此，对于股票投资者来说，选择买入时机是非常重要的。买入时机因投资时期长短、资金多少等因素有所不同，但也是有规律可循的。

1. 当坏消息如利空消息等传来时，投资者由于心理作用，股价下跌得比消息本身还厉害时，是买进的良好时机。

2. 股市下跌一段时间后，长期处于低潮阶段，但已无太大下跌之势，而成交量突然增加时，是逢低买进的良好时机。

3. 股市处于盘整阶段，不少股票均有明显的高档压力点及低档支撑点可寻求，在股价不能突破支撑线时购进，在压力线价位卖出，可赚短线之利。

4. 企业投入大量资金用于扩大规模时，企业利润下降，同时项目建设中不可避免地会有问题发生，从而导致很多投资者对该股票兴趣减弱，股价下跌，这是购进该股票的良好时机。

5. 资本密集型企业，采用了先进生产技术，生产率大大提高，从而利润大大提高的时候，是购买该上市股票的良好时机。

在确定何时买股票之前，重点是选择止损点，即在进场之前，你必须很清楚若股票的运动和你的预期不合，你要在何点止损离场。

股市大起大落对于短线操作既是个危机，又是个机会。只要保持清醒的头脑，盯住绩优股，抓住机会进场，确定自己的止损点，就能减少自己的投资风险从而获利。一般购入某股票后，该股的支撑线或10%左右的参考点，即可设为一个止损点。如果股价上扬，则可随时将止损点往上移。

确定股票的止损点，换句话说，就是你在投资时，不要老是想你要赚多少钱，首先应该清楚自己能亏得起多少。有些人以10%的数量做止损基数，即10元进的股票，以9元做止损点；有些人定20%的止损额；有些人将止损点定在支撑线稍下；还有其他各种方法。无论什么方法，你必须有个止损点，这个止损点不应超出投资额的20%。请投资者牢记确定止损点，否则一切的股票操作技巧都是空的。

基金投资——让专家为自己理财

老黄是沈阳市的一名退休员工。在2006年和2007年时，街坊邻居都在谈论基金的事，老黄也渐渐知道了基金是一种由专家帮助理财的产品。“有这么好的事我为什么不参与呢？”于是老黄拿出了2万元钱，准备到基市里“淘”一把。

在基金经理的推荐下，老黄选择了一只业绩好、口碑好、价格也好的名牌基金，那基金果然是随着2007年的大牛市一路上涨，可谓芝麻开花、节节高，老黄高兴之余，后悔自己没早开始投资基金。

在2007年的牛市中，老黄不禁畅想未来："按照这么个涨法，过个十几年，我也能成为百万富翁了啊！"谁知好景不长，老黄的如意算盘没打多久，美国就爆发了次贷危机，刚弄明白"次贷"是怎么回事时，股市就开始一路狂跌，老黄在基金上的利润转眼间缩水不少。但令老黄欣慰的是，与那些股民比起来，自己的损失还是比较小的。

经济学课堂

为什么老黄投资基金会"大赚小赔"？因为基金是由专业的投资专家来管理的，他们拥有专业化的分析研究队伍和雄厚的实力，一般采取分散投资，所以基金比股票的风险小，收益也更为稳定。

人们现在说的基金通常指证券投资基金，是指通过发售基金份额，将众多投资者的资金集中起来，形成独立资产，由基金托管人托管、基金管理人管理，以投资组合的方法进行证券投资的一种利益共享、风险共担的集合投资方式。基金投资人享受证券投资的收益，也承担因投资亏损而产生的风险。我国目前的基金都是契约型基金，是一种信托投资。

我国《证券投资基金法》规定，基金必须以组合投资的方式进行投资运作。基金通常会购买几十种甚至上百种股票，投资者购买基金就相当于用很少的资金购买了众多股票，某些股票下跌造成的损失可以用其他股票上涨的赢利来弥补。因此可以充分享受到组合投资、分散风险的好处。

基金投资收益在扣除基金管理费用后的盈余全部归基金投资者所有，并依据各投资者所持有的基金份额比例进行分配。为基金提供服务的基金托管人、基金管理人只能按规定收取一定的托管费、管理费，并不参与基金收益的分配。

基金相对于股票来说，更适合时间紧张、投资知识欠缺的中小投资者，这是由基金的特点决定的。基金具有以下的特点：

1．专家理财是基金投资的重要特色。基金管理公司配备的投资专家，一般都具有深厚的投资分析理论功底和丰富的实践经验，用科学的方法研究各种投资产品，降低了投资的风险。

2．组合投资，分散风险。基金通过汇集众多中小投资者的资金，形成雄厚的实力，可以同时分散投资于股票、债券、现金等多种金融产品，分散了对个股集中投资的风险。

3．方便投资，流动性强。基金最低投资量起点要求一般较低，可以满足小额投资者的需求，投资者可根据自身财力决定对基金的投资量。基金大多有较强的变现能力，使得投资者收回资金时非常便利。

经济学茶座

投资基金，最忌讳的是用价值投资的手段分析一只基金，却用短线手法来交易。频繁的短线交易，不过是为证券商带来了丰厚的手续费。短线交易、波段操作的难度其实更大于长线投资，即使运气好，也不过只能挣点蝇头小利。

很多人在基金上交易，都希望每年能获得巨额收益，比如一年翻番甚至更多，但结果总是事与愿违，常见的结果是，在10年或者更短的时间内，投资者的本金已经所剩无几。其实，如果适当降低自己的目标，每年稳定获得30%的年收益，10年后也可以获得10倍的收益。

有一个“72法则”可以简单快速测算出资金翻番需要多长时间，用72除以预期年收益率的分子，得出的数字就是资金翻番需要的年数。假如你预期年收益是9%，你的资金大概在8年后翻番；假如你的预期年收益为12%，大概需要6年的时间实现翻番。所以，在基金投资上，投资者宜放长线钓大鱼。

期货投资——下今天的赌注，挣明天的钱

金融风暴使大宗商品经历了前所未有的振幅，大宗商品价格大多拦腰抄斩。在这场空前的风暴洗礼下，期货市场上演着或喜或悲的投资故事。吴先生进入期货市场十多年，金融风暴这波大行情，让他的资金一下从60万元暴涨至1000万元。

吴先生专门从事农产品期货市场研究，也从未间断亲自操盘投资。多年进行农产品研究，吴先生坚信国家会不惜一切保护农民利益。他预测，国家一定会大量收储大豆，而且会提高收购价。2008年10月，国家收储大豆150万吨，收购价高于期货价。吴先生预测国家还会继续收储，继续提高收储价。

吴先生从大豆每吨3000元时开始建多头仓单，之后一直看“多”。2008年12月底，国家再次收储大豆150万吨，2009年1月，国家第三次收储大豆300万吨。大豆价

格一路攀升，春节过后，吴先生平仓时已经赚了1倍多。

依据同样的判断和分析，采用同样的模式，2008年12月底，吴先生从每吨2800元开始做多白糖，直到春节过后，白糖涨到每吨3100元时平仓，他又赚了一笔。

经济学课堂

在风险和利润的战争中，期货令无数人感叹不已。期货的含义是：交易双方不必在买卖发生的初期就交收实货，而是共同约定在未来的某一时候交收实货。常说的期货一般指期货合约，即指由期货交易所统一制定的、规定在将来某一特定的时间和地点交割一定数量标的物的标准化合约。这个标的物，即期货合约所对应的现货，可以是某种商品，如铜或原油，也可以是某个金融工具，如外汇、债券，还可以是某个金融指标，如股票指数。想要进行期货投资，我们有必要了解一下期货套利有什么策略，在操作过程中是怎么进行套利的。

1．利用股指期货合理价格进行套利

从理论上讲，只要股指期货合约实际交易价格高于或低于股指期货合约合理价格时，进行套利交易就可以赢利。但事实上，交易是需要成本的，这导致正向套利的合理价格上移，反向套利的合理价格下移，形成一个区间，在这个区间里套利不但得不到利润，反而会导致亏损，这个区间就是无套利区间。只有当期指实际交易价格高于区间上界时，正向套利才能进行；反之，当期指实际交易价格低于区间下界时，反向套利才适宜进行。

股指期货合约的合理价格可以表示为：

$$F(t, T)=S(t)+S(t)\times(r-d)\times(T-t)/365$$

其中，S（t）为t时刻的现货指数，r为融资年利率，d为年股息率，T为交割时间。也就是说，涨得越高正向套利赢利空间越大，跌得越低反向套利赢利空间越大。

2．利用价差进行套利

合约有效期不同的两个期货合约之间的价格差异被称为跨期价差。在任何一段时间内，理论价差的产生完全是由于两个剩余合约有效期的融资成本不同产生的。当净融资成本大于零时，期货合约的剩余有效期越长，基差值就越大，即期货价格比股指现货值高得越多。如果股指上升，两份合约的基差值就会以同样的比例增大，即价差的绝对值会变大。因此市场上存在通过卖出价差套利的机会，即卖出剩余合约有效期短的期货合约，买入剩余有效期长的期货合约；如果价格下跌，相反的推理成立。如果来自现金头寸的收入高于融资成本，期货价格将会低于股票指数值（正基差值）。如果指数上升，正基差值将会变大，那么采取相反的头寸策略将会获利。

经济学茶座

期货投资人小林在5月份看涨豆价，于是买进一份9月份到期，成交价为每蒲式耳6元的大豆期货合约。大豆期货合约每份5000蒲式耳，买约值30000元，但小林只需付3000元的保证金就行了。

由于他判断准确，豆价在7月初涨至每蒲式耳7.5元。小林决定解单，即卖出一份成交价为每蒲式耳7.5元9月份到期的大豆期货合约。卖约值为37500元，扣去买约值30000元，获利7500元。小林原来3000元的投资翻了一番多。

假如投资者认为某一商品价格看跌，他可先订卖约，待价格下跌时，再签订低价买约而获利。如果他判断失误，商品价格非但没有下跌反而上涨，他就不得不签高价买约而亏本。

简单来说，期货的赚钱方法就是赚取买卖的差价。

期货交易的特点是投资量小，利润潜力大。期货投资者一般只要投入相当于期货合约值10%的保证金即可成交。这是因为他们可以先订买约再订卖约，也可以先订卖约再订买约，最后买约卖约两抵，投资者结清合约，故没有必要拿出相当于某一合约商品全部价值的资金。期货投资者拿出的保证金是为了在必要时抵偿买约和卖约的商品价格差额。

由于期货合约有统一规格，买卖双方不必直接打交道，而是通过期货合约清算所成交，故一纸合约可以多次易手。要买时，买方和期货合约清算所订买约；要卖时，卖方与期货合约清算所订卖约。

无论商品价格上涨还是下跌，有经验的期货投资者都可以通过期货买约或卖约来获利。期货交易是专业性强、宜由行家操作的投资，除非你自己是行家，否则切勿贸然涉足这一高风险投资区，以免追悔莫及。由于期货买卖的损益大起大落，投资者一定要有自知之明，量力而行。

我国共有4家期货交易所，分别是上海期货交易所、郑州商品交易所、大连商品交易所和中国金融期货交易所。前三家主要开展商品期货交易，中国金融期货交易所主要推动金融衍生产品的开发和交易。

债券投资——稳中求利，风险最小

经济学故事

2011年3月8日，全国人大代表、北京市常务副市长吉林在2011年全国人民代表大会上提出：“政府性债务客观上已经产生，由地方自行发债更有利于风险防控。”吉林认为，北京经济的发展状况已经具备自行发债的条件。

其实，关于发行地方政府债券的呼声早已不绝于耳，特别是在1994年中国实行“分税制”、地方财政被缚住手脚后，地方可支配财力更少。20世纪80年代末、90年代初是地方政府债券的“花样年华”，一些地方政府在筹资修建路桥时就曾发行过地方债券。1993年，国务院禁止地方发债，地方债券无疾而终。根据我国预算法的规定，地方各级预算按照量入为出、收支平衡的原则编制，不列赤字，但实际上地方政府性债务十分常见。2010年6月23日，审计署首次披露了地方政府性债务问题。通过审计调查18个省、16个市和36个县本级，截至2009年底，这些地方的政府性债务余额高达2.79万亿元，引起社会高度关注。

经济学课堂

债券是政府、金融机构、工商企业等机构直接向社会借债筹措资金时，向投资者发行，并且承诺按规定利率支付利息并按约定条件偿还本金的债权债务凭证。债券投资可以获取固定的利息收入，也可以在市场买卖中赚取差价，随着利率的升降，投资者如果能适时地买进卖出，就可获取较大收益。目前，国内的债券主要包括国债、金融债券、企业债券等数种。

在众多投资工具中，债券具有极大的吸引力，投资债券主要有以下几个方面的优势：

1．安全性高

国债是国家为经济建设筹集资金而发行的，以国家税收为保证，安全可靠。到期按面额还本，债券利率波动的幅度、速度比较和缓，与其他理财工具如股票、外汇、黄金等相比风险最低，适合保守型的投资者。

2．操作弹性大

对投资者来说，手中拥有债券，当利率看跌时可坐享债券价格上涨的差价；当利率上扬时，可将手上票面利率较低的债券出售，再买进最新发行、票面利率较高的债券。若利率没有变动，仍有利息收入。

3．扩张信用的能力强

由于国债安全性高，投资者用其到银行质押贷款，其信用度远高于股票等高风险性金融资产。投资者可通过此方式，不断扩张信用，从事更大的投资。

4．变现性高

投资者若有不时之需，可以直接进入市场进行交易，买卖自由，变现性颇高。

5．可充作资金调度的工具

当投资者短期需要资金周转时，可用附买回（指投资人与交易商进行交易时即约定一定利率与一定承作天期，到期时，交易商即卖方再以原金额加上事先约定的利率买回）的方式，将债券暂时卖给交易商，取得资金。一般交易商要求的利率水准较银行低，且立即可拿到资金，不像银行的手续那么多。

6．可作商务保证之用

投资者持有债券，必要时可充作保证金、抵押金。投资者以债券当保证金，在保证期间，仍可按票面利率计算。

基于上述种种优势，许多投资者都把目光聚集到债券身上，并且公认其为家庭投资理财的首选。需明确的是，债券市场虽不像股票市场那样波动频繁，但仍存在一些风险。

1．违约风险。发行债券的债务人可能违背先前的约定，不按时偿还全部本息。这种风险多来自企业，企业由于没有实现预期的收益，拿不出足够的钱来偿还本息。

2．利率风险。由于约定的债券票面利率不同，债券发行时通常会出现折扣或者溢价，人们在购买债券时，通常是按照债券的实际价格（折扣或者溢价）而不是债券的票面价格来出价。有些债券可在市场上流通，所以能够选择适当的时机买进卖出，获取差价。而这些债券的市场价格是不断变动着的，利率发生变动，债券的价格也会跟着发生变动。在一般情况下，利率上调，债券价格就下降，而利率下调，债券价格就上升。在有些时候，利率的变动使债券价格朝着不利的方向变动，人们卖出债券的价格比买进时低，就会产生损失。所以在购买债券时，要考虑到未来利率水平的变化。

3．通货膨胀风险。例如，你购买了一种三年期的债券，年利率是3%，但这三年里每年的通货膨胀率都达到5%，投资这种债券就很划不来。

除了上面这三种常见的风险外，债券还有其他一些风险，如赎回风险、流动性风险等。每种风险都有自己的特性，投资者要有针对性地采取相应的防范措施。

经济学茶座

17世纪，英国政府在议会的支持下，开始发行以国家税收为还本付息保证的政府债券，由于这种债券四周镶有金边，故而也被称作“金边债券”，当然这也是因为这种债券的信誉度很高，老百姓基本上不用担心收不回本息。后来，金边债券泛指由中央政府发行的债券，即国债。在美国，经穆迪公司、标准普尔公司等权威资信评级机构评定为“AAA”级的最高等级债券，也被称为“金边债券”。

1997年，我国受亚洲金融危机和国内产品供大于求的影响，内需不足，经济增长放缓。我国政府适时发行了一部分建设公债，有力地拉动了经济增长。一些国家面临战争等紧急状态时，通过发行公债筹措战争经费也是很常见的手段。例如，美国在南北战争期间发行了大量的战争债券，直接促进了纽约华尔街的繁荣。

那么，投资者如何购买债券呢？在我国的债券一级市场上，个人可以通过以下渠道认购债券：凭证式国债和面向银行柜台债券市场发行的记账式国债，在发行期间可到银行柜台认购；在交易所债券市场发行的记账式国债，可委托有资格的证券公司通过交易所交易系统直接认购，也可向指定的国债承销商直接认购；企业债券，可到发行公告中公布的营业网点认购；可转换债券，如上网定价发行，可通过证券交易所的证券交易系统上网申购。

在债券的二级市场上，个人可以进行债券的转让买卖，主要通过两种渠道：一是通过商业银行柜台进行记账式国债交易；二是通过交易所买卖记账式国债、上市企业债券和可转换债券。

保险——给未来系好安全带

经济学故事

地中海是东西方贸易的重要交通要道。有一次，海上电闪雷鸣、风雨交加，一支商船船队满载贸易货物在波涛汹涌的大海上时沉时浮。眼看狂风巨浪越来越猛烈，商船时刻都有倾覆沉没的危险。船队队长当机立断，命令全部商船向大海中抛弃货物！各船船舱中最靠近甲板的货物都被扔进大海，船只重量变轻了，最终躲过一劫。风暴过后，各商船清点损失的货物，有的货主损失得多，有的则损失得少，但为了公平起见，最终所有损失由所有货主共同分担。

这种“人人为我，我为人人”的共同承担风险损失的办法，就是近代保险的萌芽。

经济学课堂

保险就是投保人根据合同约定，向保险人支付保险费，保险人对合同约定的可能发生的事故而造成的财产损失承担赔偿责任，或者当被保险人死亡、伤残或达到合同约定年龄、期限时承担给付保险金责任的商业行为。

值得注意的是，保险中的可保风险仅指“纯风险”。纯风险的意思是说只有发生损失的可能，而没有获利的可能。比如财产被盗、身体得病等风险就是一种纯风险，只会遭受损失而不可能获利。投资股票亏损就不是纯风险，因为投资股票是可能赚钱的。所以，保险公司一般不为股票上保险。具体来说，可保风险必须具备以下条件：

1．损失程度高。如果潜在损失不大、微不足道或者人们完全可以承受，这类风险根本不用采取“保险”。比如人们根本不会因为担心遗失一个苹果而专门买保险。

2．损失发生的概率小。如果损失发生的概率本身就很高，对这样的风险投保意味着昂贵的保费，也就谈不上转移、分散风险了。比如，某地区新自行车失窃率高达40%，如果对新自行车投保，您需要支付40%的纯保费，外加保险公司为弥补营业开支而收取的保费（比如10%），那么总保费就达到了车价的一半。显然投这样的险很不划算。

3．损失有确定的概率分布。保险公司在收取保险费时，需要明确这种风险发生的可能性有多大，发生后造成的损失有多大，然后才能据此计算应交纳的保费。因此，保险公司必须掌握风险损失发生的概率分布，还要根据外部环境的变化及时调整这些数据。

4．存在大量具有同质风险的保险标的。任何一个险种，保险标的数量必须足够大，否则就起不到分散、转移风险的作用。另外，根据大数定律，投保的人越多，保险标的越多，风险发生的概率和损失程度越稳定，这显然更有利于保险公司测算风险，保证稳定经营。

5．损失发生必须是意外的。如果故意为之，保险公司将不予赔付。

6．损失必须可以确定和测量。损失一旦发生，保险公司就要明确损失价值并给予赔偿，若不能确定和测量，就无法进行保险。

经济学茶座

可保风险与不可保风险的区别并不是绝对的。比如在过去，战争、地震、洪水等巨灾风险一旦发生，保险标的会普遍受损，而且损失相差很大，由于保险公司财力不足、保险技术落后及再保险市场规模较小，这类风险一般不列为可保风险。但是近年来保险公司实力日渐雄厚，加上再保险市场规模扩大，这类巨灾险也被某些保险公司列入保险责任范围。

保险实际上是一种分散风险、集中承担的社会化安排。对于整个社会经济而言，保险能够起到维持经济发展的连续性的重要作用。在遇到重大灾害性事件时，巨大损失会严重冲击社会经济的稳定发展，甚至使社会经济发展的链条发生断裂，而保险则能够起到缓冲和补救作用，帮助社会渡过难关。2001年9月11日，美国遭遇严重的恐怖袭击，世贸大楼被撞塌，数千精英殒命，损失巨大，全球保险业为此偿付保险金达数百亿美元，美国经济之所以没有出现剧烈动荡，应当可以部分归功于此。

我们常说保险就像蓄水池，每个人拿出一点保费，保险公司把这些资金集中起来可以弥补少数不幸者所遭受的损失。显然，参与这个蓄水池机制的人越多，蓄水池的作用发挥就会越稳定。

理财规划——选择合适的理财方案

经济学故事

20世纪40年代，纽约某银行来了一位妇人，要求贷款1美元。经理回答，当然可以，不过需要她提供担保。

只见妇人从皮包里拿出一大堆票据说：“这些是担保，一共50万美元。”经理看着票据说：“您真的只借1美元吗？”妇人说：“是的，但我希望允许提前还贷。”经理说：“没问题。这是1美元，年息6%，为期1年，可以提前归还。到时，我们将票据还给你。”

经理虽心存疑惑，但由于妇人的贷款没有违反任何规定，便为妇人办理了贷款手续。当妇人在贷款合同上签完字，接过1美元转身要走时，经理忍不住问：“您担保的票据值那么多钱，为何只借1美元呢？即使您要借三四十万美元，我们也很乐意的。”

妇人坦诚地说：“是这样，我必须找个保险的地方存放这些票据。但是，租个保险箱得花不少费用，放在您这儿既安全又能随时取出，一年只要6美分，划算得很。”妇人的一番话让经理恍然大悟。

这位妇人不愧是理财的高手！其实，在我们身边也有些人积累了非凡的财富，其秘诀就是他们善于理财。

经济学课堂

理财并不是要等到有钱了才开始理财，而且不论你是购物还是到银行存款、购买保险，其实都是在理财。简单说来，理财规划包括以下这些内容：

1．证券投资规划

每个人总有一些储蓄，这些储蓄或者是留在手里以备不时之需的“活钱”，或者是为将来某项大额支出预备的“基金”，或者是积攒下来的纯粹的“余钱”。对于“活钱”，必须能够随时变现，否则一遇到紧急情况就周转困难了；对于支出“基金”，需要在一定时期变现；对于纯粹的“余钱”，要求保值增值，这些钱如果全部存到银行，收益是比较低的，因此可以拿出其中一部分进行风险虽高但收益也高的证券投资。

2．不动产投资规划

如果你还没有房子，那么你就需要计划怎么解决住的问题。需要考虑：租房子划算还是买房子划算？是先租后买，还是先买后出租？如果打算买房子，买房时是一次付清还是按揭贷款？按揭贷款的首付比例又是多少合适？如果你考虑购买房子以保值增值，那么你应把资产的多大比例投资到不动产上？选择什么时机买入，又选择什么时机卖出？

3．子女教育规划

子女的教育支出是越来越多家庭面临的大项支出，因此必须早作打算。需要考虑：按照你的承受能力，子女要接受什么水平的教育？需要多少支出？在现有的支出约束下，怎样才能使子女受到更好的教育？

4．保险规划

从经济学角度看，保险是对客观存在的未来风险进行转移，把不确定损失转化为确定成本——保险费。风险时刻存在，你必须为自己的家庭计划好保险保障，防止发生意外导致整个家庭陷入困境。

具体到我们每个人、每个家庭来说，理财规划根据收入水平、家庭阶段、个人财产情况、投资喜好等特征又各有不同。每个人和每个家庭需根据自身的实际情况，灵活选择。

经济学茶座

让财富增值，就需要投资，有投资就有风险。风险是由市场的变化引起的，就像一个陷阱，会将你投入的资金吞没。变化之中，有你对供需判断的失误，也有合作方给你设置的圈套。股票市场，一不小心就会被套牢；谈判桌上，一不小心，就会受制于人；市场竞争中，一不小心就会被对手挤出市场。

因此，并不是每个人都具备投资的条件。可以说，大多数人是心有余而力不足的，那么投资者应该具备哪些条件呢?

第一，应该审查家庭和个人的经济预算。如果近期要等钱用，最好不要投资股票，哪怕被认为是最优股的也不宜购买。因为股票即使从长期来看是好的，但两三年内股价是升是降还很难说，只有在不等钱用的时候，或者即使损失了本钱，生活也不至于受影响的情况下，才能投资。所以，投资者应有足够的银行存款足以维持一年半载的生活以及临时急用。

第二，不应在负债的情况下投资。应将债务先偿清，或在自己还贷能力绰绰有余时再投资。因为投资的收益没有100%的保障，所以投资者不宜借贷投资。

第三，在投资前应有适当的保险，如人寿保险、医疗保险、住宅保险等。

第四，投资应从小额开始，循序渐进。投资过多是大多数投资者失败的原因之一。不把所有的鸡蛋放到一个篮子里，分散投资，使投资多元化，也是规避风险的重要手段之一。

如果没有一定的心理素质和辨别能力，那么随时都有可能跌入陷阱，你必须眼观六路，耳听八方，不断地提升自己，才能应对突如其来的变化，才能减小风险，走上坦途。

第六章 市场

——价格背后的真相

稀缺——物以稀为贵

经济学故事

一位很有眼光的邮票收藏家谈到收藏经历时，说自己的成功源于一个字“捂”。这位邮票收藏家捂的庚申猴票，1988年底价是25元/枚，2010年的现价为11000元，22年涨了440倍（现价是其面值的137000多倍）；“文革”邮票大全，1988年底价一套1900元，2010年现价150000元，22年涨了78倍。

邮票收藏家捂的背后就是资源的稀缺性。因为捂的时间长了，本来很普通的邮票成了稀缺的产品，价值自然就提升了。

经济学课堂

稀缺是经济学上一个重要的概念。我们都知道，人的需求是无限的，而物质总是有限的。满足人类需求的物品，有的可以不付出任何代价随意取得，称之为“自由取用物”，如阳光和空气等；但绝大多数物品都不能自由取用，获取它必须付出某种代价，称之为“经济物品”，包括人物资源和物力资源等。相对于人类无穷的欲望而言，经济物品或生产这些经济物品的资源是不足的。这种在获得人们所需物品上存在的自然限制叫“稀缺”，所以经济物品又称“稀缺物品”。

稀缺不是就资源和物品的绝对数量而言，而是就有限的资源和物品相对于人类的欲望而言，是相对的。稀缺又是绝对的，存在于人类的任何地方和任何时期，是人类永恒的问题。越稀缺的东西越值钱，正所谓“物以稀为贵”，某些稀缺物的价格往往会高到令人瞠目结舌的地步。

资源的稀缺性是经济学的前提之一，我们需要深刻认识稀缺性。

首先，稀缺性导致了竞争和选择，也就是说，稀缺性促进了社会的发展。如果资源不是稀缺的，而是极大富足的，那么世界会完全变样。人们不用工作，不用考虑衣食住行，一切资源都是富足的。这样的世界没有任何活力，就像一潭死水，最终的结果将是毁灭。

其次，资源的稀缺性是有历史条件的。古代、近代、现代甚至十年以前，人们认为缺少的东西，现在看来很多都已经丰富了，比如粮食、生活用品等。以前清新的空气到处都会有，现在由于环境污染，人们很难享受到了。还有古代的瓷器，当时很多，现在很少，就非常珍贵。

再次，资源的稀缺性也是因人而异的。对于一个没有工作的闲人来说，时间对他是廉价的，而资本（也就是金钱）是稀缺的；对于工作狂来说，时间对他可能是一个奢侈品，资本则是相对富足的。对于处于正常社会中的人来说，黄金非常珍贵，但对于一个困在岛上生存面临威胁的人来说，馒头比黄金珍贵得多。

最后，稀缺资源可以通过交换来实现再分配。从经济学上来说，资源的分配不均必然要通过交换来实现均衡。人们都希望利用富足的资源去交换自己稀缺的资源。

经济学茶座

用经济学中的稀缺性可以解释生活中的很多现象。

火车上有一个推着车卖盒饭的列车员，同等的盒饭在市场上最多价值5元左右，但是在火车上卖到了20元。奇怪的是，列车员每次在车上就放三盒，卖完了还要回去取，来回跑。于是有乘客问：“你车上又不是放不下，为何不多放几盒呢？”

列车员就说：“卖楼的以捂盘惜售的办法，不但可以卖高价房还可以赚人气。我们这是捂饭惜售，乘客看到饭少，再加上卖完就没有了的心理预期，不但不讲价格，掏钱的时候也不犹豫，这样卖得又快又不会降价。

“如果车上放的饭盒很多，你吆喝得再好听，还是会有乘客跟你讲价钱，还有些乘客心里想，等你卖不完的时候肯定会降价，到降价的时候再买吧！这样不但不好卖，最后还要降价卖出。”

这就是以捂形成“物稀”的假象，从而促成“价贵”的格局。很多人都知道物以稀为贵，没有想到有时候“物稀”可以捂出来，为一些人赚取钱财提供便利。

在汽车市场也有通过捂车加价的手段，赚取更多财富的现象。利用捂车的手段，制造某种车型紧张的假象，人为制造市场缺货的形势，以欺骗消费者多掏钱或加价快速提车。

当然，将“捂”字运用得最为精妙的还是房地产开发商。按理说，开发商把房子建好了，应赶紧出手套现。出现捂盘惜售的怪现象，表面上看来，是开发商采取的一种精心选择销售时机、谋求利润最大化的销售策略，实质上是因为房地产存在一定的稀缺性，特定区位的房源是有限的，而捂盘无疑强化了这种稀缺性。

不少楼盘以“定购”、“拟定合同”为由捂盘惜售，从而形成房源紧张、供不应求的假象，开发商借此获取最大化利润。房子早盖好了，就是迟迟不拿出来卖。许多楼盘采取挤牙膏式推盘策略，让很多买家感觉可买的房子越来越少。捂盘惜售常常会引发购房人的恐慌心理，导致房价非理性推高。

当市场逐渐规范，这种“捂”的方式就不会再有效果，因为房子已不稀缺，这也给政府解决这类问题提供了一种参考。

价值悖论——钻石为什么比水贵重

经济学故事

没有什么东西比水更有用，但它不能购买任何东西。相反，一块钻石的使用价值有限，但是通过交换可以得到大量的其他商品。几块钱就可以买一吨水，而成千上万吨的水才能换得一颗钻石。为什么水的用途大却价格低，钻石的用途小却价格高呢？

经济学课堂

这是亚当·斯密在《国富论》中提出的问题，也就是著名的“钻石与水悖论”，又称“价值悖论”。

某些物品虽然实用价值大，但是很廉价，而另一些物品虽然实用价值不大，却很昂贵，就如钻石和水。斯密没有直接回答这个悖论，而是提出了一个奇特的二分法，即水有使用价值，而钻石有交换价值。

亚当·斯密在一次演讲中讲道：“仅仅想一下，水是如此充足便宜以至于提一下就能得到，再想一想钻石的稀有……它是那么珍贵。”当供给条件变化时，产品的价值也变化，斯密注意到一个在阿拉伯沙漠里跋涉的富裕商人会以很高的价格买水；如果工厂能成批地生产出大量的钻石，那么钻石的价格将会大幅度下跌。

经济学家约翰·劳认为水之所以用途大、价值小，是因为世上水的数量远远超过对它的需求，而用途小的钻石之所以价值大，是因为钻石的数量太少，不能满足人们对它的需求。

经济学家马歇尔则用供求均衡来解释这一悖论。他认为，由于水的供应量极其充足，所以人们对水愿意支付的价格，仅能保持在一个较低的水平；可是，钻石的供应量非常少，而需要的人很多，所以，想得到它的人，就必须付出超出众人的价格。

由此可见，大多数经济学家的观点是以供需关系来决定物品价值。这些解释不无一定的道理，让我们再来看看西方边际学派如何用边际效用说明价值悖论。

由于水的数量相对来说是足量的，而人对水的需要总是有一定的限度，不可能无休止。比如喝水，随着人的肚子逐渐鼓胀起来，终究会有最后一单位水对他来说是可喝可不喝的，也就是说，最后一单位水对人增加的效用很小。西方边际学派认为边际效用决定商品的价值，边际效用小，其价值也小，而钻石的数量相对于人的需求来说却少得可怜，因此它的边际效用很大，于是价值也大。

经济学茶座

理解了价值悖论，我们就可以利用它来理财、赚钱。

有个著名的女作家到埃及旅游，她没带太多的物品，而是带了30多盒清凉油。到了埃及，别的游客都付小费和当地居民合影，女作家用一盒清凉油代替了小费，并且更受居民的欢迎。之后她还用清凉油换了很多东西，比如一些小饰品。

原来，埃及气候炎热，蚊虫叮咬严重，清凉油对于当地居民来说，比金钱更有价值。

毋庸置疑，如果女作家没有带这些清凉油，这趟埃及之旅她将花费超过买清凉油的钱的数倍。

价值悖论告诉我们，廉价的商品未必就是次品，昂贵的商品也不一定真的有相应的使用价值。消费者在购物时一定要把握一个原则：不买贵的，只买对的。这样才能最大化地发挥财富的效用。具体说来，我们在消费中要认识到以下两点：

1．买东西不要盲目追求品牌。比如买一套穿着舒服的家居服，就不必非得进专卖店，只要买一般的就可以了。

2．要根据自己想要得到的使用价值来判断。电子产品更新换代很快，也许这个月买回家，下个月市场上就有新产品代替了。新产品刚刚上市，价格一般很贵，消费者如果没有专业用途，就不要一味地追求最新配置，合适的就是最好的。

产权——国王为什么不能拆除磨坊

经济学故事

1866年，普鲁士国王威廉一世到波茨坦行宫度假。他兴致勃勃地登高望远，然而，行宫前的一座破旧磨坊让他大为扫兴。威廉一世让侍从去跟磨坊主交涉，付他一笔钱，让他拆除磨坊。磨坊主不肯，说这是祖业。威廉一世很生气，派人强行拆除了磨坊。

不久，磨坊主一纸诉状将威廉一世告到法庭。法官裁定：威廉一世擅用王权，侵犯原告由宪法规定的财产权利，被责成在原址重建一座同样大小的磨坊，并赔偿磨坊主的损失。威廉一世只好派人在原地重建了磨坊。

这座磨坊保留至今，成为著名的游览景点。

国王与磨坊主的故事表明，磨坊属于磨坊主所有，他作为这一财产的所有者，其财产所有权和产权是受到国家法律保护的。威廉一世的权力再大，也得服从法律。磨坊虽然挡住了国王的视线，但磨坊的产权属于磨坊主，国王无权处置。

经济学课堂

不同的经济学派对产权所下的定义不尽相同，大多数学派所接受的定义是这样的：产权不是指人和物的关系，而是指物的存在及关于它们的使用所引起的人们之间相互认可的行为关系。这个定义听起来不太容易理解，我们不妨举个例子来说明。

小黄有一套房产，他将这套房子租给小李，小李每年付给小黄5万元人民币的租金。

小黄拥有这套房产的完整产权，具体来说：

1．拥有房屋的占有权。这种占有权具有排他性，即产权是属于小黄的，他在占有房产的同时，意味着其他人不能占有这套房产。

2．拥有房屋的使用权。小黄能够自主决定房产使用的权力，比如他可以选择自己住，也可以选择出租，他对房产有自主处置的权力。

3．拥有房屋的转让权。小黄的房产可以在市场上自由地买卖，产权可以像任何一种商品一样自由交易、转让。

4．拥有房屋的受益权。所有者可以获得并占有财产使用和转让所带来的利益，又称为剩余索取权。比如小黄向小李收取的每年5万元的租金，就是房屋产权的收益。

产权具有激励、约束、资源配置、协调等功能。在市场经济条件下，以法权形式体现所有制关系的科学合理的产权制度，是用来巩固和规范商品经济中的财产关系，约束人的经济行为，维护商品经济秩序，保证商品经济顺利运行的法权工具。了解产权有助于个人规范自己的行为，维护自己的财产安全。

经济学茶座

产权的问题之所以会引起人们的重视，在于产权与经济效率有密切的关系。如果没有产权制度，就会导致资源浪费、效率低下等后果。我们不妨看看实际生活中，产权制度缺失的可能结果。

王戎是竹林七贤之一，从小就聪明过人。一天，他同村里的孩子发现路边长着一棵李子树，树上长满了鲜润的李子，十分诱人。王戎却是一副漠不关心的样子，对其他人说，李子肯定是苦的。

这时尝过李子的人果然叫苦连天。他们不禁问王戎："你怎么知道这些李子是苦的呢？"王戎说："路边的李子树不归任何人所有，来来往往的人这么多，好吃的李子早被人摘光了，哪还轮到我们？"

李子树的产权是属于公众的，树上的李子却无人摘取，那苦李子的情况也是能想象到的。从另一方面看，如果有明确的产权，有人对李子树进行看护，李子也未必是苦的。这也说明产权界定不清可能导致资源的浪费。

因此，只有通过产权界定，资源才能得到有效的保护和利用。市场经济的制度基础是产权明晰，实行市场经济的国家无不把保护产权作为基本国策。产权之所以重要是因为产权的规定使所有者权责一致，即所有者有权使用自己的资源，获得由这种使用得到的利益，也承担使用不当的责任。在这种情况下，所有者就会最有效地利用自己的资源。

我们在经济生活中，应该注意保护自己的财产权利，保护好获得财产的法律依据。比如购买房屋的凭证，它是你合法取得房屋的主要凭据。有了这个证件，你才可以在房产管理部门办理房屋产权登记证，你的房产才能够被合法地使用、抵押、保险、出租、出售等。

可以说，产权制度是市场经济的基础，建立一套完整、有效、可操作性强的产权保护制度，无疑是重要和必要的。

供需机制——供不应求与供过于求的矛盾

经济学故事

西晋太康年间有一位很有名的文学家左思。在左思小时候，父亲看不起他，常常对外人说后悔生了这个儿子。等到左思成年，他父亲还对朋友们说："左思虽然成年了，可是他掌握的知识和道理，还不如我小时候呢。"左思不甘心受到这种鄙视，开始发愤学习。

经过长期准备，他写出一部《三都赋》，依据事实和历史的发展，把三国时魏都邺城、蜀都成都、吴都南京写入赋中。当时人们都认为《三都赋》的水平超过了汉朝班固写的《两都赋》和张衡写的《两京赋》。一时间，《三都赋》在京城洛阳广为流传，人们竞相传抄，一下子使纸价上涨了几倍。原来每刀千文的纸一下子涨到两千文、三千文，后来竟倾销一空，不少人只好到外地买纸，抄写这篇千古名赋。

成语"洛阳纸贵"由此而来。

经济学课堂

洛阳纸贵的现象可用供需定律进行解释。

供给指的是生产者在一定时期内，在各种可能的价格下愿意而且能够提供出售的商品的数量。这种供给是指有效供给，必须满足两个条件：生产者有出售的愿望和供应的能力。

需求指的是消费者在一定时期内，在各种可能的价格下愿意而且能够购买的商品的数量，指的是消费者想得到某种商品的愿望。需求不是自然和主观的愿望，而是有效的需要，它包括两个条件：消费者有购买的欲望和购买的能力。

在一般情况下，需求与价格的关系成反比，即价格越高，需求量越小；价格下降，需求量上升。例如，白菜大幅度涨价，人们将会减少白菜的购买。价格与需求量之间的这种关系对经济中大部分物品都是适用的，经济学家将之总结为：在其他条件相同时，一种物品价格上升，该物品需求量减少。

供需机制对社会经济的运行和发展具有重要作用。供需机制可以调节商品的价格，调节商品的生产与消费的方向和规模，供需结构的变化能调节生产结构和消费结构的变化。

经济学茶座

鲁迅先生在《藤野先生》一文中有这样的句子：“大概是物以稀为贵吧。北京的白菜运往浙江，便用红头绳系住菜根，倒挂在水果店头，尊为‘胶菜’；福建野生着的芦荟，一到北京就请进温室，且美其名曰‘龙舌兰’。”供不应求导致这些商品的尊贵，因此，白菜在浙江能卖出好价钱，芦荟在北京也能卖出好价钱。“洛阳纸贵”的故事更是说明了供不应求会导致商品的市场价格增长。

供需的变化与市场环境的变化息息相关。

当“非典”袭击中国的时候，全国食醋、消毒液、药用口罩的价格都上升了，一些日用品也成了普通消费者的抢购对象，主要是因为突如其来的“非典”病毒造成了消费者对这些物品需求的剧增。

每年夏天当新英格兰地区天气变暖时，欧洲度假人群会前往该地区，而加勒比地区饭店房间的价格就会直线下降。

当中东爆发战争时，美国的汽油价格就会上升，而二手凯迪拉克轿车价格则会下降。

这些都表现出供需变化对市场的作用，而所有的这一切都是通过价格来反映的。

但在少数情况下会出现相反的情形，即价格越高，需求量越大；价格越低，需求量反而越小。这种商品通常是社会上具有地位象征作用的炫耀性商品，比如钻石、古董等，它们常常会因为价格的提高，需求量反而增加。

均衡价格——讨价还价的学问

经济学故事

冯梦龙的《笑府选》中有这样一个故事：

有个读书人要到苏州购买货物。同乡的人告诉他说：“苏州人卖东西通常很贵，你要记得杀个半价。不管他讨价多少，你还价一半，就对了。”

这个读书人听了，认为很有道理，便牢记于心。

果然，当他到一家绸缎店买绸料时，凡是要价六两银子的，他就还价为三两；讨价一两银子的，他就还价五钱。店老板见此人如此砍价，便不高兴了，说：“算了，干脆你也不要买了，小店就奉送两匹给你吧。”

这位读书人拱手致礼道："岂敢岂敢，学生（古时读书人的自谦）只要一匹就够了。"

读书人过于死板的还价方法，不禁惹人捧腹。在购买物品时，讨价还价是很正常的。在物品销售市场上，作为理性人，买卖双方都会追求自身利益的最大化。一方面，对于商家来说，追求的是收益的最大化，所以，通常会制定远远高于进货成本的价格；另一方面，对于消费者来说，追求的是商品效用的最大化，便希望尽力压低价格。

经济学课堂

均衡价格是商品的供给量与需求量相等，商品的供给价格与需求价格相等时的价格。需要强调的是，均衡价格的形成是市场上供求双方在竞争过程中自发形成的，有外力干预的价格不是均衡价格。

当供过于求时，市场价格下降，从而导致供给量减少而需求量增加；当供不应求时，市场价格会上升，从而导致供给量增加而需求量减少。供给与需求相互作用最终会使商品的需求量和供给量在某一价格水平上正好相等。这时既没有过剩（供过于求），也没有短缺（供不应求），市场正好均衡。这个价格就是供求双方都可以接受的均衡价格，市场在这个价格水平上能达到均衡。

如图所示，用OQ表示商品数量，纵轴OP表示价格，D表示需求曲线，S表示供给曲线，那么D和S相交的E点就是均衡点，与E点相对应的价格Pe称为均衡价格，与E点相对应的商品数量Qe称为均衡数量。

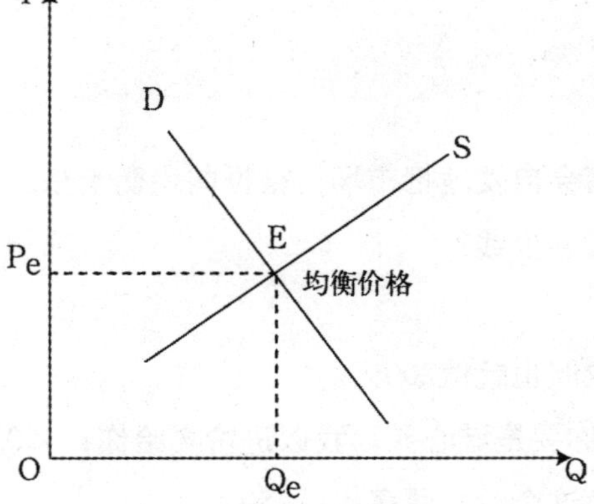

美国经济学家弗里德曼认为："均衡状态是这样一种状态，它一经确立，就将被维持下去。"

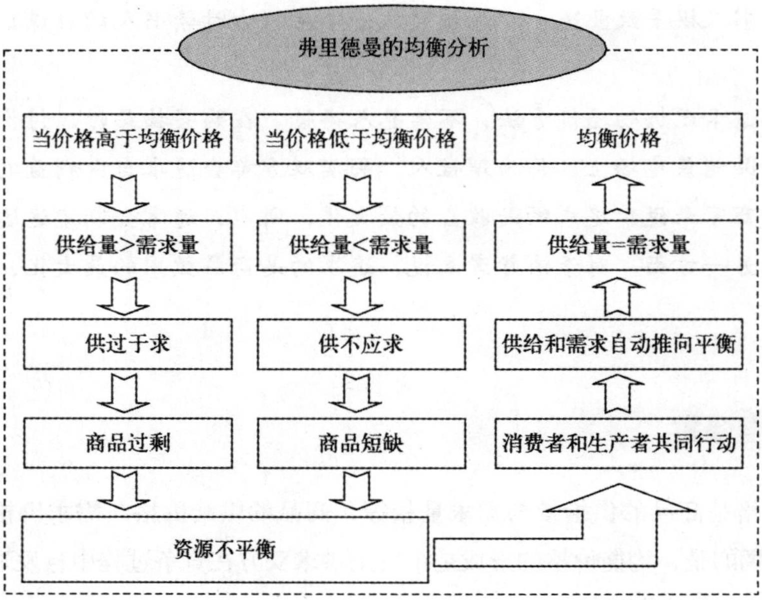

当市场价格偏离均衡价格时，在市场机制的作用下，这种供求不相等的非均衡状态会逐步消失，自动恢复到均衡价格水平。首先，当市场价格高于均衡价格时，商品供给量大于需求量，出现商品过剩，一方面会使需求者压低价格，另一方面又会使供给者减少商品供给量，这样商品的价格必然下降到均衡价格水平。相反，当市场价格低于均衡价格时，需求量大于供给量，出现商品短缺，一方面迫使需求者提高价格，另一方面又使供给者增加商品的供给量，这样该商品的价格必然上升，直到均衡价格的水平（在其他条件不变的情况下，需求变动分别引起均衡价格和均衡数量的同方向变动；供给变动分别引起均衡价格的反方向的变动，均衡数量同方向变动）。

经济学茶座

生活中，买者与卖者会自发地把市场价格推向均衡价格。

买者：你这件衣服卖多少钱?

卖者：500元。

买者：太贵了，这衣服也就值200元。

卖者：200太少了，你要是诚心买，我以进价卖给你！450！

买者：太贵了！不值这个价！最多也就250元了。

卖者：250元，你给的也太低了。再多给100，马上成交！

买者：不行，就250元。我这是底线了，卖不了就算了！

卖者：等会儿等会儿，算了，250就250吧。这次绝对是亏本卖给你了。

250元就是均衡价格，买者和卖者都能接受，也都得到满足，就不存在价格上升或下降的压力。不同市场达到均衡的快慢是不同的，这取决于价格调整的快慢。在大多数自由市场上，由于价格最终要变动到其均衡水平，所以，过剩与短缺都是暂时的。

交易费用——成交价格之外的成本

经济学故事

一个郑国人想要到集市上买鞋子，早上在家中量了自己的脚，把量好的尺码放在座位上。到了集市，他拿起鞋子，这才想起自己忘了带尺码，于是对卖鞋子的人说："我忘记带量好的尺码了。"说完，他就返回家去取量好的尺码。等他再回到集市的时候，集市已经散了。有人问他："你为什么不用你的脚试鞋呢？"他说："宁可相信量好的尺码，也不相信自己的脚。"

这则"郑人买履"的寓言意在讽刺那些固执己见，不知变通，不懂得根据客观实际采取灵活对策的人。从郑人买鞋的结果来看，他在集市与家之间往返两趟，浪费了大量时间和精力，最终还是没有买到鞋子。从经济学角度来说，他的交易费用实在是太高了。

经济学课堂

交易费用又称交易成本，最早由美国经济学家罗纳德·科斯提出。他在《企业的性质》一文中指出，交易成本是通过价格机制产生的，最明显的成本就是所有发现相对价格的成本，包括市场上发生的每一笔交易的谈判和签约的费用，以及通过价格机制存在的其他方面的成本。

学术界一般认为交易费用可分为广义交易费用和狭义交易费用两种。广义交易费用是指达成交易所需要的有形及无形的成本；狭义交易费用是指市场交易费用，即外生交易费用，包括搜索费用、谈判费用以及履约费用。

总体而言，可将交易成本区分为以下几项：

1．搜寻成本。在琳琅满目的商品种类中寻找到自己所需要的商品，必定要付出一定的时间或精力。

2．信息成本。取得交易对象信息与和交易对象进行信息交换所需的成本。

3．议价成本。针对契约、价格、品质讨价还价的成本。

4．决策成本。进行相关决策与签订契约所需的内部成本。

5．违约成本。交易发生后，违约时也要付出一定的成本。

交易费用的提出，具有非常重要的意义。经济学是研究稀缺资源配置的，而交易费用理论表明交易活动也是稀缺的。市场的不确定性导致交易存在一定风险，交易活动是有代价的，从而产生如何配置交易活动的问题。至此，资源配置问题成为经济效率问题。所以，必须提高经济效率，否则现有的制度将会被新的制度取代。这样，制度分析真正纳入到经济分析当中来。

经济学茶座

在生活中，为了实现自己的交易行为，每个人都要以不同的形式支付交易成本。

小李对他的女儿视若明珠，一天，女儿想吃饺子。于是，小李清早便去排队买饺子皮，没想到排队买饺子皮的人实在太多了，等了半天之后，终于轮到他了。等他买完饺子皮回家，再急急忙忙地赶去上班，结果迟到了5分钟。

小李买饺子皮排队所花的时间和迟到所引起的损失，就是他的交易成本。但为了女儿能吃上饺子，小李还是心甘情愿地迟到了。

由于交易成本的存在，小李所付出的成本实际上大于他买饺子皮所花费的钱，这就造成了财富的额外损失。交易成本既限制了我们的生产能力，又限制了我们从交易中获取更多的利益。

李军是一个烟民，明明知道楼下小商店的香烟比商场里的贵5毛钱，他还是在楼下小商店里买。因为他觉得，在楼下小商店里买香烟，虽然贵5毛钱，但下楼就能够买到香烟。倘若去商场，要乘车，或要多走很长时间的路，其中所消耗的时间，是他并不愿意支付的。虽然多花5毛钱，但节省了时间和精力，对他来说是合算的。

楼下小商店在给香烟定价的时候，实际已经将交易成本计算进去了。交易成本是人与人之间进行交易时所必需的成本。对于每个人来说，交易成本是不同的。在菜市场上可以看到不少老太太与小商贩为几毛钱的菜价而讨价还价。这是因为，老太太已经退休，她用来讨价还价的时间没有他用，如果能买到便宜的蔬菜，就降低了自己的生活成本。如果放到年轻人身上，就不会为几毛钱讨价还价，因为有讨价还价的时间还不如抓紧时间工作多挣钱呢。

市场失灵——“看不见的手”并不是万能的

经济学故事

财主有一妻一妾，妻子比他的年纪大而妾比他的年纪轻。

妾总觉者自己和财主不般配，因为两人在一起的时候，总是显得自己比财主小很多，犹如父女俩。怎么办呢？她想到一个妙招：每天都把财主头上的白发拔一点下去。她想：地主头上的白发少了，显得年轻点，这样双方就显得般配一些。

妻也觉得自己和财主不般配，因为两人在一起的时候，总是显得自己比财主更老，犹如母子俩。怎么办呢？她也想到一个妙招：每天都把财主头上的黑发拔一点下去。她想：地主头上的黑发少了，显得年老点，这样双方就显得般配一些。

就这样，财主在妾那里，妾就给他拔白头发；财主在妻那里，妻就给他拔黑头发。没过多久，财主便成了秃头。

无论是妻还是妾，她们拔头发的动机都无可非议，最终却造成了大家都不愿意看到的结果。这是因为她们都是从利己的角度出发，可以说是妻妾的利己性造成了财主秃头的结局。

古典经济学家认为，每个人从利己的目的出发，就能达到市场资源配置最优的效果。但事实证明，如果人人利己，放任自由，往往会造成市场失灵的悲剧。

经济学课堂

市场能够有效调节资源，市场经济比计划经济更有效率，但市场机制不是万能的，不可能有效调节人们经济生活的所有领域，于是就有了市场失灵的概念。所谓市场失灵，是指市场本身不能有效配置资源的情况，或者说市场机制的某种障碍造成配置失误或生产要素的浪费性使用。

1929年到1933年的经济大萧条宣告了古典经济学市场神话的终结，“市场失灵”这一经济术语在西方经济学界被广泛使用。导致市场失灵的因素主要有：

1．收入与财富分配不公。市场机制遵循资本与效率原则，使得收入与财富向富人越来越集中，而另外一些人则更趋于贫困，造成了收入与财富分配的进一步拉大。

2．外部负效应。外部负效应是指某一主体在生产和消费的过程中，对其他主体造成的损害。如化工厂，它的一切经济行为的内在动因是赚钱，为了赚钱对企业来讲最好是让工厂排出的废水不经处理而进入河流湖泊等，这就对环境、其他企业的生产和居民的生活造成了危害，而市场本身并不能制止化工厂的这种污染行为。

3．市场垄断的形成。一般来说，竞争是在同一市场中的同类产品或可替代产品之间展开的。一方面，由于分工的发展使产品之间的差异不断拉大，资本规模扩大和交易成本的增加，阻碍了资本的自由转移和自由竞争；另一方面，由于市场垄断的出现，削弱了竞争的程度，竞争的作用下降。

4．信息不对称。经济活动的参与人具有的信息是不同的，一些人可以利用信息优势进行欺诈，因而损害正当的交易。当人们对欺诈的担心严重影响交易活动时，市场的作用就会丧失，市场配置资源的功能也就失灵了。此时市场一般不能完全自行解决问题，为了保证市场的正常运转，政府需要制定一些法规来制止和约束欺诈行为。

由于市场失灵的存在，要优化资源配置，就必须由政府进行干预或调节。市场规律和政府调控相结合，才能有效规避市场失灵现象。

经济学茶座

在市场经济中，政府充当的是市场经济的“监管者”角色，政府在为市场做好服务的同时，也应该拿起手中的“大棒”严厉打击市场中的违法行为，切实维护好市场经济的秩序，从而为社会创造良好的市场交易秩序。

在英国商品经济的初期，假冒伪劣产品也很多，借钱欠款不还相当寻常。当法律被认真严厉地执行，制假售假者被惩罚得倾家荡产还要成为囚徒，借钱和欠款者不但要被抄家抵债还要进监狱时，谁还敢藐视市场经济的规则？英国市场秩序变得井井有条，依法严惩造就了一个文明诚信的英国。

就拿现在很受关注的食品安全来说，仅靠市场上的生产商来维护安全是不够的，他本身就以赢利为目的。产品出问题之后，生产商往往考虑的是自身形象的维护、所承担的经济利益损失以及担心竞争对手攻击等情况，而法律则直接约束生产商的行为，让他们在追求自身利益的同时，也要为消费者着想。

在市场经济中，政府发挥了重要的作用。他们既是保持中立的法官，也是起监督作用的警察。一方面，政府用法制和规则约束市场主体——生产商及行为，而不是无条件地相信生产商；另一方面，政府要主动增强对市场的监管能力，而不是等待市场自己解决问题，为消费者提供有效的保护。

第七章　消费行为

——看清消费背后的玄机

需求弹性——价格对需求的影响程度

经济学故事

某粮店开张后，顾客并没有老板预想的多。同一条街上，其他商店降价促销的吆喝声不绝于耳，打折出售的招牌随处可见，看到这些商店顾客盈门的场面，老板心想：薄利多销是很有道理的。

于是，老板将贴在粮店外面的价目表改了一下，在原来的“1.8元1斤”上用红笔将“1.8”改成了“1.7”。价格便宜了1毛钱，可是并没有吸引多少顾客。老板想，可能是因为降价的幅度不大，于是将“1.7”改为了“1.5”，这是非常便宜的价格了。但老板发现，吸引的顾客还是不多。等到晚上算账的时候，销售收入没有增加。

粮店老板感到十分纳闷：为什么会出现这样的结果？

经济学课堂

经济学告诉我们，影响一种商品需求的因素有很多，除消费者偏好和对商品的预期价格外，还有商品的价格、相关商品的价格，以及消费者的收入等。

需求弹性是用来测量一种商品的需求量对其影响因素变化的敏感程度，分为需求的价格弹性、需求的交叉弹性、需求的收入弹性、需求的预期弹性。其中需求的价格弹性反映的是在影响该商品需求的其他因素恒定不变的前提下，改变其价格，其需求变化大小的程度。需求的交叉弹性和需求的收入弹性分别用来表示其他商品的价格变化和收入发生变化所引起的需求量变化大小的程度。

需求的价格弹性表示的是一种商品的需求对该商品本身的价格变化的反应程度，用公式表示就是：

需求价格弹性=需求量变动的百分比/价格变动的百分比

当弹性大于1，需求是富有弹性的；小于1，需求是缺乏弹性的；等于1，需求是单位弹性；等于0，需求完全没有弹性。

经济学茶座

如今，商品打折已经成了一种风气，无论大街小巷，总会看到“大甩卖”、“跳楼价”、“大放血”等字样，但我们很少看到粮食等商品打折销售，粮食需求缺乏弹性就是其主要原因。

有相近替代品的物品往往富有需求弹性，因为消费者从这种物品转向其他物品较为容易。此外，随着时间的流逝，商品的需求更富有弹性。例如当汽油价格上升时，在最初的几个月中汽油的需求量只是略有减少。随着时间推移，人们会购买更省油的汽车，或转向公共交通，或迁移到离公司近的地点住。在几年之内，汽油的需求量会大幅度减少。

了解了需求弹性，我们对日常生活中的各种经济现象就有了更深入的认识。决定某种物品需求弹性大小的因素很多，一般来说有以下几种：

1. 消费者对某种商品的需求程度。越是生活必需品如食盐、蔬菜等，其需求弹性越小；奢侈品的需求弹性大。

2. 商品的可替代程度。如果一种商品有大量的替代品，则该商品的需求弹性大，如饮料；反之则需求弹性小，如食用油。

3. 商品本身用途的广泛性。一种商品用途越广，其需求弹性就越大，如水电。反之一种商品用途越窄，其需求弹性就越小，如鞋油。

4. 商品使用时间的长短。使用时间长的耐用品比如电视、汽车的需求弹性大，而报纸等商品需求弹性小。

5. 商品在家庭支出中所占的比例。比例小的商品如筷子、牙签等，其需求弹性小，而电视、汽车等商品所占比例大，需求弹性也大。

替代效应——难以替代的物品价格高昂

经济学故事

一天，克尔姆城里的补鞋匠把一个顾客杀了。于是，他被带上了法庭，法官宣判对其处以绞刑。判决宣布之后，一个市民站起来大声说："尊敬的法官，被你宣判死刑的是城里唯一的补鞋匠！我们只有他这么一个补鞋匠，如果你把他绞死，谁来为我们补鞋？"

克尔姆城的市民也异口同声地应和。法官赞同地点了点头，重新进行判决。"克尔姆的公民们，"他说，"你们说得对，由于我们只有一个补鞋匠，处死他对大家都不利。城里有两个盖房顶的，就让他们其中的一个替他死吧！"

这样的故事只可能在寓言中出现，但它说明了不可替代的重要性。

经济学课堂

当一种商品的价格发生变化时，会对消费者产生两种影响：

一是使消费者的实际收入水平发生变化。此时，实际收入水平的变化被定义为效用水平的变化。二是使商品的相对价格发生变化。这两种变化都会改变消费者对该种商品的需求量。

由于一种商品价格变动而引起的商品相对价格发生变动，从而导致消费者在保持效用不变的条件下，对商品需求量的改变，这被称为价格变动的替代效应。

替代效应指的是这样的倾向：当一种商品的相对价格降低时，消费者增加对该种商品的消费（以该种商品作为替代）；而当一种商品的相对价格上升时，消费者减少对该种商品的消费（该种商品被替代）。

经济学茶座

替代效应在生活中非常普遍。我们的日常生活用品大多是可以相互替代的，萝卜贵了多吃白菜，大米贵了多吃面条。一般来说，越是难以替代的物品，价格越高昂。比如，产品的技术含量越高，价格就越高，替代性较低。再如艺术品价格高昂，就是因为艺术品是一种个性化极强的物品，很难找到替代品。王羲之的《兰亭序》价值连城，就是因为它只有一幅，无可替代。

2008年猪肉价格暴涨后，民众增加了其他肉类食品的消费，正是替代效应在发挥作用。某种经常使用的消费品涨价后，人们会选择价格更为便宜的同类商品。

2008年7月，宝洁正式启动了旗下产品的第二轮提价，护舒宝、帮宝适等系列产品涨幅达10%左右，创了新高。联合利华也紧随其后，力士洗发水、香皂，夏士莲香皂、中华牙膏等价格均上涨10%～15%。

大品牌洗化用品结伴涨价，引起许多消费者的抱怨和抵触，部分未涨价的国产品牌成为替代品。在这些大品牌宣布涨价后的一个月内，来自家乐福的销售数据显示，大品牌洗化用品销售并不理想，国产品牌逆势上扬，销量大增，如六神、霸王、匠人等洗发水、沐浴露，以及雕牌、立白等洗衣粉及皂类。

在工作中，替代效应也在发挥着作用。那些有技术、有才能的人在企业里是香饽饽，因为找一个能替代的人不容易，而对于普通员工，企业很容易找到替代的人。对于别人的薪金比自己高，不要吃惊和不平，只要使自己具有不可替代性，待遇自然会提上来。

替代效应在日常生活中无处不在，我们应认识并充分利用这种效应，做一个聪明的经济人。

互补品——两种商品结合起来才能满足需求

经济学故事

20世纪60年代初，柯达公司意欲开辟胶卷市场。要使新开发的胶卷在市场上脱颖而出，并非易事，于是柯达公司采用发展互补品的办法，在1963年开发自动相机，并宣布其他厂家可以仿制。柯达的广告说：“柯达照相机的专利，本公司绝不独占，我们允许所有厂家仿造。”一时出现了自动相机热。相机的暴增，给胶卷带来广阔的市场，柯达公司迅速推出胶卷，一时销路遍及全球。

经济学课堂

互补品是指两种商品在效用上是互相补充的，二者必须结合起来使用才能满足消费者的需求。这种互补性的需求又叫联合需求，即一种商品的消费必须与另一种商品的消费相配套。一般而言，某种商品的互补品价格上升，将导致该商品需求量因为互补品需求量的下降而下降。

互补品是共同满足需要，而且必须同时使用的两种商品。汽车销量的增加导致汽油销量的上升，油价的上涨导致汽车销量的下降，因为两者是互补品。也就是说，一种商品价格的上升不仅使该商品的需求量减少，也使它的互补品的需求量减少；相反，一种商品价格下降，需求量增加，它的互补品的需求量也会增加。

互补品往往是商家销售策略的一个重要考虑方向。一般来说，作为互补产品，有如下运作方式：

1．捆绑式经营

以单一价格将一组不同类型但是互补的产品捆绑在一起出售。例如，IBM公司曾将计算机硬件、软件和服务支持捆在一起出售；而微软公司将Office系列、IE浏览器整合在Windows操作系统上时，采取的也是一种典型的捆绑式经营。捆绑式经营广泛地存在于商业活动中，不过人们并不总能辨识出来。例如，作为交通工具的汽车与车内音像设备构成互补产品关系，但消费者往往将它们作为一个整体看待。

2．交叉补贴

通过有意识地以优惠甚至亏本的价格出售一种产品，而达到销售更多的互补产品，以获得最大限度的利润。以剃须刀与剃须刀片的销售为例，吉列公司将剃须刀以成本价或接近成本价的价格出售，目的是使顾客在将来购买更多的、利润更高的替换刀片。

3．提供客户解决方案

从客户的实际需要着手，通过降低客户成本，如时间、金钱、精力等，增加客户从消费中获得的价值，将一组互补的产品组合起来，为顾客提供产品套餐，从而达到吸引顾客、增加利润的目的。

4．系统锁定

实施系统锁定战略的要义在于，联合互补产品厂商一道锁定客户，并把竞争对手挡在门外，最终达到控制行业标准的目的，微软合作就是最典型的例子。80%～90%的PC软件商都使用微软的操作系统（比如Windows系列）。作为一个客户，如果你想使用大部分的应用软件，你就得购买微软的产品；作为一家应用软件厂商，如果你想让90%的顾客使用你的软件，你就得把你的软件设计成与微软操作系统相匹配的。

经济学茶座

在生活中，很多经济现象都可以用互补品的概念来解释。商家利用互补品来提高主打产品的销量，还可以给公司带来运营上的收益。

1900年，安德烈和爱德华两兄弟刚刚接管家族设在克莱蒙费朗市的橡胶生意后不久，他们决定为旅行者出版一本指导手册《米其林指南》。从经济学的角度来说，旅行指南和汽车轮胎可以被称为互补品，也就是两种常常会被联系在一起进行消费的商品。随着《米其林指南》变得越来越流行，这本小册子逐渐成为一种强大的品牌构建和营销渠道。事实上，仅仅销售《米其林指南》就给这家公司带来了滚滚财源。

对于消费者来说，互补品是我们在消费时需要考虑的因素。就现在的市场来说，汽油价格居高不下，一涨再涨，我们经常听到有人说："先等等再买车吧！买得起车，用不起油啊。"这就是因为，消费汽车的同时必须消费汽油，如果汽车价格比较低，我们还要考虑汽油的价格问题。汽车和汽油就是互补品。

企业通过广告宣传等方式强化消费者对互补产品联系的主观感知，可以确立互补产品之间的战略重要性。但是，在一个产品信息较充分的、消费者占绝大多数的成熟市场中，互补产品之间的紧密联系则较难建立。

比如，洗衣机与洗衣粉是典型的互补产品，但今天的消费者倾向于对两者的购买独立决策，他们对洗衣机与洗衣粉都有自己的品牌偏好。这时候，厂家推荐的A牌洗衣机与B牌洗衣粉组合的方案就不一定能奏效。

价格歧视——商家对顾客并非一视同仁

孟尝君是战国后期著名的政治家，他养有三千食客，被称为战国四公子之一。

有一位叫冯谖的人因穷困潦倒，无法维持生计，便托人请求孟尝君，表示愿意在他的门下寄居为食客。孟尝君问他有什么爱好，他回答说没有什么爱好。又问他有什么才能，回答说没有什么才能。孟尝君听后笑了笑，还是接受了他。

旁边的人因看到孟尝君看不起冯谖，就给他粗劣的饭菜。按照孟尝君的待客惯例，门客按能力分为三等：上客吃饭有鱼，外出乘车；中客吃饭有鱼，外出无车；下客饭菜粗劣，外出自便。

过了一段时间，冯谖倚着柱子弹剑，唱道："长铗归来乎！食无鱼。"左右的人把这事告诉了孟尝君，孟尝君为他改善了伙食。

又过了一段时间，冯谖弹着他的剑，唱道："长铗归来乎！出无车。"左右的人都取笑他，并把这件事告诉给孟尝君，孟尝君又给他配备了马车。

这使冯谖深受感动，后来为孟尝君政治地位的稳定作出了重要贡献。

孟尝君将他的食客分为三等，不同等级的食客的待遇是截然不同的，事实上是受到了歧视。消费经济学中，也存在歧视，即价格歧视。

经济学课堂

价格歧视实质上是一种价格差异，通常指商品或服务的提供者在向不同的接受者提供相同数量、相同质量的商品或服务时，在接受者之间实行不同的销售价格或收费标准。经营者将同一种商品或服务，对条件相同的若干买主实行不同的售价，则构成价格歧视行为。

由于价格并不完全反映其产品的真实价值，所以价格歧视运用了非线性定价策略。价格歧视作为一种理论，属于定价策略的范畴，无任何褒贬之意。

运用歧视定价有两个不可或缺的条件：一是实行歧视价格的商品本身是不能转卖的，谁购买谁消费，不能低价买进再高价卖出；二是要能用一个客观标准对消费者进行细分，即分为需求弹性不同的消费群体。

对于商家而言，实行价格歧视是为了获得更多的利润。如果能按较高的价格把商品卖出，商家就可以多赚一些钱，因此，商家会尽量把商品价格定得高些。但是把商品价格定得太高，又会赶走许多支付能力较低的消费者，从而导致商家利润的减少。如何采取一种两全其美的方法，既以较高的商品价格赚得富人的钱，又以较低的价格把穷人的钱也赚过来。这就是商家所要达到的目的，也是价格歧视产生的根本动因。

当企业有定价权时，实行歧视定价有助于实现利润最大化。主要的歧视定价可分为以下几种：

一种是一级价格歧视，即对每个消费者都收取不同的价格。

一种是二级价格歧视，即对一定数量的物品收取一种价格，对另一数量的同样物品收取另一种价格。

市场上最常见的则是三级价格歧视，即根据不同市场上的需求价格弹性的不同，收取不同的价格。

经济学茶座

在生活中，实行价格歧视的事例比比皆是。大学生放假回家，只要持学生证，就可以买到半价票；在北京坐公交车，如果刷卡便可以打四折；有的舞厅为了使客人在跳舞时成双配对，只要男士买票，女士可以免费入场……

2010年9月13日晚，苹果公司宣布，从9月17日早上10点开始，中国消费者可以在直销商店及授权经销商处购买到iPad。与此同时，中国消费者必须接受一个条件，那就是以高于美国售价的18%购买。

苹果公司16GB版iPad在中国的建议零售价为人民币3988元（约590美元），32GB版为人民币4788元，而64GB版为人民币5588元（826美元）。这比在美国的售价区间499～699美元高出约18%。

苹果公司对中国消费者实施了价格歧视。价格歧视表面上看好像不公平，其实未必。这是因为在整个价格歧视中，不同的有效需求者都能得到有效的供给，因而从需求与供给相等的意义上说，没有任何人遭到歧视。

实际上，如果没有价格歧视，也未必会得到满意的结果。美国宝洁公司曾经一直采用“折扣券”制度，对积攒、保存、携带、出示折扣券的顾客（往往都是收入较低的顾客）实施优惠价格。1996年，宝洁公司以区分消费者需求弹性成本太高之名决定取消这种制度。宝洁公司的顾客愤怒了，连纽约州司法部都介入此事，强制要求宝洁公司执行折扣券制度。

所以有时候，价格歧视本身也是市场公平的一种另类体现。生活中，商家的价格歧视策略远不止这些形式。只要符合价格歧视的一般条件，产品富有个性化，就可以利用这种差异把它设为各种各样的组合，然后运用价格歧视的策略。

吉芬现象——越涨越买

在美国亚利桑那州的一处旅游胜地新开了一家出售珠宝饰品的商店，由于正值旅游旺季，珠宝店里总是顾客盈门，各种价格高昂的银饰、宝石等都卖得很好，唯独一批价格低廉的绿松石总是无人问津。

为了尽快脱手，老板试了很多方法，例如把绿松石摆在最显眼的地方，让店员进行强力推销等，但这一切都徒劳无功。

在一次到外地进货前，老板决定亏本处理掉这批绿松石。在出行前她给店员留下一张纸条：“所有绿松石以乘二分之一的价格出售。”等她进货归来，那批绿松石全部售罄。店员兴奋地告诉她，自从提价以后，那批绿松石成了店里的招牌货。

“提价？”老板瞪大了眼睛。原来，粗心的店员把纸条中的“乘二分之一”看成了“乘二”。

经济学课堂

19世纪，英国学者罗伯特·吉芬在爱尔兰观察到一个现象：1845年，爱尔兰爆发了大灾荒，虽然土豆的价格在饥荒中急剧上涨，但爱尔兰人反而增加了对土豆的购买。后来人们为了纪念吉芬，就把吉芬发现的这种价格升高而需求量也随之增加的经济现象叫做吉芬现象，简单地说就是越涨越买。

剖析吉芬现象不难发现，土豆成为吉芬商品有两个前提，一是购买者找不到更合适的替代品，二是该商品是必需品。比如说，肉的价格远远高于马铃薯，人们可以一段时间不吃肉但是必须每天吃主食，而最便宜的主食就是马铃薯。当马铃薯价格上涨时，意味着消费者的实质收入下降。为了保证基本的温饱，即便其价格上涨，消费者还是要购买更多的马铃薯以求生存。

经济学家认为，吉芬现象是市场经济中的一种反常现象，是需求规律中的例外，但也是客观存在的一种现象。需求定律的定义是“在其他条件不变时，需求价格与需求量呈反向变动关系”。这里需要指出它的前提，即“其他条件不变”。这个不变其实涵盖了关于需求的许多概念，如需求弹性和供给弹性。如果天降大雨，地铁口的雨伞尽管价格较平时上涨，销量还是会上升，我们分析关键原因不是价格上涨，而是由于天空突降大雨，即需求定律的其他条件已经发生变化了。这时需求弹性急剧降低，对价格已经不再敏感。在这种情况下，只要价格还不是高得离谱，人们就会购买。试想如果雨并不是很大，人们可以赶到商店再去购买的话，小贩们的高价雨伞自然就无人问津了。这一道理对爱尔兰的农民同样适用。土豆价格上涨需求量反而上升，是因为人们收入所限只能选择土豆。同时，在饥荒的压迫下，他们预期价格还会再涨，于是就去抢购。从这一点上说，吉芬现象并不等于推翻了需求定律。

在不同的环境条件下，吉芬现象会以不同的形式出现。在当年的爱尔兰，土豆价格越高越买是人们在贫困中为了维持生存的一种不得已的选择。在灾难时期，商品越涨越买往往是出于一种恐慌心理，害怕以后价格会涨得更高。而一些首饰、服装、礼品等，商品价格越涨越买则是为了显示自己的身价，提升自己的社会地位。

经济学茶座

单就一种现象而言，我们生活中到处都有吉芬商品或者吉芬现象。

很多“北漂”的人们选择在北京的城郊结合部租房子，但是那里的居住环境比市区要差，交通也不太便利，房屋一般比较简陋，但是仍有越来越多的人涌入城乡结合部。

这种现象背后的原因就是虽然城乡结合部的租房价格不断上涨，但相比主城区而言价格还是比较便宜，对于刚刚在北京立足的年轻人来说，选择在这些地方租房能享受到相对便宜的房租，这是他们最看重的。

按说吉芬商品是物质资料短缺时的产物，在物质资料极丰富的今天应不多见。然而，随着房价步步攀升，住房已成为一种吉芬商品。

这主要是因为：第一，衣食住行是人的最基本的生活需要，无论房价涨得多离谱，大家都得勒紧腰带，为自己找寻一块栖身之地。第二，除了购买商品房，大多数老百姓的确没有其他更好的选择，数量有限的经济适用房、天价的别墅都不是合适的替代品。因此，商品房价格一路上涨，老百姓对其需求却不减反增——谁知道明天的房价又将涨多少，大家不得不争先恐后买房，而高涨的需求又成为开发商们继续涨价的理由，由此推动房价一轮又一轮地上涨。

更为重要的是，对于吉芬商品的供给者而言，由于涨价不会导致需求下降，即使政府通过宏观调控增加了供给者获取巨额利润的成本，开发商以及炒房者们依然可以通过继续上调交易价格向消费者转嫁成本。最终，以平抑房价为目标的宏观调控政策落空，房价反而涨得更快，受损的还是普通消费者。

那么，如何才能有效地避免吉芬商品对消费者的伤害呢？从吉芬商品产生的两个必要条件就能找到答案：一是政府对买房的贷款政策提供更多的支持。二是普及经济适用房和廉租住房。一旦有了更多的选择，商品房的需求弹性就会上升，这时价格机制就会起作用。一旦价格上扬，消费者的需求就会下降，卖房者便不会肆无忌惮地涨价。

消费从众——切忌消费中的盲从行为

经济学故事

一个石油商死后上了天堂，天使说："实在抱歉，我知道您在世时行为正派，做了很多善事，但是天堂已经饱和，实在住不下了。"这个石油商说，不要紧，他有办法。他站在天堂的门口大喊："地狱里发现石油啦！"大门里立即跑出一大堆人，冲向地狱。天使吃惊地看着这一切，说："现在你可以进天堂了。"不料石油商说："我决定去地狱，这么多人都去了地狱，说不定这个消息是真的呢。"

经济学课堂

从众是人们自觉或不自觉地以某种集体规范或多数人的意见为准则，作出判断、改变态度、发生某种行为的现象，也就是多数人怎么看、怎么说，就跟着怎么看、跟着怎么说，人云亦云。在经济学中，从众行为也被称为"羊群行为"。

羊群都是跟着头羊行动，比如在一群羊前面横放一根木棍，头羊跳了过去，第二只羊、第三只羊也会跟着跳过去；这时把那根棍子撤走，后面的羊走到这里，仍然会像前面的羊一样，向上跳一下，这就是所谓的"羊群效应"。

羊群效应比喻人都有从众心理，很容易产生盲从，而盲从往往会陷入骗局或遭到失败。这个词语形象地概括了人们的盲目消费行为。比如，购物时喜欢到人多的商店；选择品牌时，偏向那些市场占有率高的品牌；选择旅游地点时，偏向热点城市和热点线路。

从另一个角度来说，从众行为也是一种预期理性行为。虽然预期希望常常不能如愿，但是在做出这个选择之前，人们有一种理性的预期希望。为了达到这种预期的希望，人们选择跟从行为，因此经济学中的从众行为并不见得就全无益处。在信息不对称和预期不确定条件下，跟着别人做确实是风险比较低的。

值得注意的是，消费者从众行为是有一定限度的。在对商品了解较多，并有客观判断标准的情况下，很少有从众行为；商品信息模糊时，容易产生从众行为。对每个消费者来说，是否会产生从众行为还与其个性因素有密切关系，依赖性强、缺乏自信、易受暗示、知识面窄的消费者更容易产生从众行为。

经济学茶座

从众心理是每个人都可能有的。羊群效应告诉我们，许多时候，事实并不像谚语说的那样——“群众的眼睛是雪亮的”。市场中的普通大众往往容易丧失基本判断力，一见别人排队买东西，就以为有“便宜”可占，不管三七二十一就加入进去；一见别人都夸某种东西好，生怕错过机会，也赶快掏腰包。报纸上不时揭露的不法商家雇托儿的卑劣手段，就是利用从众心理诱使消费者上当的例子。

一流行什么，满大街全是流行的款式。流行西服，连农民下地干活也穿西服；流行松糕厚底鞋，不分高矮胖瘦，脚下统统蹬着大厚底；流行文化衫，满大街的人都背着“文化”跑……

在现实生活中，类似的消费跟风的例子不少。

每年大学必有的“散伙饭”就是一例。散伙饭就是离别饭，三四年的同学、宿舍密友，转眼间就要各奔东西，这个时候自然要聚一聚，喝酒、聊天，于是，散伙饭成了大学毕业生表达彼此依依惜别之情的方式。

散伙饭届届相传，其实也是大学生的一种跟风现象。看到以前的学长们在高档饭店里吃散伙饭，看着周围的同学们在高档饭店里在吃散伙饭，自己当然要和大家一样。于是，散伙饭不仅越吃越多，越吃越高档，价钱也越来越高昂，成了奢侈饭。

像散伙饭这样的高消费从众行为不值得提倡，但也要辩证地看待从众行为。在特定的条件下，由于没有足够的信息或者搜集不到更多准确的信息，从众行为是很难避免的。通过模仿他人的行为来选择策略并无大碍，有时模仿策略还可以有效地避免风险和取得进步。因为人们生活于社会之中，从社会联系的意义来看，群体构成了人类社会生活的基础，每个人都是一定社会群体的成员，当群体代表进步潮流时，个人服从组织，做出从众行为，这是可以理解的。但从众心理是一种缺乏自信和主见的盲从和向压力屈服的心理状态，而不是自觉的、有明确目的的对外界事物的反应，一味盲目地从众，会扼杀一个人的积极性和创造力。

第八章　消费心理

——其实你不懂消费者的心

偏好——萝卜白菜，各有所爱

经济学故事

1936年初，英国国王乔治五世逝世，当时41岁而未婚的爱德华继位。他爱上了一位美国妇女沃利斯，决定同她结婚并封她为王后。当时39岁的沃利斯已离过一次婚，并二次结婚成为美国商人辛普森的夫人。爱德华八世的决定违背了王室传统和宗教规定，引起轩然大波，受到众多阻力和反对。在这种情况下，爱德华八世毅然做了“不爱江山爱美人”的抉择，于同年12月11日发表广播讲话，宣布放弃王位，接着悄然离开英国，于翌年6月同获准离婚的辛普森夫人在法国结为伉俪。

关于这段传奇爱情，英国某经济学家如此评论：“20世纪，我们英国出现了一位‘最不理性’的王储。他做了一项非常亏本的买卖，选择了一位从任何一个角度来看都不合适自己的女性做自己的伴侣，并因此放弃了继承王位的权利。

“这位被国王选择的对象（辛普森夫人），不过是个身份卑微的私生女。她离过婚，派头十足、自命不凡，固执又不出众，根本算不上漂亮，却蛊惑了一位富有责任的国王，结果让英国损失巨大……”

而另外一位学者却认为，“那女人金发蓝眼，皓齿厚唇，体态丰盈，秀色可餐，言谈间风情千种，移步时仪态万方”，让国王怦然心动。

很多人都疑惑：为什么同样的一个人，在不同人的眼中会产生这样大的差别。

经济学课堂

偏好是指消费者对于所购买或消费的商品和劳务的喜爱胜过其他商品或劳务，又称消费者嗜好。它是对商品或劳务的优劣性所产生的主观感觉或评价。

根据经济学的假设，人都是有偏好的，正所谓萝卜白菜，各有所爱。比如消费者对特定的商品、商店或商标产生特殊的信任，习惯地前往某一家商店，或反复、习惯地购买同一商标或品牌的商品，就属于偏好。

偏好实际上是潜藏在人们内心的一种情感和倾向，它是非直观的，而且引起偏好的感性因素多于理性因素。每个人的偏好各不相同，这就引起每个人行为选择的不同。黎巴嫩文学家纪伯伦写过这样的故事：有个人在自家地里挖出一尊绝美的大理石雕像，一位艺术品收藏家高价买下了这尊雕像。卖主摸着大把的钱感叹：这钱会带来多少荣华富贵，居然有人用这么多钱换一块在地下埋了几千年、没人要的石头？收藏家端详着雕像想：多么巧夺天工的艺术品，居然有人拿它换几个臭钱。他们都为自己交换来的东西感到非常满意。

每个人的偏好不同，因此对同一种物品的评价往往不同，而这种评价直接影响该物品对自己的实际价值。上面故事中，卖主认为钱的价值大于雕像，买主认为雕像的价值大于钱，其实这和个人的偏好不无关系。

那么，偏好跟什么相关呢？有人认为和收入相关，比如购买服装时，富人从不在地摊买衣服，他们总是偏好去大型商场；也有人认为和前期偏好有关，比如我们考研时会买星火英语，因为大学考英语四级六级时一直选择星火英语；也有人认为偏好和地理有关，如四川人偏好吃辣，江苏人偏好吃甜；也有人认为偏好跟熟悉程度有关，比如集中同质商品供自己选择，一般会选择做过广告的；还有人认为偏好与周围人的偏好有关，如你周围的人都买某件东西时，你一般也会买这件东西。

其实，影响人们消费偏好的因素是很复杂的。宏观上看，国家和民族的历史传承、国家和区域的经济环境、福利和劳动保障条件等都会影响人们的消费行为。作为个人，偏好主要受以下几个方面的影响：

1．习惯。由于个人行为方式的定型化，比如经常消费某种商品或经常采取某种消费方式，消费者心里就会产生一种定向的结果。这种定向结果几乎每个人都有，只是习惯的内容及稳定程度不同。

2．方便。很多人把方便与否作为是否选择消费品和劳务以及消费方式的第一标准，以求在消费活动中尽可能地节约时间。

3．求名。很多人把消费品的名气大小作为选择与否的前提条件。购买活动中，首先要求商品是名牌。只要是名牌，花再多的钱也甘愿。

一般来说，某种商品的需求量与消费者对该商品的偏好程度正相关。如果其他因素不变，对某种商品的偏好程度越高，消费者对该商品的需求量就越大。但现实中人们的偏好并不是连续的、稳定的，而是可变的，是在判断和选择的过程中体现出来的，并受判断和选择的背景、程序的影响。

经济学茶座

了解了消费者的偏好，在经营活动中，企业就可以据此分析和判断自己该采取怎样的经营对策。

如果消费者的偏好不稳定又含糊的话，要提供给他们一个满意的解决方案以满足其偏好是不可能的。他们对自己的偏好不了解，易被影响。

消费者知道自己没有稳定、清晰的偏好，他们对供给的评估很有可能是建立在商品外观的吸引力上，而不是其是否真的符合他们（不牢固）的偏好。例如，喜欢喝葡萄酒，却又清楚地知道自己没有这方面的知识，消费者就可能乐意接受有关葡萄酒方面的知识和消费建议。

如果消费者有着稳定的消费偏好，这些偏好引导着他们的选择，但是他们并没有清楚地意识到偏好对其消费选择的驱动性。例如他们可能自认为选择是建立在理性、客观评判的基础上的，而实际上他们的选择主要考虑的是情感因素或审美因素。因此，这些消费者对那些实际上并不符合他们偏好的定制化供给或选择标准可能会错误地接受，最终导致不满意。

还有一类消费者既有清晰的偏好，又对自己的偏好有足够的了解，这使他们能正确判断一种定制化供给是否真的符合他们的偏好。由于他们对自身偏好的了解，他们可能很少依赖营销者的建议。

了解了消费者的消费偏好，有助于企业进一步了解他们的内心活动，从而为自己的经营活动开拓一个良好的发展空间。

消费效用——从“朝三暮四”到“朝四暮三”的启示

经济学故事

《庄子·齐物论》中有个“朝三暮四”的故事。

宋国有一个很喜欢饲养猴子的人，名叫狙公。他在家里养了一大群猴子，时间长了，他能理解猴子的意思，猴子也懂得他的心意。一开始，狙公宁可减少全家的食用，也要满足猴子的要求。然而过了不久，家里越来越穷困了，狙公必须减少猴子吃栗子的数量，但又怕猴子不顺从自己，就欺骗猴子说：“给你们栗子，早上三个，晚上四个，够吃了吗？”猴子一听，都十分恼怒地站了起来。过了一会儿，狙公又说：“给你们栗子，早上四个，晚上三个，这该够吃了吧？”猴子一听，一个个都趴在地上，非常高兴。

“朝三暮四”的成语故事原本是揭露狙公愚弄猴子的骗术，告诫人们要注重实际，防止被花言巧语蒙骗。在这个故事里，栗子的总量并没有变化，所以猴子们的行为显得很愚蠢。实际上，我们从经济学的角度来看，得出的结论大不一样。古人认为总量是没有变化的，因此觉得早上三个晚上四个和早上四个晚上三个是完全一样的。其实不然，在猴子喜欢早上多吃，晚上少吃的前提下，“朝三暮四”和“朝四暮三”还是有区别的，这能给猴子们带来不同的效用。

经济学课堂

在经济学发展史中，“效用”概念的出现无疑是一个突破。物品效用在于满足人的欲望和需求。一切物品能满足人类肉体和精神的欲望，才成为有用的东西，才有价值。在经济学中，效用是用来衡量消费者从一组商品和服务之中获得的幸福或者满足的尺度。有了这种衡量尺度，我们就可以在谈论效用的增加或者降低的时候有所参考，在解释一种经济行为是否带来好处时有衡量标准。

在度量效用的问题上，西方经济学家先后提出了基数效用和序数效用的概念。在此基础上，形成了分析消费者行为的两种方法——基数效用论的边际效用分析法和序数效用论的无差异曲线分析法。

在19世纪末20世纪初，西方经济学中普遍使用基数效用概念。基数是指1、2、3等，是可以加总求和的数。基数效用论认为，效用可以具体衡量并加总求和，具体的效用量之间的比较是有意义的，表示效用大小的计量单位被称作效用单位。例如，对某消费者而言，看一场精彩的电影的效用为10效用单位，吃一顿麦当劳的效用为8效用单位，这两种消费的效用之和为18效用单位。

序数效用论则认为，效用无法具体衡量，也不能加总求和，效用之间的比较只能通过顺序或等级表示。自20世纪30年代至今，西方经济学中多使用序数效用概念。序数是指第一、第二、第三等，序数只表示顺序或等级，是不能加总求和的。例如，消费者消费了巧克力与唱片，他从中得到的效用是无法衡量，也无法加总求和，更不能用基数表示，但他可以比较从消费这两种物品中所得到的效用。如果他认为消费一块巧克力所带来的效用大于消费唱片所带来的效用，那么一块巧克力的效用是第一，唱片的效用是第二。

效用价值论强调物对人的满足程度，而满足程度完全是主观的感觉，主观价值是客观交换价值的基础。物品的有用性和稀少性都是价值形成不可缺少的因素，都是主观价值的起源。经济学依赖一个基本的前提假定，即人们在做选择的时候倾向于选择在他们看来具有最高价值的那些物品和服务。效用是消费者的主观感觉，取决于消费者对这种物品的喜欢程度。消费者对某种物品越喜欢，这种物品为其带来的效用就越大，他就越愿意购买，对这种物品的需求就越大。比如有人喜欢抽烟，那么香烟对于他而言效用就很高，但对于一位不愿意闻烟味的女士来说，香烟的效用就很低甚至是负效用。很显然，在做决定的时候，烟民自然会把香烟视为至宝，而不抽烟的女士们可能更钟情于化妆品或者衣服之类的商品。

经济学茶座

我们可以通过下面这个红皮鸡蛋与白皮鸡蛋的故事来解读效用。

大连的刘女士为了配一个偏方，需要买白皮鸡蛋。这应该不算是什么难事，不料刘女士走遍了附近的几个农贸市场，也没找到白皮鸡蛋。最后终于在某市场的鸡蛋摊位找到了一些白皮鸡蛋，可价钱竟然比红皮鸡蛋贵将近一倍。“以前也没注意过，这一买才发现，满市场都是红皮鸡蛋，白皮鸡蛋都哪去了？”刘女士不禁发出这样的疑问。

科学研究表明，不管是鸡蛋的味道还是营养价值，跟蛋壳的颜色都毫无关系。那为什么以前满市场的白皮鸡蛋都不见了？就是有也比红皮鸡蛋贵呢？这是因为，在我国很多地区，人们都喜欢红皮鸡蛋。红色给人一种吉利的感觉，当它大量涌入市场，价钱与白皮鸡蛋差不多的时候，多数市民选择红皮鸡蛋，如此一来红皮鸡蛋便抢占了市场。因为人们对红皮鸡蛋有更大的需求，造成了“市场尽是红皮鸡蛋”的状况。

现在人们买红皮鸡蛋还会达到以前的效用吗？答案是否定的。红皮鸡蛋本来很吸引人，但红皮鸡蛋充斥市场后，人们对于红皮鸡蛋的满足感逐渐降低，这就是边际效用递减。

某种商品给消费者带来的效用因人而异，效用大小完全取决于个人的主观感受，没有客观标准。比如有的消费者会认为购买胶卷相机带给他们的效用比购买数码相机更大，喝矿泉水比喝啤酒带给他们的效用更大，吃米饭比吃面更能给人愉悦感。这些效用大小都由消费者的主观感受决定。

经济活动中，一种商品对消费者是否具有效用，表现为消费者是否有购买这种商品的欲望，取决于这种商品是否具有满足消费者欲望的能力。从这个意义上说，消费者购买商品就是为了从购买这种商品中得到物质或精神的满足。效用是消费者消费某物品时的感受，本身就是一个主观的、抽象的概念，而不是一个客观的尺度。

消费者总是追求物美价廉的商品，因此商家可以在商品上标“原价××，现价××”，通过所谓的“原价”增加商品的预期效用。较低的现价会使消费者认为自己用较低的支出得到效用较高的商品，商品销售量自然会增加。

如果在使用商品之前不清楚商品的效用，消费者会反过来通过价格判断商品的效用。“便宜没好货”就是这个道理。因此，商家有时候可以利用较高的商品定价来吸引消费者，这也是市场上“越贵越买”现象形成的一个原因。当然贵到一定程度，或者商品成了奢侈品，买的人就会减少。

消费者剩余——人人心中都有杆“价格秤”

经济学故事

南北朝时，有个叫吕僧珍的人，世代居住在广陵地区。他为人正直，而且很有智谋和胆略，因此受到人们的尊敬和爱戴，远近闻名。同时代有一个名叫宋季雅的官员，被罢免南郡太守后，由于仰慕吕僧珍的名声，特地买下吕僧珍宅屋旁的一幢普通的房子，与吕为邻。一天吕僧珍问宋季雅：“你花多少钱买这幢房子？”宋季雅回答：“1100金。”吕僧珍听了大吃一惊：“怎么这么贵？”宋季雅笑着回答说：“我用100金买房屋，用1000金买个好邻居。”

这就是后来人们常说的“千金买邻”的典故。“1100金”的价钱买一幢普通的房子，相信任何一个经济人都不会做出如此选择，但宋季雅认为很值得，因为其中的“1000金”是专门用来“买邻”的。从经济学角度看，这里涉及“消费者剩余”的概念。

经济学课堂

消费者剩余是指消费者购买某种商品时，愿意支付的价格与实际支付的价格之间的差额。马歇尔在《经济学原理》中为消费者剩余下了这样的定义：“一个人对一物所付的价格，绝不会超过，而且也很少达到他宁愿支付而不愿得不到此物的价格。因此，他购买此物所获得的满足，通常超过他因付出此物的代价而放弃的满足，这样，他就从这种购买中得到一种满足的剩余。他宁愿付出而不愿得不到此物的价格，超过他实际付出的价格的部分，是这种剩余满足的经济衡量。这个部分可以称为消费者剩余。”

消费者愿意出的最高价格并不一定等于供求双方决定的市场价格。消费者剩余可以用下列公式来表示：

消费者剩余=买者的评价−买者的实际支付

也就是说，人们希望以一个期望的价格购买某商品。如果人们在消费时实际花费的金钱比预期的花费低，人们就会从购物中获得乐趣，仿佛获得了一笔意外的财富；相反，如果在消费时商品的价格高于预期价格，他就会放弃购买行为。

经济学茶座

消费者在买东西时对所购买的物品有一种主观评价。这种主观评价表现为他愿意为这种物品所支付的最高价格，即需求价格。决定需求价格的因素主要有两个：一是消费者满足程度的高低，即效用的大小；二是与其他同类物品所带来的效用和价格的比较。

在一场纪念“猫王”的小型拍卖会上，有一张绝版的猫王专辑正在拍卖，小秦、小文、老李、阿俊四个猫王迷同时出现。每个人都想拥有这张专辑，但每个人愿意付出的价格都有限。小秦的支付意愿为100元，小文为80元，老李为70元，阿俊只想出50元。

拍卖会开始时，拍卖者首先将最低价格定为20元，开始叫价。由于每个人都想要这张专辑，并且每个人愿意出的价格远远高于20元，于是价格很快上升。当价格达到50元时，阿俊不再参与竞拍。当专辑价格升为70元时，老李退出了竞拍。最后，当小秦愿意出81元时，竞拍结束了，因为小文也不愿意出高于80元的价格购买这张专辑。

那么，小秦究竟从这张专辑中得到什么利益呢？实际上，小秦愿意为这张专辑支付100元，他最终只为此支付了81元，比预期节省了19元。

这节省出来的19元就是小秦的消费者剩余。一般来说，在购买商品时，每个购买者都希望以低于自己支付意愿的价格买到商品，而拒绝以高于支付意愿的价格购买。

在日常生活中，消费者剩余可以用来衡量消费者购买并消费某种物品或劳务所得到的经济福利的大小。消费者购买、消费物品或劳务是为了得到经济福利，一种物品或劳务给消费者带来的消费者剩余越大，即市场价格越低于消费者愿意出的最高价格，消费者就越愿意购买；反之，如果市场价格高于消费者愿意出的最高价格，那么消费者就会认为购买该物品或劳务不值得，或者说消费者剩余为负数，那么消费者就不会购买。

在市场经济中，很多商家为了让自己赚取更多的利润，会尽量让向消费者剩余成为正数，于是采取薄利多销的销售策略，以此吸引更多的消费者前来购买商品。

比如，你是卖水果的，摊档刚上市的荔枝激起了消费者强烈的购买欲望，这时候你可以较高的价格卖给消费者。消费者对荔枝的较强的购买欲望，表明消费者愿意支付更高的价格，从而有更多的消费者剩余。当消费者询问价格的时候，你即使提高价格，由于消费者剩余较多，消费者也可能毫不犹豫地把荔枝买下来。消费者的消费者剩余就转化成了你的利润。

面对消费者的时候，要仔细观察消费者的外在情绪变化，那是他们内心活动的真实体现，便于我们以此为根据采取不同的销售策略。

冲动性消费——消费有时毫无理性

经济学故事

英国心理学家研究发现，女性在月经周期最后10天左右更易产生购物冲动，超支的可能性越大，在花钱方面更不节制、更冲动，超支金额更多。

“我有很强烈的购物冲动，如果不买东西，我就感觉焦虑，如同不能呼吸一般。这听起来荒唐，但这事每个月都会发生。”一位参与这项科学研究的女性说。

科学家认为，女性月经周期中体内荷尔蒙的变化容易引起不良情绪，如抑郁、压力感和生气。她们感到非常有压力或沮丧，容易选择购物这一方式让自己高兴并调节情绪。对许多女性而言，购物成为一种情感上的习惯。她们不是因为需要而购买商品，而是享受购物带来的兴奋感。

研究还发现，不少女性会为冲动购物感到懊恼。以大学生塞利娜·哈尔为例，她平素习惯穿平跟鞋，但一时兴起想买高跟鞋，于是一口气买下好几款颜色不同的坡跟鞋。然而，没隔多久，她就不喜欢这些新鞋，不愿再穿。

科学家说，如果女性担心自己的冲动购物行为，她们应该避免在月经周期后期购物。

经济学课堂

当你在商场中看到一些比较便宜，或者你很喜欢的东西，你猛然间觉得自己好像很需要它，于是将其买下，但是事后发现你根本不需要它，或者它的作用很小。这就是典型的冲动性消费。

冲动性消费指在某种急切的购买心理的支配下，仅凭直观感觉与情绪决定购买商品。在冲动消费者身上，个人消费的情感因素超出认知与意志因素的制约，容易受商品（特别是时尚潮流商品）的外观和广告宣传的影响。冲动性消费一般分为以下几种类型：

1．纯冲动型。消费者事先完全无购买愿望，没有经过正常的消费决策过程，临时决定购买。这时，消费者购买时完全背离对商品和商标的正常选择，是一种突发性的行为，出于心理反应或情感冲动而一时兴起或心血来潮，或是图新奇、求变化。

2．刺激冲动型。消费者在购物现场见到某种产品或某些广告宣传、营业推广，这些宣传、推广提示或激起顾客尚未满足的消费需求，引起其消费欲望，决定购买，是购物现场刺激的结果。

3．计划冲动型。消费者具有某种购买需求，但没有确定购买地点和时间。如得知某超市要让利销售，专门到该超市购物，但没有具体的购物清单，买便宜货是有计划的，买何种便宜货则是冲动的。

经济学茶座

生活中，很多女性容易受到情绪因素的影响，进行冲动性消费。

研究统计，有50%以上的女性在发了工资后会增加逛街的次数，40%以上的女性在极端情绪下（心情不好或者心情非常好的情况）会增加逛街的次数。可见，购物消费是女性缓解压力、平衡情绪的方法。不论花多少钱，只要能调整好心情，80%左右的人都认为值得。

当然，冲动性消费还容易受到人为因素的影响。消费者光顾的门店正在进行商品促销，往往能够激发消费者的购物冲动。对于某些商品来说，可能消费者处于可买可不买的边缘，促销折扣往往就能够引起消费者的购物冲动。

事实上，冲动消费的不仅仅是女性，每个人都有冲动消费的倾向，其中新婚夫妇最易冲动购物，因为这类消费者往往更没有消费计划。在消费者最容易冲动购物的商品类别上，男女是有区别的，男性一般青睐高科技、创新的产品，而女性在服装鞋帽上很难克制自己的购物欲望。

作为经营者，通过整体环境的布置，给顾客造成一种心理错觉，从而形成冲动消费的氛围，已经成为不少商家努力的目标。具体来说，以下这些方面都可能成为商家运用的手段：

1. 灯光与音乐。明快的灯光可以增加消费者的购物热情，提高消费者的兴奋度，增强消费者的购买冲动。美国有一位博士提出，适度明亮的光线可以激发人们的冲动行为，调动人们行为的潜意识。因此，商家们从不吝惜照明的费用。

音乐所起到的作用与灯光类似。在商场最重要的返券打折时段，播放节奏感非常强的音乐，而在周一到周五的上午这样客流量比较小的时间段，一般播放比较舒缓的音乐。

2. 商品陈列。比如，将商品杂乱地摆在小推车里，由消费者自己去翻捡，价格实际上并不比挂在衣架上的便宜。

此外，通过商品组合也能激起消费者的购买欲望。很多情况下，一个单件装饰品卖不出去时，如果商家把若干个装饰品搭配着摆放在一起，这时候，消费者往往会忽视商品本身的价值，为了追求商品所包含的生活方式而毫不犹豫地购买。

炫耀性消费——面子第一，价格第二

据说，法国皇帝拿破仑三世常常大摆宴席，宴请天下宾客。每次宴会时餐桌上的用具几乎全是用银制成的，唯有他自己用的那一个碗是铝制品。为什么贵为法国皇帝，却不用亮丽的银碗，而用色泽暗得多的铝碗呢？

原来，在100多年前，冶炼和使用金银已经有很长的历史，宫廷中的银器比比皆是。可是，在那个时候，人们才刚刚懂得从铝矾土中炼出铝来，冶炼铝的技术还非常落后，炼铝十分困难。所以，当时铝是非常稀罕的东西，不要说平民百姓用不起，就是大臣贵族也用不上。拿破仑三世让客人们用银餐具，自己用铝碗，就是为了显示自己的尊贵。

经济学课堂

在今天，铝不仅比银便宜得多，而且光泽和性能都远远比不上银。铝之所以变得便宜，是因为如今铝已经非常普遍，谁还会像当年的拿破仑三世那样拿它来炫耀呢。

经济学家把消费某种极为昂贵的产品或服务称为炫耀性消费。这种消费行为的目的不在于其实用价值，而在于炫耀自己的身份。此外，消费心理学研究也表明，商品的价格具有很好的排他作用，能够很好地显示出个人收入水平。利用收入优势，通过高价消费这种方式，高收入者常常能够有效地把自己与低收入者区分开。

炫耀性消费是一种重要的社会经济现象，这个概念最早是由凡勃伦于1899年出版的《有闲阶级论——关于制度的经济研究》一书中提出来的。凡勃伦认为商品可被分为两大类：非炫耀性商品和炫耀性商品。其中，非炫耀性商品只能给消费者带来物质效用，炫耀性商品则给消费者带来虚荣效用。所谓虚荣效用，是指通过消费某种特殊的商品而得到其他人尊敬所带来的满足感。凡勃伦还认为，富裕的人常常消费一些炫耀性商品来显示其拥有较多的财富或者较高的社会地位。

经济学茶座

现在，炫耀性消费可以说遍及社会的每一个角落，其表现形式也是林林总总、无所不包。炫耀性消费与商品的竞争相结合，一种是自我消费，一种是代理消费。很多人的炫耀性消费都是通过价格及品牌来表现的，如果价格下跌，炫耀性消费的效用就降低了，这种物品的需求量就会减少。比如一部价值20万的手机，现在要1万元卖给他，他也许根本都不会瞧一眼。如果是一顿20万元的年夜饭，如果请他免费品尝，大概也会被拒绝。因为这些物品里只剩下实际物质效用，不再有炫耀性消费效用。

这种炫富心理在日常生活中很常见。很多时候，人们买一样东西，看中的并不完全是它的使用价值，而是希望通过这种东西显示自己的财富、地位或者其他。对于商家来说，可以利用面子的积极作用来为企业创造价值和赢利。

1. 注重品牌建设。如今，顾客的消费心理日趋成熟，品牌意识不断增强，一些国际品牌或国内名牌让消费者不断体验到名牌的价值。因此，商家可以精心选择消费者关注的富有品牌内涵及象征价值的产品，满足他们的消费需求。同时，商家要通过创新积极发展自己的品牌，开发一些有特色的商品，并逐步发挥品牌效应，既使消费者顾及面子，又顺应了社会倡导的合理、适度的消费观。

2. 为消费者保面子的同时也要有个性。人人都有个性，并且各不相同。有的人崇尚个性的张扬，有的人重视生活的品质。企业既要在产品开发和设计上考虑个性，也要在服务上考虑个性。多一分耐心，多一分理解，给消费者留面子、保面子，发展他们成为回头客。

其实，炫耀性消费是一种典型的非理性消费，炫耀身份的方式不一定非得通过消费奢侈品等行为体现，也可以通过慈善等其他方式体现。

炫耀性消费会导致严重的资源浪费。投入大量的资本和消耗大量的资源生产炫耀性商品，为了摆阔一掷千金、大肆挥霍，这种非理性的消费浪费了本可以节省的资源和财物。

炫耀性消费不仅生产耗资巨大，而且许多炫耀型消费者又以惊人的铺张浪费将奢侈品化为废弃物。享受够了的人有条件挥霍，需要的人又没条件满足。浪费的财富只是满足了富有者的虚荣心，这无异于实际财富的低增长和社会整体福利的下降。因此，炫耀性消费必须降降温了。

配套效应——豪华沙发必须配豪华灯具

经济学故事

法国人丹尼·狄德罗是法国启蒙运动的代表人物之一。有一天，一位朋友送给狄德罗一件质地精良、做工考究、图案优美的酒红色睡袍，他非常喜欢。于是，他马上将旧的睡袍丢弃，穿上了新睡袍。可是不久之后，他就产生了许多烦恼。因为当他穿着华贵的睡袍在书房里踱来踱去时，越发觉得那张自己用了好久的办公桌破旧不堪，而且风格也与睡袍不搭配。于是，狄德罗叫来仆人，让他去市场上买一张与新睡袍相搭配的新办公桌。当办公桌买来之后，狄德罗神气十足地看着自己的新书房。可是他马上发现了新的问题：挂在书房墙上的花毯针脚粗得吓人，与新的办公桌不配套。

狄德罗马上又让仆人买来了新挂毯。没过多久，他又发现椅子、雕像、书架、闹钟等摆设都显得与挂上新挂毯后的房间不协调，需要更换。慢慢的，旧物件挨个都更新了，狄德罗得到了一个神气十足的书房。

这时，狄德罗突然发现“自己居然被一件睡袍胁迫了”，更换了那么多他原本无意更换的东西。狄德罗十分后悔自己丢弃了旧长袍，把这件事写成了一篇文章，题目就叫《丢掉旧睡袍之后的烦恼》。

经济学课堂

1988年，美国人格兰特·麦克莱肯读到这篇文章，认为这一个故事具有典型意义，揭示了消费品之间的协调统一的文化现象，并借用狄德罗的名义，将这一类现象概括为“狄德罗效应”，也称为配套效应。1998年，美国哈佛大学的一位女经济学家朱丽叶·施罗尔出版了《过度消费的美国人》，书中对新睡袍导致新书房、新领带导致新西装的攀升消费模式进行了详细分析。此后，配套效应引起越来越多的关注，被运用到社会生活的各个方面。

在人们的观念里，高雅的睡袍是富贵的象征，应该与高档的家具、华贵的地毯、豪华的住宅相配套，否则就会使主人感到很不舒服。这种配套效应在事物的联系中为整个事物的发展提供了动因，从而促进了周围事物的变化发展和更新。

狄德罗效应在生活中屡见不鲜。在服饰消费中，人们会重视帽子、围巾、上衣、裤子、袜子、鞋子、首饰、手表等物品之间在色彩、款式上的相互搭配。在装修时，人们会注重家具、灯具、厨具、地板、艺术品和整体风格之间的和谐统一。这些都是为了实现配套，达到和谐。

经济学茶座

配套效应的核心并不在于某种商品的风格样式，而在于它所象征的一种生活方式，后面配套的一切都是为了这种生活方式的完整统一。所以，厂家和商家往往会想方设法地利用这一效应来推销自己的商品。他们会告诉你这些商品如何与你的气质相配，如何符合你的档次，等等。总之，它们都是你不能不拥有的狄德罗商品。比方说，劳力士手表和宝马汽车都宣称自己是成功和地位的标志，如果你拥有了一块劳力士手表，那么你就应该考虑以宝马代步，这样才不会失掉自己的“面子”。

如今，我们已经不太能够听到“三大件”这个词了。不过二三十年前，这个词的出现频率是非常高的。有意思的是，代表了我国普通百姓心目中理想生活方式的“三大件”，其含义是在不断变动的。在改革开放之前，它指的是“手表、缝纫机、自行车”。到了20世纪80年代，又出现了“新三大件”——电视机、电冰箱、洗衣机。当时谁家凭海外关系弄到了这几样电器，就会成为邻居们羡慕不已的对象。又过了十几年，“新新三大件”——电脑、电话、空调，又成了人们街谈巷议的中心。

“三大件”的不断更新既是我国老百姓生活水平提高的直观表现，也是配套效应的一个极佳例证。我们知道，市场上的商品种类可谓五花八门、琳琅满目，这些商品之间往往有着一种搭配关系。各种不同消费品满足的是不同的生活需求，如果它们都是与某种生活水平相一致的，这些消费品就是相互搭配的。如果人们的这些消费需求之间构成了一个系统，那么满足这些需求的消费品也构成一个完整的系统。如果其中某种物品缺失，就会导致生活水平的缺损和消费心理上的缺憾。在20世纪80年代，如果一个工薪阶层的家庭有了一定的积蓄，他首先就会买电视机，然后想买电冰箱。有了这两样，他还觉得没有洗衣机也不行。之所以产生这种配套效应，就是因为这“三大件”共同构成了当时人们对小康生活方式的理解；只要缺了一样，这种生活方式就有了缺口。弥补这种缺口，便成为当时人们消费的主要动力。

很多人都有这种经历：出门时只想买一件衬衫，但买下衬衫之后，又觉得跟裤子不配套，于是又买了一条新裤子。穿上裤子，又觉得皮鞋的式样不般配，只好又去买双皮鞋。回到家才发现，原本只想花几十块钱，最后却花了好几百。

其实，消费者应该警惕这种预料之外的开支。很多时候，许多工薪族还没有到月末，就发现这个月已经大大超支，原因就是买了许多不在计划之中的狄德罗商品。

配套效应给人们一种启示：对于那些非必需的东西尽量不要购买。如果你接受了一件，那么外界和心理的压力会使你不断地接受更多非必需的东西。

棘轮效应——由俭入奢易，由奢入俭难

经济学故事

商纣王继位之初，天下人都认为在这位精明的国君的治理下，商朝的江山一定会坚如磐石。有一天，纣王命人用象牙做了一双筷子，十分高兴地用这双象牙筷子就餐。他的叔叔箕子见了，劝他收起来，而纣王却满不在乎，满朝文武大臣也认为这只是一件很平常的小事。箕子为此忧心忡忡，有的大臣问他原因，箕子回答说："纣王用象牙做筷子，必定再不会用土制的瓦罐盛汤装饭，肯定要改用犀牛角做成的杯子和美玉制成的饭碗，有了象牙筷、犀牛角杯和美玉碗，难道还会用它们来吃粗茶淡饭和豆子煮的汤吗？大王的餐桌从此顿顿都要摆上美酒佳肴。吃的是美酒佳肴，穿的自然要是绫罗绸缎，住的就要求富丽堂皇，还要大兴土木筑起楼台亭阁以便取乐。对这样的后果我觉得不寒而栗。"仅仅5年时间，箕子的预言果然应验了，纣王恣意骄奢，断送了商朝500年的江山。

经济学课堂

在这则故事中，箕子对纣王使用象牙筷子的评价，反映了现代经济学消费效应——棘轮效应。

古典经济学家凯恩斯主张消费是可逆的，即绝对收入水平变动必然立即引起消费水平的变化。针对这一观点，美国经济学家杜森贝利认为，这实际上是不可能的，因为消费决策不可能是一种理想的计划，它还取决于消费习惯。这种消费习惯受许多因素影响，如生理和社会需要、个人的经历、个人经历的后果等，特别是个人在收入最高期所达到的消费标准对消费习惯的形成有很重要的作用。杜森贝利认为，对于消费者来说，增加消费容易，减少消费则难。因为一向过着高生活水平的人，即使实际收入降低，不会立即因此降低消费水准，而会继续保持原有的消费水准。消费水平一旦上去了，便很

难降下来，就像棘轮一样，只能前进，不能后退。

棘轮效应还可用司马光一句著名的话来概括："由俭入奢易，由奢入俭难。"一般来说，狭义的棘轮效应是指即使收入水平下降，个人消费习惯也不会随之立即改变；广义的棘轮效应是指经济活动中的不可逆性。猪肉禽蛋等原材料价格下降了，但是相应的制成品如牛肉拉面、方便面等的价格不会相应下降。

经济学茶座

如今，一些成功的企业家虽然家境富裕，但仍对自己的子女要求严格，从来不给孩子过多的零用钱，甚至在寒暑假期间要求孩子外出打工。他们这么做的目的并非为了苛求孩子多赚钱，而是为了教育孩子懂得每分钱都来之不易，懂得俭朴与自立。这一点在比尔·盖茨身上体现得十分明显。比尔·盖茨是微软公司的创始人，个人总资产高达460亿美元，曾连续十多年位居全球富豪排行榜之首。然而，他将自己的大部分财产用在慈善事业上，只留给自己的三个孩子不多的钱。

实际上，消费者的不可逆消费行为，在经济衰退、萧条和复苏时期有着巨大的能效，甚至能使经济重新繁荣，但我们在利用这一理论时也要慎重。一方面，资源的稀缺性决定了不能放任棘轮效应任意发挥作用，无限制地利用资源来满足人类无尽的欲望；另一方面，对于经济过热的形势，棘轮效应的负面作用则是不可小看的。

在生活中，我们时时能碰到棘轮效应。比如，一个人如果不注意节俭，在花钱上大手大脚、挥霍无度，攀比心态严重、喜欢过度消费，这种生活方式会产生不良的棘轮效应，让家庭理财陷入困境；相反，一个人善于理财，能够勤俭持家、适度消费、精打细算地过日子，就会产生良性的棘轮效应，使家庭财富聚集，生活过得越来越丰富多彩。

比尔·盖茨认为，挣钱实在不容易，有钱的时候一定要想着没钱的时候，不要等到粮食吃完了才想起买米，一切都要未雨绸缪，防患于未然。在这种金钱观的引导下，比尔·盖茨在生活中一直都精打细算。作为富翁，比尔·盖茨从来不坐头等舱，有一次，有人在经济舱看到他，于是不解地问："你那么有钱，为什么不坐头等舱？"比尔·盖茨笑了笑，反问道："你认为头等舱比经济舱飞得快吗？"比尔·盖茨看中的并不是头等舱所带来的虚荣，而是更注重结果和实用性。正是这些良好的生活习惯帮他成就了多年的世界首富的神话。

可以看出，棘轮效应并不一定指坏习惯会毁灭我们的生活，还包括良好的习惯同样也能改善我们的生活，让我们的财富越积越多。因此，在生活中，我们要养成好的理财和消费习惯，充分利用棘轮效应好的一面为生活服务。

第九章 企业竞争

——竞争压力下的商业交锋

完全竞争——社会进步的源泉

经济学故事

下面这个笑话讲述了三家生产同类产品公司的销售经理比试枪法的故事。

一天，三家公司的销售经理相约比试枪法。

首先上场的是甲销售经理。他一口气灌下两瓶嘉士伯，随手一扬，两个瓶子飞上天空，只听“乒!乒!”两声枪响，瓶子被打得粉碎。

乙销售经理也不示弱，两瓶XO下肚，轩尼诗曲线玲珑的瓶子两枪搞定。

压轴出场的丙销售经理在郁闷地喝了两瓶二锅头后，疲惫不堪地抛起两个瓶子，颤颤巍巍地举起枪，枪声响过，甲、乙销售经理应声倒下。丙销售经理松了一口气。

经济学课堂

完全竞争是指一个市场完全靠一只看不见的手来调节，即由价格调节供求。完全竞争具备两个不可或缺的因素：所销售的物品是完全相同的，不存在产品差别；买者和卖者都很多且规模相当，以至于没有一个买者或卖者可以影响市场价格。例如，小麦市场就是一个很典型的完全竞争市场，有成千上万出售小麦的农民和成千上万使用小麦和小麦产品的消费者。没有一个买者或卖者能影响小麦价格，每个人都把价格作为既定的。

一般来说，完全竞争具备以下几个特点：

第一，市场上有大量同类企业，而且每个企业的规模都很小，它们的产量在市场上占的比例几乎可以忽略不计。每家企业无论增加或减少产量，对市场价格都毫无影响。市场价格完全是由供求关系决定的，企业只能接受而无法施加任何影响。

第二，生产者所能提供的服务是无差别的。所有商品提供者的服务都是一样的，因而买哪个生产者的商品对于消费者来说是没有差别的。对于有特色的产品，总有消费者愿意付出更高的价格，从而通过产品差别来影响价格。但完全竞争市场上的产品是同质产品，因而没有任何影响价格的特色。

第三，在市场上，各种资源都能够自由流动。也就是说，任何人都有资格进入该市场。另外，退出这一市场、原则上也不存在任何障碍。只要这个行业有利润，其他企业或个人就会迅速进入，直至供给增加，利润消失；只要这个行业有亏损，原有的企业或个人就会迅速退出，直至供给减少，亏损消失。

第四，在这个市场上，买者和卖者对市场的情况都有充分的了解，不存在由于一方垄断信息而引起的信息不对称，以及由此产生的垄断。

我们知道，完全竞争市场在现实中其实很难成立。因而，完全竞争市场的效率也必须在具备了严格前提条件的情况下才会出现。

经济学茶座

一般来说，在现实经济生活中，只有农业生产等极少数行业比较接近完全竞争市场。因为在农业生产中，农户的数量多而且每个农户的生产规模一般都不大，同时，每个农户的农产品产量及其在整个农产品总产量中所占的比例都极小。因而，每个农户的生产和销售行为都无法影响农产品的市场价格，他们只能接受农产品的市场价格。如果有的农户要提高其农产品的出售价格，但是农产品的市场价格不会因此而提高，所以其最终结果只能是自己的产品卖不出去；如果农户要降低自己农产品的出售价格，而农产品的市场价格也不会因此下降，虽然该农户的农产品较快地销售出去了，但是，他不可避免地要遭受很大的经济损失。这样，农户降低其农产品价格的行为就显得毫无实际意义了。

多逛逛农贸市场，你很快就会发现，许多人都会提个袋子或篮子去买鸡蛋，而且，卖鸡蛋的摊位也很多。假设鸡蛋市场上有无数的买者和卖者，而且每个摊点的鸡蛋都大同小异，所有的鸡蛋可以被看做完全同质。

至于完全竞争市场的其他两个特征，我们可以看做买方和卖方都能自由选择进入还是退出（也就是鸡蛋买卖完全自由），人们全部了解相关信息。在鸡蛋市场里，各个摊位的价格基本都一样，而且是由供需决定的均衡价格。通过鸡蛋市场，我们可以更形象地理解完全竞争市场——实际上，大多数农产品市场基本上都近似完全竞争市场。

完全垄断——没有竞争对手就是一种幸福

经济学故事

网上流传着一则有关垄断的笑话。

某领导住进镇上的一家招待所，经过一天颠簸，他想去澡堂洗个热水澡。

来到澡堂门口，领导被一个服务生拦住："先生，您要洗澡的话，请先交纳15元的初装费。我们将会为您安装一只喷头。"

领导交完钱，刚想进去，又被服务生拦住："先生，对不起，为了便于管理，我们的每只喷头都有编号，请您先交纳10元的选号费，选好的号码只供您一人使用。"

领导有些生气，但还是交钱选了8号。服务生又说："您选的是个吉利的号码，按规定还得交8元的特别附加费。"领导压了压火，说："那我改成4号。这不是吉利号码，总用不着交什么特别附加费了吧？"

服务生说："4号是普通号码，当然不用交特别附加费，但您得交5元的改号费。"

领导无奈地摇摇头，交了钱后理直气壮地问："这下我可以进去洗澡了吧？"

服务生笑着说："当然可以，您请！"领导无奈地踱着步往里走。服务生突然又补充道："对不起，我还得告诉您，由于4号喷头仅供您一人使用，所以不管是否洗澡，您每月都要交纳7.5元的月租费。您每次洗澡要按每30分钟6元的价格收费，每月交费的时间是20日之前，如果您逾期未交，还要交纳一定的滞纳金……"

"够了，够了，我不洗了！"领导气坏了，扭头就走。

"您真的不洗了吗？"服务生微笑道，"如果您不再使用4号喷头，那您还得交9.8元的销号费。只有这样，您以后才能不用向我们交纳任何费用。"

领导实在很生气，和服务生吵了起来。不一会儿，经理赶到并在了解到情况后，笑着对领导说："先生，对不起，也许您还不知道，洗澡业在我们这里是垄断经营，还好您没有泡池子，不然还要收您的漫游费呢。"

经济学课堂

垄断指的是经济现象中一种特殊的情况，即一家厂商控制了某种产品的市场。比如说，一个城市中只有一家自来水公司，而且它又能够阻止其他竞争对手进入它的范围，这就叫做完全垄断。

理论上说，纯粹的完全垄断市场必须同时满足以下三个条件：市场上只有一家企业；该企业的产品不存在相近的替代品；其他企业进入该市场存在着障碍。现实中真正满足这三个条件的市场几乎是没有的，因为人们总能找到各种替代品。

然而，要打破垄断也绝非轻而易举。通常，完全垄断市场有三道围墙，其一是垄断企业具有规模经济优势，也就是在生产技术水平不变的情况下，垄断企业能打败其他企业，靠的就是规模大、产量高、总平均成本较低的优势。其二是垄断企业控制着某种资源。像美国可口可乐公司长期控制着制造该饮料的配料，南非的德比公司因控制了世界约85%的钻石供应而形成垄断。其三是垄断企业具有法律庇护。例如，许多国家政府对铁路、邮政、供电、供水等公共事业都实行完全垄断，对某些产品的商标、专利权等也会在一定时期内给予法律保护，从而使之形成垄断局面。

经济学茶座

既然整个行业独此一家，显然这个垄断企业可以成为价格的决定者，而不再为价格所左右。可以肯定的是，完全垄断市场上的商品价格将大大高于完全竞争市场上的商品价格，因此垄断企业可以获得超过正常利润的垄断利润，由于其他企业无法入该行业，所以这种垄断利润将长期存在。

美国司法部曾经起诉微软捆绑销售IE浏览器软件的行为涉嫌违反美国《反托拉斯法》，要求微软将IE浏览器软件分离出来单独销售。哈佛大学教授高里·曼昆对分拆微软计划提出了质疑，并且在文章中讲了一个寓言故事：

某人发明了第一双鞋，并为此申请了专利，成立了公司。鞋很快就卖疯了，他成了最富裕的人。这时他变得贪婪了，把袜子和鞋捆绑销售，还声称这种捆绑销售对消费者有利。于是政府出面说话，认为他试图把其垄断地位从一个市场扩展到另一个市场。现在关键的问题出现了：政府应该怎么解决呢？政府可以把他的公司拆成两个公司：一个卖黑鞋，一个卖白鞋，让它们相互竞争，这样消费者会得到好处。但是政府却把它拆成这样两个公司：一个生产左鞋，一个生产右鞋。这种分拆使事情变得更糟，因为生产左鞋和右鞋这样互为补充的产品的垄断公司，双方都会要求得到更多的垄断利润，生产右鞋的公司根本不用考虑左鞋的需求就提高价格，生产左鞋的公司也会紧跟而上，这样消费者买一双鞋就要花比原来还要高的价钱。政府的正确做法是取消鞋的发明专利，让更多的人自由地开鞋厂，从而消除垄断。

经济学家们对于垄断并不是全盘否定的，要看这个垄断是怎么形成的，要看限制它对技术创新有没有好处。像微软这样的靠技术创新形成的企业，分拆了它对鼓励创新没有好处，应像专利一样在一定时间内允许它拥有垄断地位。

一般来说，完全垄断对经济是不利的。因为它会使资源无法自由流通，导致资源浪费，而且消费者也由于商品定价过高而得不到实惠。不过，由政府垄断的某些公共事业，虽免不了因官僚主义的存在而效率低下，但它们并不以追求利润为目的，所以对社会和消费者还是有好处的。

寡头——由少数企业控制产品市场

1977年，英国人弗雷迪·雷克开办了一家名为雷克的航空公司。他经营的是从伦敦飞往纽约的航班，票价是135美元，远远低于当时的最低票价382美元。毫无疑问，雷克公司一成立便生意不断，1978年雷克荣获爵士头衔。到1981年雷克公司的年营业额达到5亿美元，这简直让他的对手（包括一些世界知名的老牌公司）气急败坏。但是好景不长，雷克公司于1982年破产，从此消失。

雷克公司消失的原因很简单，包括泛美、环球、英航和其他公司在内的竞争对手采取联合行动，一致大幅度降低票价，甚至低于雷克。一旦雷克消失，它们的票价又马上回升到原来的水平。更严重的是，这些公司还达成协议，运用各自的影响力阻止各大金融机构向雷克公司贷款，使其难以筹措应急的资金，进一步加速雷克公司的破产。

经济学课堂

所谓寡头垄断，是垄断的一种，指在一个市场上有少数几家企业供给产品，它们各占较大份额，彼此通过协定或默契制定价格。这些企业被称为寡头，这种垄断也叫做寡头垄断，这种市场即是寡头市场。

寡头市场是指少数几家厂商控制整个市场产品的生产和销售的一种市场组织。

进入寡头垄断市场并不容易，一方面，进入这些行业所需的资金十分巨大，另一方面，已有的寡头要运用各种方法阻止其他厂商进入。

形成寡头市场的主要原因有：某些产品的生产必须在相当大的生产规模上进行才能

达到最好的经济效益；行业中几家企业对生产所需的基本生产资料的控制；政府的扶植和支持，等等。由此可见，寡头市场的成因和垄断市场是很相似的，只是在程度上有所差别而已。寡头市场是比较接近垄断市场的一种市场组织形式。

寡头行业可按不同方式进行分类。根据产品特征，可分为纯粹寡头行业和差别寡头行业；按厂商的行动方式分，可分为勾结行为的（即合作的）行业和独立行动的（即不合作的）行业。

经济学茶座

现实的市场上，寡头厂商的产品价格和产量的决定是非常复杂的问题。主要原因在于：在寡头市场上，每个寡头的产量都在全行业的总产量中占较大份额，从而每个厂商的产量和产品价格的变动都会对其他竞争对手以至整个行业的产量和产品价格产生举足轻重的影响。每个寡头厂商在采取某项行动之前，必须首先推测或掌握自己这一行动对其他厂商的影响以及其他厂商可能作出的反应，然后采取最有利的行动。每个寡头厂商的利润都要受到行业中所有厂商的决策的影响。一般而言，不知道竞争对手的反应方式，就无法建立寡头厂商的模型。或者说，有多少关于竞争对手的反映方式的假定，就有多少寡头厂商的模型，就可以得到多少种不同的结果。因此在西方经济学中，没有一种寡头市场模型能对寡头市场上的产品价格和产量的决定做出一般的理论总结。

欧佩克就是一种寡头垄断形式。在欧佩克诸成员国中，沙特阿拉伯是最大的、最有影响的，它的产量占欧佩克总产量的1/3，储油量也占欧佩克总储油量的40%。通常都是由沙特阿拉伯先制定好价格或与其他成员协商后制定价格，而其他成员则遵照执行，即使在石油销路不好时，他们也宁可减少产量也不愿降价，以免引起彼此的纷争，造成两败俱伤。这种寡头垄断或许也可以称之为价格领袖式寡头垄断。

“冰冻三尺，非一日之寒”，寡头市场有着长期发展所形成的优势，也有着明显的劣势。总的说来，就经济效率而言，由于长期以来寡头市场的市场价格高于边际成本，企业利润有着稳定、可靠的保障，加之缺乏竞争者，因此寡头企业在生产经营上缺乏积极性，这会导致其效率降低。从另一方面看，由于寡头企业规模较大，往往便于大量使用先进技术，所以又有效率较高的一面。因此，许多国家都在试图扬长避短，在发挥其高效率的同时，制定相应政策法规抑制其低效的一面（比如保护与寡头企业密切关联的其他中小企业的利益，打击垄断等），从而促进寡头市场的竞争。

在现实中，寡头垄断常见于工业部门，如汽车、钢铁、造船、石化以及飞机制造等部门。这些行业的突出特点就是“两大一高”——大规模投入、大规模生产、高科技支撑。这些苛刻的条件使得一般的厂商根本难以进入。而且，那些已经历长期发展（动辄上百年）、具备垄断地位的“巨无霸”企业，为了保证对技术的垄断和丰厚的利润，也会采取种种高压手段打击竞争对手，绝不允许任何后来者与自己分享这一市场。这是现实，也是一种市场竞争的必然。

价格联盟——价格协议最终成为一纸空文

经济学故事

在拉封丹的寓言《鼠盟》里，有一只自称“既不怕公猫也不怕母猫，既不怕牙咬也不怕爪挠”的鼠爷。在它的带领下，老鼠们签订协议，组成了对抗猫的联盟，准备去救一只小老鼠。结果，面对老猫，老鼠不敢再大吵大闹，个个望风而逃，躲进洞里把小命保，谁要不知趣，当心老雄猫。鼠盟就这样瓦解了，协议也变成了一纸空文。

在这个寓言故事中，鼠盟难以形成的原因是猫的强大无比；而在经济市场中，价格同盟难以实现的原因是市场供求力量强大无比，不可抗拒。这就说明了一个问题：联合并不是在任何时候都能奏效。

经济学课堂

价格联盟具有明显的特征：它是两个或两个以上的经营者自愿采取的联合行动；是处于同一经营层次或环节上的竞争者之间的联合行动；联合行动是通过合同、协议或其他方式进行的；协议的内容是固定价格或限定价格；联合的共同目的是通过限制竞争以获取高额利润。

行业协会制定的是行业自律价格，没有强制效力，行业协会也不可能对违反自律价格的商家进行处罚，因此，这个自律价格其实只是一个空架子，没有多大实际意义。在利益面前，这种基于行业压力及商家道德的“盟誓”究竟有着多少约束力可想而知。

早在18世纪初，亚当·斯密就说过这样一句话：“同业中的人即使为了娱乐和消遣也很少聚在一起，但他们的对话不是策划出一个对付公众的阴谋，便是炮制出一个抬高价格的计划。”事实也一再证明，这种非寡头垄断同盟缺乏有效的约束机制，具有相当的不确定性。

价格联盟被称为卡特尔，任何价格联盟一经形成必然走向它的反面。因为联盟形成后，价格便富有极大的弹性，只要其中的某一个成员降低价格，该成员必将因此获利。为追逐利益，联盟成员之间的价格争斗不可避免，这就必然导致卡特尔机制的瓦解。

即使价格联盟在短期内取得了一定成效，缓解了联盟企业的燃眉之急，但其潜在的和长期的危害却不可忽视。首先，它制约了企业竞争。自由竞争是市场经济的基本属性，离开了竞争，市场就成为一潭死水。不同企业经营成本不同，却执行相同的价格，形成大家平均瓜分市场份额的局面，无形中保护了落后，鼓励了不思进取，严重挫伤了企业发展的积极性。其次，它损害了消费者的知情权和选择权，损害了消费者的利益，并且不利于培养消费者成熟的消费理念。一般来说，没有成熟的消费者就不会有成熟的市场，价格联盟最终会阻碍整个行业的长期发展。

经济学茶座

在市场经济中，决定价格的基本因素是供求关系。供小于求，价格上升；供大于求，价格下降，这是任何力量也抗拒不了的。在不完全竞争的市场（垄断竞争市场、寡头市场、垄断市场）上，企业只能通过控制供给来影响价格，想把自己硬性决定的价格强加给市场是行不通的。在汽车、民航这类寡头市场上，每个企业所考虑的只能是自己的短期利益，而不是整个行业的长期利益，因此，当整个行业供大于求时，不要寄希望于每个企业减少产量来维持一定的价格。

国内各种各样的企业联盟不绝于耳，它们屡战屡败，而后又屡败屡战，很多企业乐此不疲。企业搞联盟是想在市场的海洋中寻求一个救生圈，而结果大多以失败告终。

几年前，国内9大彩电企业在深圳结盟，它们以同行议价的形式共同提高彩电零售价格，并迫使彩管供应商降价。以钢铁、彩电为发端，其后又有空调联盟、民航机票价格联盟、电脑价格联盟，还有券商们的佣金价格联盟等。然而，这些价格同盟都无一例外地摆脱不了短命而亡的宿命。

在种种共同利益的驱动下，一些企业动不动就扛起联盟大旗，或是价格的抬价压价，或是限产保价，或是联合起来一致对外。仔细分析，这些企业联盟大致逃脱不了两种模式：一是企业之间自愿建立的松散联盟；二是主管部门主导、企业参加的联盟。

其实，企业之间还可进行一些非价格的竞争，如在提高产品质量、增加技术含量上下工夫，向品牌竞争、技术竞争过渡，优势企业兼并劣势企业，劣势企业主动从行业中退出，从国际市场上寻找出路，等等。企业要想在激烈的市场竞争中有立足之地，与其花费时间和精力去组织价格联盟，不如革新技术，提升自己的市场竞争力。

价格战——降价对谁最有利

经济学故事

2001年在哈尔滨中央大街上演了一幕药品价格大战。2000年12月，位于中央大街南端的宝丰药品总汇刚刚开业，就扔出了一枚“炸弹”——总体价位低于同行40%～50%。与其相邻的两家老药店——同泰药店和人民药店立即应战。

在宝丰出现以前，哈尔滨药品零售市场基本上是医药公司和药材公司的天下，两个公司旗下的零售连锁店同泰药店和人民药店，分别拥有40多家零售网点。宝丰开业的第二天，同泰和人民分别打出大幅广告，宣布所售药品全线降价，让利于民。2001年5月，医药公司又在宝丰对面开了一家面积在2000～3000平方米的康泰药品超市，与宝丰竞争。

据统计部门资料显示，仅2001年1月～9月，哈尔滨市西药价格累计比上一年同期下降8.3%，其中，在人民药店，一盒双黄连口服液原价18元，现价7.2元，一盒急支糖浆，原价7.4元，现价4.2元；在同泰中央大药房，一盒同仁堂的乌鸡白凤丸原价16元，现价11.5元；在宝丰，一盒7.8元的逍遥丸卖4.8元。

经济学课堂

价格战指的是商家之间以降低产品价格为竞争手段进行的销售活动。商家你死我活打价格战，消费者乐得坐享其成。之所以会形成这种现象，是因为现在的市场是买方市场，是偏向消费者的。

当今社会，市场经济发达、生产规模扩大，市面上逐渐出现了产品过剩的局面，也就是商品丰富，货源充沛。对消费者来说，在挑选产品时就有了更多的机会；对于经营者来说，他们必须在产品的服务、价格等方面展开激烈竞争。其中价格战最为残酷，最为直接有效，最能彻底摧毁对手，于是，打价格战成为很多品牌产品占据市场的最佳选择。

由此说明，在激烈的竞争环境下，立足于企业的现实，即使在多种多样的营销策略面前，价格的作用仍不可忽视。价格竞争的环境还没有消失，价格仍是企业掌握的一张竞争王牌。甚至有人说：“很难想象，如果没有价格的竞争手段，企业还能依靠什么在市场竞争中取得优势。”

不过等一个或者几个商家合力占领了市场，价格战争的烽火不再燃烧时，消费者会面临什么呢？多年的实践研究表明，消费者将迎来一个或几个独裁者的时代。

那么，没有价格战，商品价格高了不好；有了价格战，一路打下去，形成了垄断也不好。这一问题该怎么解决呢？正是看到了这一点，各国才颁布了《反垄断法》，让市场上的竞争者仍大量存在，甚至扶植部分中小企业，让消费者真正受益。

经济学茶座

在近几年的价格战中，无论哪个行业，挑起价格战的企业都得到了不小的好处，有的市场份额大幅度上升，确立或稳固了行业老大的地位；有的知名度迅速提高，赢得了消费者的青睐，这正是降价策略的魅力所在。

技术、服务、品牌是企业制胜的法宝，但它们只能满足消费者对产品价值的追求，无法满足消费者追求实惠的心理。以差别化策略进行营销固然能减弱消费者对价格的敏感度，却不能启动一个购买力不足的市场。在彩电业、影碟机业、电脑业，许多企业不是没有技术优势、质量优势和品牌优势，它们还是不得不加入降价竞争的行列，为市场占有率而战。

降价竞争对有的企业是战略决策的需要，对有的企业则是市场环境下的无奈的行动。启动降低策略，抢夺市场是企业生存的关键。利润一时没了，来日还可以挣回；若市场没了，则等于丢了江山，这才是性命攸关的大事。

有人认为，降价降低了厂家的利润空间，使厂家再投入时能力不足，从而影响了产品质量，是对消费者、对企业不负责任的表现。诚然，一分钱，一分货，价格同质量在消费者心中存在一定的依存关系。在价格战中，一些不堪重负的企业可能降低产品质量，但是因价格战中有质量下降的现象出现而否定价格战，那么显然有失偏颇。我们看到，在彩电、汽车、电脑等行业，价格在一年一年地往下调，而产品质量却一年一年地提高，而且哪个行业价格竞争激烈，哪个行业产品质量就提升迅速。这种现象的出现与价格战的具体形式和特定竞争环境是分不开的。

在各行业的价格战中，挑战者几乎都是本行业中的领先企业，它们拥有良好的产品形象和企业形象，它们的降价借助的是有声望的产品和企业声誉，因此很难让消费者形成低质量心理。若以降低质量为代价，显然与其企业战略是背道而驰的。技术推动型的价格竞争是伴随产品的升级换代而产生的，旧款产品降价的同时，必然有功能更全、质量更高的新产品上市。在价格战中，一些规模不大、经营不善、资金缺乏、无竞争实力的企业为了暂时还击，会以降低产品质量为代价。但在市场竞争中，质量的降低无疑意味着自取灭亡，这正是价格战要达到的目标之一。

蓝海战略——红海外的阳关路

经济学故事

古时宋国有一族人擅长制造一种药，这种药冬天擦在皮肤上，可使皮肤不干裂，不生冻疮。靠着这个秘方，这一族人的日子过得充足殷实。

后来有个商人知道了此事，就出重金买下了这个秘方。当时吴越两国是世仇，不断交兵打仗。这个商人便将秘方献给了吴王，并说明在军事上的用途。

吴王得此秘方大喜，便在冬天发动水战。吴军士兵涂了药，不生冻疮，战斗力极强，而越国士兵仓促应战，加上大部分都患了冻疮，苦不堪言，大败而归。

后来，吴王重赏了献秘方的商人，从此这个商人大富大贵。

这个寓言故事的启示在于，换个角度看待原有的市场，积极运用创新思维，才能开创自己的蓝海领地。

经济学课堂

经济学认为，现存的市场由两个部分组成，即红海和蓝海。红海代表现今存在的所有产业，也就是我们已知的市场空间；蓝海则代表现在还不存在的产业，就是未知的市场空间。

红海是竞争极端激烈的市场，但蓝海也不是一个没有竞争的领域，而是一个通过差异化手段得到的崭新的市场领域，在这里，企业凭借其创新能力获得了更快的成长和更高的利润。蓝海战略其实就是企业超越传统产业竞争，开创全新市场的企业战略。

蓝海战略要求企业突破竞争激烈的红海，拓展新的非竞争性的市场空间。与已有的、通常呈收缩趋势的竞争市场需求不同，蓝海战略考虑的是如何创造需求和突破竞争。

有些商家觉得，自己没涉及过的领域就是蓝海；自己的产品进入过去没进入的渠道就是蓝海；自己用的营销策略过去没用过就是蓝海，这些都是不正确的。一位营销人士给一个功能性食品做了一个营销方案，要把这个产品开发成功能饮料，原因是保健品的竞争太激烈，他认为自己的营销方案是基于蓝海的思想。投放市场后，保健品的红海是避开了，但是产品又进入了与快速消费品竞争的市场。这就反映出了一个问题：如果蓝海与红海只是相对于自身的话，那么根本就没有突破传统，你的蓝海可能早已是别人的红海，是从一个红海跳到另一个红海，从一场战争进入到另一场战争。

经济学茶座

实施蓝海战略并非轻而易举。要创造一种趋势很难，要打造一个行业也很难，这在化妆品和保健品领域就能够看到。20年前化妆品和保健品的市场规模和消费份额都是很弱小的。消费者认可化妆品、保健品也是一个漫长的过程。在蓝海领域，企业不可能一下子就找到产品或项目的核心竞争力，要经历时间的考验和失败经验的积累。全球咖啡连锁店星巴克就是一个例子。

咖啡零售领域竞争非常激烈，雀巢、麦氏等企业都把注意力放在生产成本、质量、分销渠道上，都在红海竞争。星巴克开创了全新的赢利方式，将这些竞争对手远远甩在了背后。星巴克不仅出售咖啡，还提供独特的环境、良好的氛围，这就是价值创新。

在星巴克出现前，美国人想喝咖啡只有两个选择，一个是去宾馆、酒店，并不是那里的咖啡好，而是酒店环境还不错；另一个选择就是去传统的咖啡店——暗淡的灯光、嘈杂的环境，还有吞云吐雾的吸烟者。于是，星巴克的创始人想，为什么不在一个优雅的环境里出售美味的咖啡呢？时至今日，星巴克已经成为咖啡连锁店的大王。

蓝海的开创者，从来就不以竞争者为标杆，而是采取与众多竞争者完全不同的战略逻辑，这就是价值创新。在红海中，星巴克通过创造环境、营造氛围，为顾客创造出新的价值，将咖啡和环境打包出售，找到了蓝海。从星巴克的发展来看，他们不仅保持了绝对优势地位，而且开创了一个价值不菲的品牌。

对于企业而言，蓝海战略为其提供了崭新的理念，但在运用蓝海战略时，必须谨慎。

第十章 经营成本
——利润背后的一笔账

边际成本——亏本的生意为何有人做

从北京开往石家庄的长途车即将出发。客车的票面价格是50元。一个匆匆赶来的乘客见一家国有公司的车上尚有空位，就要求以30元上车，最后被拒绝了。他又找到一家也有空位的私人公司的车，售票员二话没说，收了30元就让他上了车。

哪家公司的行为更理性呢？乍一看，私人公司允许这名乘客用30元享受50元的运输服务，表面上吃了亏。但在懂经济学的人看来，私人公司比国有公司更精明。

经济学课堂

利润最大化已经成为企业高呼的口号和行动指南。身处市场大潮之中的任何一个企业，都不能、也不敢违背这一目标，而只能尽力去实现它。

如何实现利润最大化，必须要有一个客观标准。经济学家们早已经给出了这一标准，即边际收益等于边际成本。

在经济学中，边际成本指的是每一单位新增产品（或者购买的产品）带来的总成本的增量。这个概念表明每一单位产品的成本与总成本有关。

需要指出的是，边际成本往往随着企业的生产发展发生变化。厂商在生产过程中会时刻监督自己的经营状况，如果从某一刻起，再增加一单位产量，该单位产量的边际收益大于边际成本，就说明增加产量可以增加总利润，于是厂商会继续增加产量；反之，如果增加的这一单位产量的边际收益小于边际成本，就说明增加产量将发生亏损，这时会减少产量。只有在边际收益等于边际成本时，厂商的总利润才能达到极大值。在经济学里，通常用高等数学中的微积分对此加以分析。边际收益用MR表示，边际成本用MC表示，当“MR=MC”时，便说明企业实现了自己既定的目标，即利润最大化。

经济学茶座

在从北京开往石家庄的长途车票价这个问题上，当考虑是否让这名乘客以30元的票价上车时，我们实际上应该考虑的是边际成本。

增加这一名乘客，所需的汽车磨损费、汽油费、工作人员工资和过路费等都无须增加，所增加的成本仅仅是发给这个乘客的食物和饮料，假设这些东西值10元，边际成本也就是10元，边际收益是增加一名乘客所增加的收入。在这个例子中，增加这一名乘客可以增加收入30元，所以边际收益就是30元。

因此，私人公司的售票员让这名乘客上车是理性的。无论他是否懂得边际概念与边际分析法，实际上他是按边际收益大于边际成本这一原则作出决策的。国有公司的售票员不让这名乘客上车，或者是受严格制度的制约（例如，售票员无权降价），或者是头脑中缺边际这根弦。

日常生活中，人们常常会碰到需进行边际分析的问题。例如，7-11店都是营业24小时，而不是早7点到晚11点营业。从经济学角度考虑：24小时营业当然要额外（边际）花费一些成本（如水电费、营业员的工资等），但也会有一定的额外收益（就是多营业8小时的收入），只要额外营业的收益比额外成本高便可以干。

那些实现了利润最大化的企业，有意也好，无意也罢，都在通过边际成本分析来作出最佳决策，以达到利润最大化。如果企业在生产中能够主动、自觉地按利润最大化的规律办事，那么分析企业生产的边际成本和边际效益就可以有效避免盲目所造成的浪费。

边际收益——投入多，收益不一定高

经济学故事

俄国文学家托尔斯泰曾写过一个寓言：一只母鸡每天都下一个鸡蛋。女主人想，如果多给母鸡喂些吃的，那么它下的蛋肯定会增加。但是她真的这样做了后，发现母鸡长得很肥，根本就不下蛋了。

中国也有一则“和尚挑水”的故事：从前，山上有座庙，庙里开始只有一个和尚，这个和尚每天都到山下的井里挑水，过着悠然自在的生活。

一年后，来了一个外地和尚，经过协商，两人决定一起抬水，挑水的效率提高了，两人有了更多的时间去整理庙里的内务，让生活的环境更加干净和舒适。

又过了一年，又来了一个云游和尚，这次，反而谁也不挑水，谁也不抬水了，最后变成了谁都没水喝的情况。

不同的寓言故事，揭示出了相同的经济学道理：只有适度的投入，才会获得最佳的收益。

经济学课堂

在经济学中，要谋求收益的增加，必须分析影响成本的各种因素中最重要的东西，也就是要做到“单元成本”的分析。有人认为，只要增加投入，就一定能够获得更大的收益，从而达到降低平均成本的目的。然而，对于企业和个人而言，不一定投入越多，平均成本就越低。

第一种情况是，随着产量的增加，平均成本一直在下降。这种行业的特点是，开始时需要大量投资，以后每单位产品增加的成本并不多，所以最初的投资会分摊在越来越多的产品上，从而使平均成本越来越少。

第二种情况是，无论产量如何变动，平均成本基本不变。这种行业一般都是一些无足轻重的行业，它们的市场需求量不大，产量也就不大，所用的生产要素并非经济中较为紧缺的要素，不用与其他行业争夺生产要素，即使产量增加，要素价格也不会上升，成本也不会增加，而且初始的投资也不大，例如钢笔等小物品。

其实，更多的是第三种情况，随着产量的增加，平均成本先下降；当产量增加到一定数量时，平均成本达到最低；如果产量再增加，平均成本就会增加。也就是说，平均成本先随产量增加而递减，后随产量增加而增加。达到平均成本最低时的产量就是适度规模的产量。

在技术水平不变的情况下，当把一种可变的生产要素投入到一种或几种不变的生产要素中时，最初这种生产要素的增加会使产量增加。但它超过一定限度时，增加的产量将会递减，最终还会使产量绝对减少。根据这一法则，如果不断添加相同增量的一种投入品（其他投入品保持不变），这样导致的产品增量在超过某一点后将会下降，而且这种增加的产量会变得越来越少，甚至使总产量绝对减少。这一现象普遍存在，被称为“边际收益递减规律”。

经济学茶座

人们常说："一分耕耘，一分收获。"说的就是经济学上成本与收益的关系。但是现实生活中往往并不是这样，投入成本与收益的不对等才是真相。

在生活中，我们往往会发现投入越多但收益越小的情况。比如在农业生产中，一味地往田地里增加肥料，所获得的产量一定是有一个先增后减的过程的。随着肥料的增加，农产品的产量先是递增的，当达到一个极限后，再继续增加肥料，农产品的产量是递减的，如果肥料太多就会把庄稼烧死，那么最后连成本都收不回来。

只有投入适度的成本，才能获得最佳的效益。我们经常说的"一个和尚挑水吃，两个和尚抬水吃，三个和尚没水吃"的故事，从边际收益变化的角度来看，由一个和尚挑水吃到两个和尚抬水吃，说明边际收益已经递减，当发展到三个和尚时，边际收益已经递减到没水吃了。

当边际收益递减规律在18世纪被提出之后，就引发了两种观点的争论。一种观点从递减性出发，引申出了企业的利润趋于下降的趋势，李嘉图以后的众多西方学者据此对资本主义的生产方式抱以极大的同情；另一种观点通过强调技术进步的作用，强烈批判这一规律，认为它抹杀了技术进步对收益递减的反作用。

根据边际收益递减规律，边际产量先递增后递减，递增是暂时的，而递减则是必然的。边际产量递增是生产要素潜力发挥后生产效率提高的结果，而到一定程度之后边际产量递减，则是生产要素潜力耗尽、生产效率下降的原因所致。边际收益递减规律在短期内是无法超越的，人们只能遵守它，而别无选择。

固定成本——赢利或亏损，它就在那里

经济学故事

王永庆被誉为中国台湾的"经营之神"，其经营之道备受推崇。

20世纪50年代初，王永庆要投资塑胶业。当地一个有名的化学家公然嘲笑他，说他根本不知道塑胶为何物，开办塑胶厂肯定要倾家荡产。其实，王永庆做出这个大胆的决定，并不是心血来潮、铤而走险。他认为，烧碱生产地遍布台湾岛，每年有70%的氯气可以回收用来制造PVC塑胶粉，这是发展塑胶工业的一个大好条件。

1954年，王永庆创办了塑胶公司。3年以后建成投产，可是立刻就遇到了销售问题。首批产品100吨，只销出了20吨，明显供大于求。按照生意场上的常规，供过于求时就应该减少生产。可王永庆却反其道而行之，决定扩大生产。

这样，连他当初争取到的合伙人也不敢再跟着他冒险，纷纷要求退出。王永庆决定背水一战，变卖了自己的全部家产，买下了公司的全部产权。他有自己的算盘，他相信自己的产品销不出去，不是真的供过于求，而是因为价格太高——要想降低价格，可以通过提高产量以降低成本来实现。

第二年，他又投资成立了塑胶产品加工厂——南亚塑胶工厂，直接将一部分塑胶原料生产成成品供应市场。事情的发展证明了王永庆的预测是正确的。随着产品价格的降低，销路慢慢被打开了，王永庆大获其利。

当然，王永庆的成功还有其他方面的原因，如内部管理有序、与政府的关系良好等，最关键的是，王永庆通过扩大产量，从而使成本达到最低，这是他成功的法宝。

经济学课堂

企业的生产成本可分为固定成本和可变成本。固定成本是用于固定投入的成本，它不随产量的变化而变化，比如机器、设备、厂房、管理人员的工资等，不论产量是多是少都是不变的。可变成本是用于可变投入的成本，它随产量的变化而变化，比如原料、燃料、工人的工资等。固定成本加上可变成本就是总的生产成本。

作为市场中的微观主体，企业是以赢利为目的的，考虑最多的就是成本问题。企业应该如何控制成本，使生产成本达到最小化呢？

第一，加强控制措施，减少无效消耗。对于获得一定产品而发生的有效消耗，在一定生产条件下是相对固定不变的；对于获得一定产品而发生的无效消耗，是相对变化、普遍存在的。后者是控制的对象，要通过一系列措施进行控制，使其降到最低。

第二，加强企业管理，促进经济和技术的统一。从技术与经济相互影响、相互制约的关系出发，重视技术进步，对降低成本有着重要作用。通过新产品开发、质量的提高等，能够促进科学技术转化为生产力，从而有效降低企业的生产成本。

第三，既要加强资源优化配置，又要推动成本降低。一个企业要达到利润最大化，就必须对投入要素进行最优组合以使成本最小。也就是说，企业要想取得最大利润，就要遵循成本最小化原则。

经济学茶座

小高经营一家炸鸡店，每块炸鸡的平均成本是10元。他计算了一下，若售价是每块12元，每块炸鸡可以赚2元。若售价是每块10元，则不赔不赚，收支相抵。虽然利润是0，可成本中包括了机会成本和会计利润，依旧可以继续经营。一段时间下来，生意渐渐走上正轨。但是后来遇到了禽流感，所以很多炸鸡店都将炸鸡的售价降到了每块8元。如果小高也把价格降到8元，那每卖一块炸鸡就要赔2元。是否继续经营下去，小高犯难了。

回答这个问题前，我们必须分析成本与收益。短期内，投入的生产要素分成固定投入（比如机器设备）和可变投入（比如劳动）。固定成本包括租赁店面的租金、开店所需资金的利息、炸鸡设备的折旧，还有员工工资等。可变成本包括用于可变投入的开支，例如用于炸鸡原料的开支、燃料开支以及临时雇小工的工资等，这两种成本的和就是总成本。分摊到每块炸鸡上的成本就叫做平均成本，它是平均固定成本和平均可变成本之和。

在上面的例子中，假如小高继续营业，短期来看虽然店面无法退租，设备不能转卖，租金与设备的折旧费依旧要支出，还有其他的支出。若产量增加，例如生意非常好，一天炸几百块，那么该成本依旧不会增加，反而平均固定成本会随着产量的增加而不断减少。比如固定成本是每月6000元，若只炸100块，那么每块鸡的平均固定成本是60元；若炸1000块鸡，那么每块鸡的平均固定成本就是6元；若炸10000块，那么每块鸡的平均固定成本就是0.6元了。

在做短期决策时，不必考虑固定成本或者平均固定成本，仅仅需要考虑可变成本和平均可变成本。在上面的例子中，假设在正常情况下，每月炸1000块鸡，总成本是1万元，其中6000元是固定成本，4000元是可变成本，那么每块鸡的平均固定成本是6元，平均可变成本是4元。在做决策时，固定成本可以不用考虑，只要能够弥补可变成本便可坚持经营。

因此，短期内可行的营业条件为：

可变成本=总收益=产量×价格

对于以上案例中的每块炸鸡来说，此条件也就是平均可变成本等于炸鸡的价格，这一条件也叫停止营业点，也就是说，在此时是否继续经营，结果都相同，经营时支出的平均可变成本（4元）得以弥补，可是固定成本的损失并没有减少。若不经营，可变成本不必支出，固定成本的损失依旧继续。在这个停止的营业点上，即价格高于平均可变成本时，也必须经营，因为高于平均可变成本的价格的那部分可以弥补固定成本。在上面的例子中，炸鸡定价是8元，当平均可变成本是4元时，每出售一块炸鸡就可以得到8元，那么用4元来弥补平均可变成本，其余4元可以用来弥补平均固定成本。如此，平均固定成本的损失就从6元减少至2元。对经营者来说，亏损2元，当然要比亏损6元好。此时，利润最大化的原则就变成亏损最小化。若价格低于平均可变成本，则不管怎样都不能继续经营。

沉没成本——投出去的成本如同泼出去的水

一次，阿根廷著名高尔夫球明星罗伯特·德·温森赢得了一场球赛，拿到奖金的支票后，正准备驱车回俱乐部。这时，一个年轻女子走到他面前，悲痛地向温森表示，自己的孩子不幸得了重病，因为无钱医治正面临死亡。温森二话没说，在支票上签了自己的名字，然后将它送给了年轻女子，并祝福她的孩子早日康复。

一周后，温森的朋友告诉他，那个向他要钱的女子是个骗子，不要说她没有病重的孩子，甚至她都没结婚呢。温森听后惊奇地说：“你敢肯定根本没有一个孩子病得快要死了？”朋友做了肯定的回答。温森长长地出了一口气，微笑道：“这真是我一个星期以来听到的最好的消息。”

对温森而言，送出去的支票如同泼出去的水，他以宽容的心态坦然面对自己的“失”。在经济学中，我们引入沉没成本的概念，指已经付出且不可收回的成本。

经济学课堂

一般情况下，沉没成本主要是指企业花在机器、厂房等生产要素上的固定成本。从固定生产要素的无形损耗程度看，它们会因技术进步或产品的更新换代而贬值，从而产生无法补偿的损失。我们把这些已经发生且不可收回的支出，如时间、金钱、精力等称为沉没成本。

简单地说，沉没成本代指已经付出且不可收回的成本。举例来说，如果你预订了一张电影票，已经付了票款且不能退票，但是看了一半之后觉得很不好看，此时你付的钱已经不能收回，电影票的价钱就是沉没成本。

大多数经济学家认为，如果你是理性的，那就不该在做决策时考虑沉没成本。比如在前面提到的看电影的例子中，会有两种可能的结果：

付钱后发觉电影不好看，但忍受着看完。

付钱后发觉电影不好看，退场去做别的事情。

两种情况下你都已经付钱，所以应该不再考虑钱的事。当前要做的决定不是后悔买票，而是决定是否继续看电影。因为票已经买了，后悔已经于事无补，所以应该以看免费电影的心态来决定是否看下去。作为一个理性的经济人，选择把电影看完就意味着要继续受罪，而选择退场无疑是更为明智的做法。

从理性的角度说，我们不应该在做决策时受沉没成本的影响。一个理性的决策者，应该考虑将来要发生的成本和收益。不管做出何种决定，沉没成本已是个确定的常数，不应该再影响我们其后的决策。

经济学茶座

对于企业来说，成本一旦沉没，就不再是机会成本。沉没成本具有无关性，即不管企业如何对之做出决策，都难以改变。对于沉没成本，最合理的方法就是管理者在继续做出各种决策时，不再考虑沉没成本。当然，一个企业无论如何都应该尽力减少沉没成本，这需要企业努力避免决策的失误，对项目作出准确判断。

某企业在两个城市的交界处买了一块地皮。企业领导的起初用意是投资30万元办一座生产豆奶的食品加工厂。结果一生产就亏损，很不景气。如果就此打住，这30万元对于企业来说也不算什么。但是企业的领导很不甘心，不愿让这笔钱就此打了水漂，于是又投资70万从德国引进全套的进口设备，希望扩大生产规模，提高产品质量以赢得效益。结果还是一个字——赔。

此时如果放弃这家工厂，将其折价处理，应该说损失还可以承受。但是领导认为：已经投入了100万，如果放弃损失太大，不如继续在这块地皮上投入，以期扭亏为盈。于是，领导又做出决策：投入300万，在这里建设大型生产基地……然而，随着时间的推移，这个基地成了侵蚀公司利润的“无底洞”。

管理者应该认识到，在复杂的市场中，投资决策的失误是难以避免的，一旦有所觉察，需要避免将错就错、一错到底。此时是真正考验管理者经营水准的时候。

沉没成本对企业和个人来说都很常见。在这里需要指出，有时候沉没成本只是价格中的一部分而非全部。比如，一台新买的电脑价值6000块钱，可是新鲜劲儿还没有过去，一种升级款式的电脑（这就是技术进步带来的更新换代）价钱才5000元，而且还打出广告，说原来的那款用6000元买的电脑再加2000元就可更换一台新产品。在这种情况下，为原来的电脑付出的成本中有很大一部分已经变成沉没成本，除非你用这台电脑创造效益，收回部分投资。除此之外，在二手车市场上，一辆新车在使用几个月后准备卖出，在这么短的时间里，车况当然不会有多少损耗，价格却不可能再回到原价。这时候，原价和现在卖价的差额就是沉没成本。如果不能及时出手，时间越长，沉没成本就会越大。

在经济活动中，不理会沉没成本是大多数经济学家的建议。因为不管沉没的是什么，沉没的有多少，对未来而言都已经没有意义。彻底放弃那些沉没的东西，才是最明智的选择。

贴现率——利润会缩水

经济学故事

30年前，1元钱能做什么？交一个孩子大约0.6个学期的学杂费（一个学期1.6元），治一次感冒发烧（含打针），买7斤大米或50斤番茄，买20斤小白菜或20个鸡蛋，到电影院看5次电影，乘20次公交车。

现在的1元能够做什么？乘公交车1次（非空调车），买2个鸡蛋，夏天买0.5斤小白菜，买0.8斤番茄或0.5斤大米，缴纳小孩学杂费的1/800，看0.05次电影。

30年的时间，说短不短，说长不长，但是1元钱的购买力已经发生了巨大的变化。人们疑惑：30年前的1元钱和现在的1元钱哪个更值钱？

经济学课堂

经济学中有一个资本的时间价值的概念，在商品经济条件下，即使不存在通货膨胀，等量货币在不同时间，其价值也是不相等的。一般来说，30年前的1元钱要比今天的1元钱更具有经济价值。因此，我们在分析经营成本时，不能不考虑资本的时间价值。

在这里，引入两个概念——现值与贴现。我们把一笔未来货币现在的价值称为现值，把未来某一年的货币转变为现在货币的价值称为贴现。在影响一笔货币价值的因素中最重要的是通货膨胀率和利率，通货膨胀率和实际利率之和为名义利率，我们常用名义利率来进行贴现。

企业在确定一笔投资是否有利时，要比较的不是现在的投资与未来的收益，而是现在的投资与未来收益的现值。这是以利润最大化为目标的企业在决定投资时所采用的思维方式。换言之，我们应考虑的不是在未来能赚多少钱，而是所赚的钱的现值是多少。

假设名义利率为r，某一年的货币量为Mn，货币的现值为M0，n代表第n年。贴现的公式如下：

$$M0=Mn/(1+r)^{n}$$

例如，未来一年后的货币量为110万，名义利率为10%，这笔钱的现值为：

$$M0=110万/(1+10\%)^{1}=100万$$

这就是说，当名义利率为10%时，一年后110万元的现值是100万元，或者说一年后110万元的实际价值在今年是100万元。

经济学茶座

小王6年前投资100万元办了一个工厂，但今年企业停产了。在这6年时间里，企业每年的总收益是20万元，6年共收益120万元。这样算下来，总成本为100万元，总收益为120万元，利润为20万元，投资利润率为20%。

这种算法可以说是正确的，也可以说是不正确的。说这种算法不正确，是因为总收益、总投资、利润都是用货币计算的，而现在的20万元钱与6年前的20万元钱的实际价值并不相同，也就是说20万元钱的实际购买力并不相同。

比如经济中会发生通货膨胀，若通货膨胀率是10%，在这种情况下，现在1元钱的购买力在一年以后就会贬值10%，即现在的1元钱在一年以后买不到同样的东西。换一个角度来看，即使没有通货膨胀，我们将1元钱存入银行，如果利率是10%，一年后就成为了1.1元，显然这1元钱在一年后已经不是1元了。

在我们所举的小王投资的例子中，如果利率是10%，各年收益的现值如下：

第一年（n=1）：$20万/(1+10\%)^{1}=18.18万$

第二年（n=2）：$20万/(1+10\%)^{2}=16.53万$

第三年（n=3）：$20万/(1+10\%)^{3}=15万$

第四年（n=4）：$20万/(1+10\%)^{4}=13.66万$

第五年（n=5）：$20万/(1+10\%)^{5}=12.42万$

第六年（n=6）：$20万/(1+10\%)^{6}=11.29万$

未来6年中总收益的现值为：

18.18万+16.53万+15万+13.66万+12.42万+11.29万=87.08万

如果不考虑时间问题带来的资本价值变化，总收益为120万，但按10%的利率进行贴现时，120万的现值为87.08万元。投资为100万，未来收益的现值为87.08万，这笔投资是亏的，亏损为100万－87.08万=12.92万，不能继续进行这笔投资。

由以上的分析还可以看出，一笔未来货币现值的大小取决于名义利率。我们假定名义利率为5%时，各年收益的现值如下：

第一年（n=1）：20万／（1+5%）^{1}=19万

第二年（n=2）：20万／（1+5%）^{2}=18.18万

第三年（n=3）：20万／（1+5%）^{3}=17.24万

第四年（n=4）：20万／（1+5%）^{4}=16.52万

第五年（n=5）：20万／（1+5%）^{5}=15.74万

第六年（n=6）：20万／（1+5%）^{6}=15.02万

未来6年中总收益的现值为：

19万+18.18万+17.24万+16.52万+15.74万+15.02万=101.7万元

这表示只有在名义利率为5%时，这笔100万元的投资才略有微利，即101.7万—100万=1.7万元。由此可见，当利率在5%以上时，这笔投资都是不合适的。

在做出长期投资的决策时，贴现的概念是极为重要的。长期投资的收益是在未来若干年中，但离现在越远，同样一笔货币收益的现值就越小。如果不考虑这一点，看起来赢利的投资实际上是亏损的。企业要避免这样的损失，就必须对未来收益按名义利率进行贴现。

贴现的方法突出了时间因素在经济学中的重要性。人们对等量货币的现在偏好大于未来偏好，这就体现了时间的作用。经济学家把这种现象称为时间偏好。在做投资决策时，企业管理者一定要考虑时间因素。收益期越长的投资，时间因素越重要。

在考虑时间因素时，不仅要考虑贴现，而且要考虑投资风险。建立一个工厂往往是一种长期投资，不仅要考虑规模，使产量达到平均成本最低的水平，而且要考虑这些产量能带来的收益现值。如果投资是在今后的多年时间内逐步进行，也要考虑未来投资的现值。因此，在作出长期投资或建厂时一定要谨慎。

规模经济——生产越多，成本越低

经济学故事

福特公司是第一个引入流水线模式，实现规模化生产的企业。这种崭新的生产方式使福特汽车走向了巨大的成功。1912年是福特汽车利用传统生产方式生产T型汽车的最后一年，公司共生产了7.86多万辆汽车；1913年，引入流水线生产模式以后，福特生产的汽车达到18万辆。随着这一系统的进一步完善，1914年，共计有超过26万多辆T型汽车驶出福特的流水线生产车间。

在流水线生产的应用过程中，福特汽车的生产成本和价格都降低了。1908年，福特的T型车面市时，每辆售价是850美元；1916年，当福特制造了57万多辆汽车时，每辆售价降至360美元；到1925年，卖240美元。当时，一天就能造出9109辆汽车，平均每9秒钟生产一辆。流水线装配汽车促使汽车产量急剧增多，价格不断下降，销售量也随之增大。通过规模化生产，福特汽车的产量越大，成本就越低，利润也就不断增长，使得福特汽车公司在同行业中遥遥领先。

在福特的规模化生产取得成功以后，这一生产方式对美国的传统制造业形成了冲击，进而影响了整个20世纪的汽车制造业。

经济学课堂

安德鲁·卡内基在打造他的钢铁帝国——卡内基钢铁公司时，说："价格的低廉和生产的规模是成反比的，因此，生产规模越大，成本就越低……降低成本、抢占市场、开足马力，只要控制好成本，利润自然就来了。"在经济学上，这个现象被称作规模经济，是指由于生产水平的提高或者生产规模的扩大而引起产品平均成本的降低。

规模经济又称规模效应，指随着生产能力的提高，单位成本呈现下降的趋势，即长期费用曲线呈下降趋势。若厂商的产量扩大一倍，而厂商增加的成本低于一倍，则称厂商的生产存在规模经济，与规模经济对应的是规模不经济。一般来说，随着产量的增加，厂商的生产规模逐渐扩大，最终厂商扩大规模会使生产处于规模经济阶段。

产生规模经济的原因主要有四点：第一，随着生产规模的扩大，厂商可以使用更加先进的生产技术。在实际生活中，机器、设备往往具有不可分割性，有些设备只有在较大的生产规模下才能使用。第二，规模扩大有利于专业分工。第三，随着规模的扩大，厂商可以更为充分地开发和利用各种生产要素，包括一些副产品。第四，随着规模的扩大，厂商在生产要素的购买和产品的销售方面就拥有更多的优势，而随着产量的增加，这些优势会逐渐显示出来。

在现实中，采取多大规模能实现成本最小化，取决于企业生产与市场的特点。从生产的角度来看，一个行业所使用的设备越先进，技术越复杂，规模就越大越好。从市场的角度看，产品标准化程度越高，需求越稳定，规模就越大。例如，在钢铁、化工、汽车等行业中，企业的规模往往相当大，小企业难以在这些行业中生存。

经济学茶座

输油管道就是规模经济的一个例子。如果将其直径扩大1倍，其周长也相应扩大1倍，由简单的面积计算公式可知，油管的截面积将超过1倍，即其运输能力也会超过1倍。这就是规模经济，每单位原油的运输成本将随之降低。

在现代市场竞争中，我们看到大部分企业都在力争扩大生产规模。那么，企业为什么要扩大规模，形成规模经济呢？原因主要有以下两点：

第一，大规模生产有助于更好地实现专业化分工和协作。

18世纪的经济学之父亚当·斯密在《国富论》中已经以缝衣针行业为例说明了这个问题。一个受过专业训练的人一天下来也只能做一个缝衣针，如果将生产划分为18道工序，每人只承担一道工序，平均算下来，人均日产量可以达到4800个，这很形象地说明规模经济的显著作用。

第二，除了生产协作的因素，某些生产要素自身的特性也需要规模经济。某些大型设备与小型设备相比，每单位产出的制造费用和维修费通常较低。

在实际生产中，规模经济并不意味着规模越大越好。对于特定的生产技术，当规模扩大到一定程度后，就会出现规模不经济，而造成规模不经济的原因主要是管理的低效率。由于规模过大，信息传递费用增加，滋生官僚主义，使得规模扩大的成本增加，出现规模不经济。

第十一章　经营战略

——福布斯富人榜上的经营智慧

定价——“卖多少钱”是门大学问

经济学故事

去超市买东西或到商场购物，如果仔细观察货物的价格标签，我们不难发现，商品的价格极少取整，且多以8或9结尾。比如，一瓶海飞丝怡神舒爽去屑洗发水标价22.8元、一袋绿色鲜豆浆标价0.8元、一台笔记本电脑标价8999元……这些现象不禁令人疑惑，如果采取像22元、1元、9000元这样的整数价格不但容易让人记住还便于比较，而且在收银台汇总几件商品价格的时候也更加便捷。商家是出于什么原因采取这种定价方式的呢？

经济学课堂

定价是市场营销学里最重要的组成部分之一，它主要研究商品和服务的价格制定和变更的策略，以求得限制性定价营销效果和最佳收益。

定价是一门大学问。在制定价格时，首先面对的是产品定高价还是定低价的问题，其实这取决于企业的目标客户以及其所处的竞争环境。

一般来说，如果企业的目标客户是高收入者，那么可以采用定高价的策略，以实现高价少销。但是，如果企业的目标客户是广大中低收入者，那么就应采用低定价的策略，以实现低价多销，这样才能够赢利。这种低价产品的需求往往富有弹性而且供给可以无限增加。

高定价还是低定价，首先取决于市场条件：产品缺乏弹性还是富有弹性，目标消费群体是哪个收入阶层。其次取决于企业目标：是利润率最大化还是利润量最大化。一般的规律是：产品缺乏弹性，目标消费群体人数少但收入高，企业以利润率为目标，实行高定价；相反，产品富有弹性，目标消费群体人数多，企业应以利润量为目标，实行低定价。在确定了价格目标之后，就要据此决定自己的产量。因为高价必定与少销、少生产相关，低价往往与多销相联系。

此外，在定价时还要特别注意消费者的心理。人们都有“便宜没好货”的心理，所以如果产品一味定低价，反而会失去消费者。

经济学茶座

生活中很多的例子都反映了定价的策略，经营者可以从中找到一些自己需要的方式来为自己的产品定价。

在低定价方式上，沃尔玛是一个很好的例子。在沃尔玛，进货为0.8美元的东西，其他商店卖1.2美元，它只卖1美元，这大大增加了销售量，成为沃尔玛制胜的法宝。

定低价或降价是企业常用的手段之一，但是我们也会发现，名牌产品都是高价，并不降价（名牌不打折），但也都获得了成功。

例如，一个LV女式手提包定价为1.2万元，可市场销售仍然很好。其实这种产品属于炫耀性商品，购买它的女士主要不是用它来装东西，而是用它来炫耀自己的身份。如果价格低了，与普通手提包一样，那么就无法炫耀身份，所以那些炫耀型消费的高收入者就不会购买了。

因此，高定价产品的一个显著的特点就是价格缺乏弹性，而且供给极为有限。就LV女式手提包而言，其对象是极少数高收入女士，她们希望以这种包来显示自己的身份，所以需求强度高，而且类似的替代品并不多。尤其有些人对这种品牌有一种特殊偏好，她们宁肯多花钱，也不肯以低价去买其他包，尽管其他包也是名牌。对于这些高收入者而言，1.2万元在其总支出中所占的比例并不大，而且这种包做工精细，供给难以增加，不用靠降价吸引更多消费者。因此，这种产品是靠品牌而不是靠低价占领市场的。

此外，尾数定价和折扣定价也是定价的一种策略。

尾数定价是指利用消费者感觉整数与比它相差很小的带尾数的数字相差很大的心理，将价格故意定成带尾数的数字以吸引消费者购买的策略。目前这种定价策略已被商家广泛应用，从国外的家乐福、沃尔玛到国内的华联、超市发等，从生活日用品到家电、汽车基本上都采用了尾数定价策略。

折扣定价也是利用消费者求廉的心理，无论是数量折扣、现金折扣、功能折扣、还是季节折扣都对消费者的购买有一定的促进作用。

长尾理论——小需求，大市场

经济学故事

马云与中小网站有不解之缘，据说这与他自己的亲身经历有关。当年，竞争对手想把淘宝网扼杀在摇篮中，于是同各大门户网站签了排他性协议，导致几乎没有一个稍具规模的网站愿意展示有关淘宝网的广告。无奈之下，马云团队找到了中小网站，最终让多数的中小网站都挂了淘宝网的广告。此后，淘宝网不断发展，成为中国首屈一指的C2C商业网站。马云因此对中小网站充满感激，并试图挖掘更多与之合作的机会，而这也让他找到了重要的商机。

在中国所有的网站中，中小网站在数量上所占比重远远超过大型门户网站，尽管前者单个的流量不如后者，但它的总体流量却相当庞大。而且，中小网站由于过去一直缺乏把自己的流量变为现实的能力，因此，其广告位的收费比较平民化。这恰好符合中小企业广告主的需求。过去，一个网络广告如果想要制造声势，只能投放在门户网站上，但其高昂的收费令许多中小企业很难承受。

在对目标客户的选择上，马云独辟蹊径，发现了真正的"宝藏"。其实，从经济学的角度说，他是在利用"长尾"效应。

经济学课堂

"长尾"是什么？2004年10月，美国人克里斯·安德森提出了"长尾"的概念。他将集中了人们需求的流行市场称为"头部"，而把那些需求量小的、零散的、个性化的需求所形成的非流行市场称为"尾巴"。长尾效应的意义在于将所有非流行的市场累加起来就会形成一个比流行市场还大的市场，这就是"长尾理论"。

过去人们往往只关注重要的人或重要的事，如果用正态分布曲线来描绘这些人或事，就会发现人们只关注曲线的"头部"，而将处于曲线"尾部"、需要更多的精力和成本才能被关注到的大多数人或事忽略。例如，在销售产品时，厂商关注的是少数几个所谓的"VIP"客户，而无暇顾及大多数的普通消费者。而在网络时代，由于关注的成本大大降低，人们就有可能以很低的成本关注正态分布曲线的"尾部"，所以关注"尾部"产生的总体效益甚至会超过"头部"。安德森认为，网络时代是关注"长尾"、发挥“长尾”效益的时代。

“长尾”理论是网络时代兴起的一种新理论，由于成本和效率的因素，当商品储存、流通、展示的场地和渠道足够宽广，商品生产成本急剧下降以至于个人都可以进行生产，并且商品的销售成本急剧降低时，几乎任何以前看似需求极低的产品，只要有人卖，都会有人买。这些需求和销量不高的产品所占据的共同市场份额，可能和主流产品的市场份额相当，甚至更大。

经济学茶座

在日常经济生活中，许多颇有趣味的商业现象都可以用“长尾”理论来解释。如在网上书店的销量中，畅销书的销量并没有占据所谓的80%，而非畅销书却由于数量上的积少成多，而占销量的一半以上。

再如彩铃等数字音乐的出现，让深受盗版之苦的中国唱片业找到了一个陡然增长的、心甘情愿进行多次小额支付的庞大用户群。此前，有意愿进行正版音乐消费的客户群，其数量少得可怜。

“长尾”理论是一种理论观点的探讨，甚至可以说它是经济生活中的一种经济形态，但如果以它引导企业行为，其效果却未必乐观。

首先，“长尾”绝不意味着仅仅把众多分散的小市场聚合为一个大尾巴，而还是要有一个强有力的头部，以及要考虑头部与尾巴之间的有效联系。

其次，无论怎么说，相对畅销品而言，“长尾”是非热销产品，属遗留产品或滞销品，无论在企业里还是在市场上，都属处理品，所以任何企业都不可能有意或着力生产这些产品，更不可能把这些滞销品和处理品作为企业的利润来源甚至是利润支撑，否则，就是本末倒置，舍近期大利去追逐远期小利。

最后，在传统商业现有的游戏规则下“长尾”理论几乎不可能实现。因为传统商业目前仍然是以“销售量带来的收益持平或者超过成本”这一商业常识作为指导，如果在自己的零售网络中最终聚集的用户数量还是非常少，依然无法通过这种产品赢利，那么这时要在“长尾市场”中做生意，不是为时已晚，就是让企业被最后一根稻草压死。

要使“长尾”理论更有效，应该尽量增大“尾巴”，也就是降低门槛，拉拢小额消费者。不同于传统商业的拿大单、传统互联网企业的会员费，互联网营销应该把注意力放在把蛋糕做大上。通过鼓励用户尝试，将众多可以忽略不计的零散流量汇集成巨大的商业价值。

长尾理论是把双刃剑，只有正确认识它，正确运用它，才能为自己创造财富。因此，要慎重对待“长尾”理论，要因产品制宜，一般情况下，单一企业不宜使用。

二八法则——重要的少数与琐碎的多数

经济学故事

1897年，意大利经济学者帕累托偶然注意到19世纪英国人的财富和收益模式。

在调查中，他发现大部分的财富流向了少数人，同时，还发现了一件非常重要的事情，即某一个族群占总人口数的百分比和他们所享有的总收入之间有一种微妙的关系。他在不同时期、不同国家都见过这种现象，不论是早期的英国，还是其他国家，他都发现这种微妙关系一再出现，而且在数学上呈现出一种稳定的关系。

从经济学角度说，财富在人口中的分配是不平衡的，反映在数量比例上，大体就是2：8，这就是应用很广的重要的少数与琐碎的多数——二八法则。

经济学课堂

二八法则可引申为在任何特定的群体中，重要的因子通常只占少数，而不重要的因子则常占多数。因此，只要控制重要的少数，即能控制全局。商家往往会认为所有顾客一样重要，所有生意、每一种产品都必须付出相同的努力，所有机会都必须抓住。而二八法则恰恰指出了在原因和结果、投入和产出、努力和报酬之间存在这样一种典型的不平衡现象：80%的成绩，归功于20%的努力；市场上80%的产品，可能是由20%的企业生产的；20%的顾客可能给商家带来80%的利润。

虽然二八法则反映了一种不平衡性，但它却在社会、经济及生活中无处不在。只要细心观察，你就会发现：

——20%的罪犯的罪行占所有犯罪行为的80%；

——20%的汽车狂人引起80%的交通事故；

——世界上大约80%的资源是为世界上20%的人口所消耗；

——世界财富的80%，为20%的人所拥有；

——80%的能源浪费在燃烧上，只有其中的20%可以应用到车辆中，而这20%的投入，却回报以100%的产出；

——在一个国家的医疗体系中，20%的人口与20%的疾病，会消耗80%的医疗资源。

经济学茶座

对企业经营者来说，应更多地注意二八原则对企业的实际作用，在企业经营中，二八法则是企业提高效率、实现科学系统管理的制胜法宝。二八法则在企业的实际应用中，主要体现在如下几个环节：

1. 二八管理法则。企业主要应抓好20%的骨干力量的管理，再以20%的少数员工带动80%的多数员工，从而提高企业效率。

从企业管理的角度讲，二八法则实际侧重的是榜样的力量。企业80%的效益是由20%的核心员工完成的，这20%的骨干员工在企业中是顶梁柱，通过他们积极主动的工作与活动来带动整个团队的活力，从而为整个企业创造价值。

2. 二八决策法则。抓住企业普遍问题中的最关键性的问题进行决策，以达到纲举目张的效果。

从企业决策的角度来讲，二八法则主要侧重于抓典型、抓关键问题以进行有效、正确的决策。在企业的运行过程中，几乎每天都有很多问题需要决策，但是能够左右企业发展方向和企业成败关键的问题只有关键的几个，善于抓住关键问题，进行正确的决策，无疑会影响整个企业的发展。

3. 二八融资法则。管理者要将有限的资金投入到经营的重点项目，以此不断优化资金投向，提高资金使用效率。

二八法则在企业资金运作中主要体现在：将有限的资金和资源投放到关键的项目，也就是优化投资结构、加快企业资金的周转和利用率。现代化企业拼的是速度，“以速度冲击规模”是现代企业倡导的全新理念。作为企业管理者，当你在一味抱怨自己企业资金不足的时候，早已有很多企业家把眼光放在提高资金周转速度、提高资金利用率上。可见，优化资金投向、提高资金的使用效率、以速度冲击规模，是企业健康、良性发展的关键。

4. 二八营销法则。经营者要抓住20%的重点商品与重点用户，重点营销，牵一发而动全身。

二八法则在营销环节中，主要体现在两个方面，一是重点产品，二是重点客户。即企业80%的销售是由20%的重点商品完成的；企业80%的销量是由20%的核心客户完成的。无论是厂家或者商家，都要明白这个道理。

举个例子，在对冰箱产品线进行规划时，几十款冰箱产品的产品线很长、很丰富，丰富的产品线是为了满足不同区域消费者的需求。但是仔细观察每个月的销售结构统计，你会发现，一定是有20%的产品占到总体销量的80%，虽然展台上摆放了20多款冰箱产品，但每个月主要销售的也就是那么几款。

二八法则在营销中的作用至关重要，作为经销商，要根据自己区域的特点，找准核心产品进行主推；作为厂家和代理商，一定要将自己的客户进行分类，认清哪些是完成你80%销售任务的核心客户，然后对核心客户重点支持和关注。

集聚效应——麦当劳和肯德基总是比邻而居

经济学故事

麦当劳和肯德基是世界餐饮行业中的两大巨头，其中，麦当劳约有30000多家门店，肯德基约有11000多家门店。原本是针锋相对的对手，在经营上却有异曲同工之处：同样的西式快餐，同样的薯条汉堡，同样吸引人气。

经常光顾麦当劳或肯德基的人不难发现这样一种现象，麦当劳与肯德基这两家店一般在同一条街上选址，或在相隔不到100米的对面，或在同街相邻。

所谓一山难容二虎，麦当劳和肯德基比邻而居，难道只是为了挤压对手或者争口气？其实麦当劳和肯德基比邻而居的原因在于“集聚效应”。

经济学课堂

集聚效应是指各种产业和经济活动在空间上集中产生的经济效果以及吸引某种经济活动向一定地区靠近的向心力。

产业集聚包括如下几个因素：首先，必须是与某一产业领域相关的。一般来说，产业集群内的企业和其他机构往往都与某一产业领域相关，这是集聚效应形成的基础。其次，产业集聚的企业及相关机构具有密切联系。产业集群内的企业及相关机构不是孤立存在的，而是整个联系网络中的一个节点。再次，产业集群是一个复杂的有机整体。产业集群内部不仅包括企业，还包括相关的协会、银行、中介机构等，这是产业集群的实体构成。

产业集聚是创新因素集聚和竞争动力放大的结果。竞争战略之父麦克尔·波特认为，产业在地理上的集聚，能够对产业的竞争优势产生广泛而积极的影响。从世界市场的竞争来看，那些具有国际竞争优势的产品，其产业内的企业往往是集聚在一起而不是分居的。

集聚为什么有助于产生竞争优势呢？

1．产业集聚对提高生产率的影响。同一个产业的企业在地理上的集中，能够使厂商更有效地得到供应商的服务，更容易招聘到符合自己意愿的员工，及时得到本行业竞争所需要的信息，比较容易地获得配套的产品和服务。这些都使群聚区内的企业能以更高的效率来生产产品或提供服务，同时相对于群聚区域以外的企业来说，它们也能获得更多的竞争优势。

2．集聚对创新的影响。由于集中的顾客群降低了设立新企业的投资风险，所以投资者更容易发现市场商机。在产业集聚的地方，企业能更容易地发现产品或服务的缺口，从而受到启发建立新的企业。再加上产业集聚区域的进入门槛低于其他地区，其所需要的设备、技术、投入品以及员工都能在区域内解决，因而开办新的企业要比其他地区容易得多。企业所需要的客户、市场信息，可能在新企业成立之前就已经具备。另外，集聚对创新的贡献还在于同行业之间的非正式交流。

3．集聚对竞争的影响。集聚是企业获得竞争优势的重要来源。集聚带来了竞争，同时也加剧了同行业企业间的竞争。竞争不仅仅表现在对市场的争夺上，还表现在其他方面。同行业相互比较后便有了业绩评价的标尺，这为企业带来了竞争的压力。绩效好的企业能够获得成功，而绩效差的企业会因此感受到压力，促使该企业不断改进自己以提高效率。同行业企业的聚集，导致剧烈的竞争，而竞争对手的存在是有积极意义的。

经济学茶座

集聚效应是一种常见的经济现象，如产业的集聚效应，最典型的例子当数美国硅谷，在那里聚集了几十家全球IT巨头和数不清的中小型高科技公司。国内的例子也不少，在浙江，如小家电、制鞋、制衣、制扣、打火机等行业都各自聚集在特定的地区，形成一种地区集中化的制造业布局。集聚效应还出现在其他领域，北京、上海这样的大城市就具有多种集聚效应。在北京，只要一提起建材，可能大多数人首先想到的是北京西部。从西南三环丽泽桥附近的丽泽建材城、碧溪家居广场等建材城说起，然后往西的圣火暖气城七里庄瓷砖集散地，或是岳各庄桥附近的红星美凯龙再到玉泉营附近的居然之家玉泉营店、玉泉营灯具城、恋日家居等，都形成了一定规模。而四季青桥附近的爱家家居、绿馨家园建材城也为这个区域的火暴发挥了不小的作用。再加上定慧桥集美家具城的助力，这些就成就了北京西边建材市场的绝对领先地位。西面的这些建材城因占地广阔、商品丰富、种类齐全、涵盖面广、方便比较等特点而成为消费者的首选区域。

企业经营者应该重视集聚效应可以为集聚区的企业带来的优势，从而充分利用这些优势来促进企业的发展。总体来说，集聚区的企业可能获得的好处有以下几个方面：

1. 规模经济与范围经济效应带来的成本优势。企业在一定区域内的相互临近，或者同时处于生产链的某一个环节，从而降低了成本，如运输成本、库存成本、交易成本等；由于有共同的交易市场与采购中心所以原材料成本与销售成本降低；集群企业的临近使得信息的搜寻与获得更加迅速，降低了信息成本；由于企业的集聚带来劳动力的集聚，从而减少了劳动力的搜寻成本，等等。

2. 促进分工与合作。在一定区域内集聚，能够更好地发现各个企业的比较优势，从而形成纵向与横向的协作，促进规模经济发展和产业结构升级，提高资源的利用效率。

3. 享有区域与品牌优势。由于一个区域在某一方面或某些方面做得比较出色，从而提高了整体的知名度，提升了企业的整体形象，所以商品需求者会慕名前来购买商品。同时由于集聚地区的诸多便利条件，投资商也会前来投资，如中关村、北京CBD等。

捆绑销售——销售并非一捆一绑就灵

美国著名的约翰逊黑人化妆品公司总经理约翰逊最初创业时，曾为产品的销售伤透了脑筋。

那时，约翰逊经营着一个很小的黑人化妆品公司，因为黑人化妆品市场的总体销售份额并不大，而且，当时美国最大的黑人化妆品制造商佛雷公司几乎垄断了这个市场，约翰逊的公司赢利十分微薄。

为了打开局面，约翰逊提出了一句措辞非常巧妙的广告语：“当你用过佛雷公司的化妆品后，再擦一次约翰逊的粉质膏，将会得到意想不到的效果。”

约翰逊的这一招非常高明，不仅没有引起佛雷公司的戒备，而且使消费者很自然地接受了他的产品，达到了事半功倍的效果。因为凡是用佛雷公司化妆品的黑人，大都不会在乎再增加一种对自己确实有好处的化妆品。

随着粉质化妆膏销量的大幅度上升，约翰逊抓住了这一有利时机迅速扩大市场占有率。为了强化约翰逊化妆品在黑人化妆品市场上的地位，他同时还加速了产品开发，连续推出了能够改善黑人头发干燥、缺乏亮度的黑发润丝精、卷发喷雾剂等一系列产品。经过几年的努力，约翰逊系列化妆品占领了绝大部分美国黑人化妆品市场。

约翰逊黑人化妆品公司成功运用了捆绑销售的策略，最终使得自己的产品在美国站稳了脚跟。

经济学课堂

捆绑销售通过两个或两个以上的品牌或公司在销售过程中的合作，来扩大彼此的影响力，是共生营销的一种形式，并开始被越来越多的企业重视和运用。

常见的捆绑销售主要有以下几大招式：

一是包装捆绑。如汰渍洗衣粉在包装袋上印有衬衫、洗衣机等品牌；而衬衫、洗衣机也推荐使用汰渍洗衣粉，既为产品包装又是广告载体。品牌互补，大家共同得利，同时还节省了资源。这样的例子还有很多，比如牙膏与牙刷捆绑、洗发水与沐浴液及毛巾捆绑。

二是定位捆绑。对于新上市的品牌，可以从定位上考虑如何与知名品牌捆绑。通过和已有品牌直接捆绑来形成自己的定位，并宣扬自己独特的优点。对于市场份额较小的品牌，也可以考虑将自己与知名品牌捆在一起，借此获得名声，并分得知名品牌的一部分市场份额。约翰逊黑人化妆品公司所用策略即为此类。

三是信息传播捆绑。相关性产品集中在一起进行传播，既增加了整体传播力度，又节省了大笔资金。比如浪奇木瓜白肤香皂绑了一次《南方都市报》，把样品随报赠送给消费者；力士洗发水绑了《化妆品报》等，都取得了良好的效果。

四是销售捆绑。把几种产品做成统一包装进行销售。如把牙膏、牙刷、香皂等放在一个包装盒里销售。相对单品来说，价格较低，消费者得到了实惠，自然也就愿意购买。

经济学茶座

商家之所以选择捆绑销售，主要原因在于抢占市场，增加销售额。捆绑后的产品或服务价格比单件要便宜一些，在品质、功能等没有多大差别的情况下，会使原本打算购买相似产品的消费者转而购买该产品，同时增加他们的购买量。

捆绑销售还可以使企业迅速扩大品牌的影响，从而打入新的目标市场。任何企业的实力都是有限的，与其他企业的产品或服务进行捆绑，可以迅速扩大品牌在与其捆绑的产品或服务的目标客户中的知名度和影响力，从而进入新的目标市场。

捆绑销售还可以降低企业的营销费用和风险。企业的产品或服务通过捆绑销售，可以采用分担等方式共同承担营销费用，从而有效降低企业尤其是小企业的营销费用和推出新产品或新服务的风险。

捆绑销售确实给商家带来了好处，其实，很多时候也给消费者带来了实惠。但目前市场上的捆绑销售还不够大气，只能算是小打小闹，甚至是两种商品的简单叠加。如在手机市场上居然发现买手机可以送饼干，这些方式其实并未实现捆绑销售的最大价值。

如何少花钱、多办事，节省资金、降低成本、提高竞争力，是所有企业共同关心的话题，但要避免走向另一个极端，为了省钱，什么都绑，最终甚至引起消费者的反感。

捆绑销售，不是倾销，不是折价销售，更不是买一送三。我们应把它看成是一种集宣传、销售、促销等多种因素为一体的全新尝试，目的是节省资源、提高效率。合理的捆绑销售方式能给商家带来良好的销售效果。

她经济——女性消费顶起半边天

时代蔚蓝网站是由清华大学的三位博士和三位硕士建立的，最初想发展成专业的学术图书网站，但是“卖书太不挣钱了”。在两轮风险投资介入之后，时代蔚蓝的发展思路逐渐有了转变。

网站在经营过程中，出现了一个新趋势：开始面向女大学生卖化妆品。而这样的转变给网站带来了意想不到的收获，时代蔚蓝比以前赚钱多了。

数据显示，我国每年在校女大学生化妆品消费有20亿元。女大学生的消费潜力很大，除购买化妆品、饰品、服装外，她们还会为男朋友买东西，其市场很大，而且前景很好。

曾经有位女大学生发帖子，把自己购买的彩妆罗列出来，结果让人瞠目结舌，仅眼影一类就有100多盒。女性爱美，不管有没有消费能力，为了美丽也会不计成本。女性认为购买化妆品、服装、饰品可以让自己变美丽，有了这种心理之后，她们的消费能力是无可限量的。

2008年的一项统计数据显示，我国女性每年化妆品消费额高达80亿元，加上服装、珠宝、饰品、汽车等，女性消费市场很大。所以，“她经济”正受到越来越多人的关注。

经济学课堂

“她经济”是教育部2007年8月公布的171个汉语新词之一。其实，“她经济”早已引起了经济学家的注意。据调查，中国4.8亿的女性消费者中，有21%是单身女子，这一消费群体正迅速成为都市经济的新亮点。她们大多在20岁至35岁之间，大多受过高等教育，有一份不错的工作，薪水足够让自己不时地挥霍一下，所以不会为了经济压力而随便结婚，“她们更有花钱的激情和冲动，并且成为拉动时尚消费的绝对主力”。

“她经济”正扑面而来。据国内市场研究机构CTR的调查数据显示，大约每3位企业中高层管理者中就有一位是女性，每4位女性当中就有一位具有大专以上学历，每10位女性中，就有一位个人月收入在5000元以上。随着女性的社会地位、文化素质和消费能力的不断提高，女性群体已经成为中国市场上不可忽视的“她力量”。现代女性拥有更多的收入和更多的机会，她们崇尚“工作是为了更好地享受生活”，大多喜爱疯狂购物，以信用卡还贷，成为重要的消费群体。

“她经济”时代的女性展现出了更旺盛的消费需求和更强的消费能力。由于社会地位和经济地位的提高，女性的自我关爱程度也在不断提高，于是出现了以女性消费为核心的消费趋势的转变，所以越来越多的商家开始从女性的视角来确定自己的目标消费群。一些经济专家认为，女性经济的独立与自主、她们旺盛的消费需求与消费能力意味着一个新的经济增长点正在形成。

随着经济的发展，女性的消费方式已从满足温饱向提升和体现生活品质转变。消费范畴也从原有的食品、首饰、化妆品等扩展到汽车、旅游、商品房、奢侈品等领域。女性是绝对的主力消费群体，对于企业来讲，在她们中深藏商机。

经济学茶座

有人说：“女人是这个经济大开放社会的中心动力，是花蕊，如果没有‘她’，经济只是一堆残枝败叶。”在淘宝网公布的《2009～2010年度中国网购热门城市报告》中，服装类成为最为热卖的商品，尤其是女装，毫无悬念地成为网购消费十大城市热卖商品之首。在2009年5月1日至2010年5月1日期间，1万元的网购成交额中，有1217元是花在女装上的。

为此，越来越多的商家瞄上了女性这一强有力的目标市场。服饰、美容、保健、书刊、学堂……贴着女性标签的消费产品及服务越来越多，让人眼花缭乱。

时下，各地女子医院犹如雨后春笋般冒了出来，以女子医院为概念的新型医疗机构也遍地开花。对女人而言，治病不能仅仅靠各种药物和医学仪器，还要认识到女性尊严、心理因素、家庭和社会等因素对治疗疾病和保持女性健康美丽具有的重要作用。女子医院充分考虑到女性患者的特殊感受，除了一些诊疗服务由女医生进行外，还为会员建立了个人私密档案、提供VIP专用诊室和私人医生等，以便更好地为女性提供服务。

再比如女子银行，主要的服务和产品更适合女性的理财要求。女子银行有很多增值服务是特别针对女性的。女性银行与美容、购物、健身、家居、珠宝首饰等专业服务机构联手推出了专门针对女性审美、艺术和消费习惯的增值服务，包括为女性客户提供生活、服饰、仪容等建议和社交活动。

鉴于女性惊人的消费力，就连原本以男性顾客为主的汽车业、电脑业、金融服务业等，也开始积极争取女性客户。美国最大机车制造商哈雷公司在网页上增辟“女骑师专区”；古巴雪茄制造商哈伯纳斯在2010年也推出了专为女性打造的雪茄“朱丽叶塔”。

“她经济”这个说法非常贴切，在一个越来越讲究市场细分的时代，商家必然会更加重视女性这个消费群体，必然会花更多心思来研制、开发适合女性的新产品、新服务。

注意力经济——“美女经济”为何大行其道

古印度有个大财主叫摩诃密，他的7个女儿均有沉鱼落雁、闭月羞花的姿色。他将她们视若掌上明珠，每有宾客前来，必然让她们出来炫耀一番。

一天，一名来访的宾客突然对摩诃密说：“我是这里最有名的裁缝，听说您的女儿容貌绝色，但我发现，她们还没有我裁剪出的衣裳漂亮。”财主一听，不免怒火中烧。这时，裁缝说：“我们打个赌，我将制作出世界上最美丽的衣裳，您让她们到我的店里来试穿。假如大家都说您的女儿比我的衣服漂亮，那我就输给你500两白银，否则你就输给我500两白银，怎么样？”摩诃密一听，立即答应了。

第二天，摩诃密带着女儿们来到裁缝的店铺。女儿们穿上裁缝的衣服，周围顿时发出啧啧的赞叹声。在漂亮服装的装扮下，摩诃密的女儿显得异常美艳。于是，人人都夸摩诃密的女儿美貌绝伦，同时也赞叹裁缝的手艺巧妙精良。不过，当提到哪个更胜一筹时，大家一致认为摩诃密的女儿们更漂亮。得到了人们的肯定和500两白银，摩诃密非常高兴。奇怪的是，输了钱的裁缝似乎比他更高兴。

摩诃密很疑惑，便偷偷派人观察，结果发现，自从这次打赌后，裁缝店里就挤满了爱美的女子，人人都要购买裁缝的衣服。而裁缝所卖的衣服也从打赌那天开始，由1两白银变成了3两白银。

原来，裁缝利用了摩诃密贪财和好胜的心理，利用美女的“时装秀”，为自己的手艺做宣传。通过这样的手段，他成功地吸引了人们的注意力，增加了衣服的销售量。精明的摩诃密未能看到其中的陷阱，白白地为裁缝做了“垫脚石”。裁缝借助“美女效应”推动了自己的服装销售量，这就是注意力经济。

经济学课堂

最早正式提出“注意力经济”这一概念的是美国的迈克尔·戈德海伯，他于1997年在美国发表了一篇题为《注意力购买者》的文章。他在这篇文章中指出，目前有关信息经济的提法是不妥当的，因为按照经济学理论，信息经济研究的主要课题应该是如何利用稀缺资源。在谈到信息社会中的稀缺资源时，他认为，当今社会是一个信息极度丰富甚至泛滥的社会，信息非但不是稀缺资源，反而是过剩的。而相对于过剩的信息来说，只有一种资源是稀缺的，那就是人们的注意力。

所谓注意力，从心理学上看，就是指人们关注一个主题、一个事件、一种行为和多种信息的持久程度。

现代经济社会，在把注意力转化为经济价值的过程中，媒体既是注意力的主要拥有者，又是注意力价值的交换者，所以传媒经济就是以注意力为基础的经济。但在当今社会，吸引人们的注意力往往会形成一种商业价值，从而获得经济利益，因此，在经济上注意力往往会成为一种经济资源，而由这种注意力所形成的经济模式，就是注意力经济。进一步说，注意力经济是指最大限度地吸引用户或消费者的注意力，通过培养潜在的消费群体，以期获得最大的未来商业利益的经济模式。在这种经济状态中，最重要的资源既不是传统意义上的货币资本，也不是信息本身，而是大众的注意力。大众只有注意到某种产品，才有可能购买这种产品。而要吸引大众的注意力，重要的手段之一，就是视觉上的争夺。

经济学茶座

在现实的经济市场中，注意力经济很多时候体现为一种美女经济，即围绕美女资源所进行的财富创造和分配的经济活动，也就是利用美女吸引人们的注意力。在我国西汉时期，其实就已经有人懂得利用“美女效应”的积极作用了。

《史记》中记载了司马相如和卓文君的故事：

临邛首富卓王孙有个漂亮女儿，名叫卓文君。司马相如为卓文君弹了一首《凤求凰》，琴声打动了屏风背后的卓文君，她偷看司马相如后“心说而好之”。事后司马相如让侍者当红娘，与卓文君连夜私奔到成都。

卓文君与司马相如私奔后面临窘迫的生活，决定把车马卖掉，到临邛开酒店，文君当街卖酒。因为文君貌美，所以吸引了众多的人前来光顾。两人的生活也因为酒铺生意的兴旺而逐渐好转。

文君“当垆卖酒”的故事体现了注意力经济的效应。因为美貌而多才的卓文君在大庭广众下卖酒，所以吸引了更多的人前来买酒。如今，“美女经济”也是一种十分流行的商业模式。

美国一家著名汽车公司的调查表明，在车展中，如果有名车而无美女，那么观众停下观看的平均时间是2分钟；如果既有名车又有美女，那么观众停下观看的时间则是9分钟。也就是说，美女让观众对这种产品的关注增加了7分钟。而这短短的7分钟，可以为企业赢得不少商业机会和销售收入。

为什么商家会宠爱“美女经济”？因为美貌在这个世界上属于稀缺资源。就像一位经济学家说的那样，并不是每个人都天生丽质，因此，美貌就显得愈发珍贵。正是由于美貌具有稀缺性，所以人们才会将有限的目光投注到美貌上。利用这一点，厂商顺利地将人们的目光通过美女吸引到了自己的商品上。这就是注意力经济的一个显著特点。

能够吸引人们眼球，引起注意力的大都是稀缺性资源。在知识爆炸的后信息社会，注意力资源已经成为十分稀缺的经济资源，因此，不但注意力资源成了财富分配的重要砝码，经营注意力资源的产业如媒介、广告、体育、模特等也获得了迅猛发展，成了高利润的新兴产业。

注意力经济形成了一种新的商业环境和商业关系，它改变了市场的观念以及市场的价值分配，最明显的表现就是我们进入了一个品牌经济时代。在这样的环境下，商家更加注重公众的注意力和对长期顾客的维持，关系营销、事业营销、品牌教育等新概念也被引进。

另外，这种新的商业模式使得企业越来越注重客户价值以及客户关系的管理。而且，企业管理的内涵也在日益外部化，如企业引进了声誉管理和风险公关等新的理念。

广告经济——酒香也怕巷子深

经济学故事

以下是世界各地的一些趣味广告片段。

英国洗衣店老板威廉姆斯在报上刊登广告：“本店招聘身体肥胖而又想减肥的女工，从事繁重但报酬优厚的洗衣工作。凡愿减轻体重者，望从速前来洽谈。”

美国一家烟厂，用夸张的手法做广告：“我们的香烟是无与伦比的。我们做过这样的试验：把一盒香烟放进棺材，死人马上爬起来，抽出一支烟，见人就要点火。”

日本有一家钟表店推出了一款手表，店主的推销广告是：“这种手表走得不太准确，24小时会慢24小时，请君购买时要三思。”

有一个理发店在门前贴出的广告是：“别以为你丢了头发，应看做你赢得了面子。”

一家饭店门前立的广告牌上写着：“请到这里来用餐吧！否则你和我都将挨饿。”

一家美国报纸刊登了一则招聘广告：“招聘女秘书，长相像妙龄少女，思考像成年男子，处世像成熟女士，工作起来像一头驴子！”

英国乡村一家理发店，门前立着一块大木牌，上面写着：“先生们，我要你们的脑袋。”

美国洛杉矶一家妇女用品商店的一则广告写道：“您在这儿可以买到所需要的一切，除了丈夫以外。”

法国一家印刷公司的广告：“除了钞票，承印一切。”

经济学课堂

广告是厂商为了某种特定的需要，通过一定形式的媒体公开而广泛地向公众传递信息的宣传手段。广告是商品经济的产物，自从有了商品生产和交换，广告也就随之出现了。世界上最早的广告是通过声音传播的，叫口头广告，又称叫卖广告，这是最原始、最简单的广告形式。早在奴隶社会初期的古希腊，人们就通过叫卖贩卖奴隶、牲畜，公开宣传并吆喝有节奏的广告；古罗马大街上充满了商贩的叫卖声；古代商业高度发达的迦太基——地中海地区的贸易区，就曾以全城无数的叫卖声而闻名。17世纪西方资本主义迅猛发展，大规模的商业活动使得广告以更广泛的途径流行起来。现代，在商业活动中，广告更是起着举足轻重的作用。

广告之所以有这么大的威力，主要是因为它能把信息、资料传递给可能购买的顾客，激起他们的购买欲望。俗语说："酒香不怕巷子深。"但在现代商业社会，"酒香"仍要借助广告的宣传力量。商品只有凭借自身优质的服务和较高的质量，再加上大量的广告宣传，才能最终达到畅销的目的。

经济学茶座

在日常生活中，人们随处都能看到广告。打开电视机，铺天盖地的是电视广告；翻开报纸，迎面而来的是平面广告；走在大街上，充斥眼球的是各种立体广告……广告不仅已经和我们的日常生活形影不离，还为商家带来了相当可观的经济效益。

中央电视台是各企业广告宣传的"制高点"。据了解，2009年央视黄金资源广告招标总额达92.5627亿元，其中春节晚会独家冠名中标企业是郎酒集团，中标价格为7099万元；纳爱斯以总价3.05亿元中标2009年全年电视剧特约剧场；而春晚零点报时的广告标出4701万；和春晚相关的元宵晚会"我最喜爱的春晚节目评选"独家冠名则标出了7099万。

传媒行业也将广告收益作为收益的一个重要指标，而且往往是广告收益为这个行业的企业收益增加了筹码。

美国著名传媒杂志《Media Life》于2010年年底刊文对整个传媒行业的2011年进行预测和展望。对于电视行业来说，2011年将是得意扬扬的一年，电视网络广告收益将随着经济的复苏而增加，其中提到2010年对广电网络来说是一个丰收年。随着经济的复苏，广告商增加了其广告支出，所以电视节目将在传统广告支出领域获得更多的份额。2011年，尽管网络视频已经吸引了众多眼球，但是电视广告支出仍将继续上涨。

传媒行业的高广告收入说明了做广告的企业多，而且效果肯定是可观的，那么为什么我们不多花一些钱做广告呢？事实上，有时广告太多，而且人们无力购买，那么其广告就会引起人们的反感，此外，更重要的是经费问题。广告与宣传不一样，广告是要付钱的。在一个社会或一个地区内，在少数几家企业激烈竞争的情况下，如果一家企业增加了广告费，那么其他企业也会仿照增加，结果可能谁都没有得到预期的效果，而广告费却恶性膨胀，那样最终将是"多输"的结局。

更重要的是，钱花得多，并不一定就能保证广告的效果好，而且往往因为广告的大量支出，会导致企业出现资金周转问题，从而为企业的毁灭埋下祸根。

秦池酒曾经是家喻户晓的全国品牌，于1996年和1997年连续两年成为中央电视台的

“标王”。可谓“成也萧何，败也萧何”，广告给秦池酒带来了前所未有的收益，使秦池走上了超常规发展的道路，但巨额的广告费也为秦池酒的迅速覆亡埋下了祸根。

究竟花多少广告费才合适，我们现在只能从经济的角度用数学公式推导，还没有人能从社会的角度来衡量。

另外，广告有时也会产生一些不好的影响。例如，有些广告会夸大自身产品的作用，你花多少钱去夸，政府都不管，但夸的话不能有虚假的成分。世界上许多国家（包括我国）的政府机关都会对此行为进行惩罚。

第十二章　宏观经济

——逃不了的经济周期

总供给与总需求——从卖方市场到买方市场

经济学故事

在第二次世界大战刚刚结束的时候，日本经济濒临崩溃。当时一位德高望重的老僧突然一反常态，带头吃喝玩乐起来。这和战后萧条的气氛格格不入，而和他有德高僧的身份也极不相符。

但是，当时的著名作家、诺贝尔文学奖的获得者川端康成和日本其他的一些文化名流却对这位老僧的所作所为十分推崇。因为当时日本的很多人对生活失去了信心，老僧所做的事情就是鼓舞人们去享受人生，积极消费，这样才能重建家园。后来日本的经济发展证实了这一点。

经济学课堂

在经济萧条时，当总供给大于总需求的时候，也就是社会的需求远远小于社会的供给时，必须激发人们的消费欲望，扩大消费，以使经济复苏。老僧带头吃喝玩乐就是为了刺激人们的消费欲望，增加消费，让社会的总需求与总供给趋向平衡。

总供给与总需求是宏观经济学中的基本概念。总供给是经济社会的总产量（或总产出），描述了经济社会的基本资源用于生产时可能有的产量。总需求是经济社会对产品和劳务的需求总量。总需求由消费需求、投资需求、政府需求（政府支出）和国外需求（净出口）构成，其中国外需求由国际经济环境决定，而政府需求主要是一个政策变量，因此消费需求和投资需求是决定总需求的基本因素。

一般来说，总需求可分为以下4个部分：

1．消费需求：居民的日常消费。

2．投资需求：企业在投资和再投资过程中形成的商品和劳务需求。

3．政府支出：政府部门对商品和劳务的购买。

4．净出口：国外对本国商品和劳务的需求。

从长期来看，总供给量并不取决于物价总水平，而取决于经济体的资本、劳动以及用来把投入变为产出的生产技术。短期内，当物价水平背离了人们的预期时，由于错觉、黏性工资或黏性价格的作用，供给量就背离了由各类生产要素所决定的自然水平。当物价高于预期时，供给量就高于其自然水平，当物价水平低于预期水平时，供给量就低于其自然水平。

当总需求的非价格决定因素发生变化时，总需求曲线就会发生位移。从宏观经济角度看，造成总需求曲线位移的主要因素有消费需求、投资需求、政府支出、净出口。

在现代社会中，如果社会总需求大于社会总供给，意味着市场处于供求的紧张状态，会出现物价上涨和社会不稳定；如果社会总需求小于社会总供给，意味着市场处于疲软状态，会引起失业率上升和经济萧条。一般政府会通过经济手段和行政手段进行调节，使社会总供求保持基本均衡。

经济学茶座

2007年，在中国物价水平开始走高时，著名的宏观经济学家宋国青做了一项研究，指出了总需求和经济增长之间的微妙关系。

从2007年10月已公布的数据推测，剔除肉类价格猛烈上升这个特殊因素后，经过调整后的总需求环比增长率在三季度下降到比较合适的水平。

2007年7～8月的工业生产水平相当低，剔除肉价后，主要价格指数的环比增长率都有所趋缓，9月维持这样的情况。从环比增长的意义上说，二季度的总需求在“发高烧”，三季度已经显著“降温”。除了肉类价格大幅度上升引起消费支出被动增长外，总需求增长率大幅度波动的主要原因是货物贸易顺差的波动。

这表明了：第一，总需求旺盛是导致物价上涨、通货膨胀的主要原因；第二，总需求受到进出口因素的影响。

过高的社会总需求往往是导致经济过热的原因。如果社会总需求超过总供给，则对商品的需求往往通过资源的过度消耗来得到满足，比如通过就业职工额外轮班或超出推荐工作时间使用机器的方式来实现。这种类型的生产被认为是不可持续的，因为过度的消耗不能长期持续。

当社会的总需求与总供给达到均衡或者接近均衡时，经济运行状况往往趋向安全和平稳。当总供给与总需求相等时，经济处于均衡状态。在均衡点处，决定总需求的产品市场和货币市场以及决定总供给的劳动市场同时处于均衡。此时，由产品和货币市场均衡决定的总需求恰好使劳动市场均衡决定的就业量所生产出来的产品完全实现平衡。

如果总供给与总需求不平衡，市场价格就会脱离市场价值而偏向某个方面，这就不能反映社会需求的实际情况，经济难以正常运行。在总供给与总需求的矛盾中，应该把调控总需求作为重点。总需求大于总供给是由超国民收入分配造成的，即国民收入在货币价值形态上的分配超过了国民收入的实际生产额，在这种情况下，就表现为通货膨胀。因此，控制超国民收入分配，保持社会总供给与总需求的基本平衡，是宏观经济调控的首要任务。

节俭悖论——越节俭反而越萧条

经济学故事

18世纪初，一个名叫曼德维尔的荷兰医生写了《蜜蜂的寓言》，讲述了一个蜜蜂王国的兴衰史。

最初，一群蜜蜂为了追求奢侈的生活，大肆挥霍，结果这个蜂群很快兴旺发达起来。后来它们放弃了奢侈的生活，崇尚节俭，却最终被对手打败而逃散。

这本书的副标题是“私人的罪过，公众的利益”，意思是浪费是“私人的罪过”，但可以刺激经济，成为“公众的利益”。这部作品在当时被法庭判为“有碍公众视听的败类作品”，但200多年后，英国经济学家凯恩斯从中受到启发，提出了“节俭悖论”。

经济学课堂

在西方经济史上，节俭悖论曾经使许多经济学家倍感困惑，但经济学家凯恩斯从故事中看到了消费对经济发展的积极作用。

众所周知，节俭是一种美德，但为什么还会产生这个悖论呢？从理论上讲，节俭是个人积累财富最常用的方式。以个体而言，如果某人勤俭持家，减少消费，增加储蓄，往往可以致富。然而，凯恩斯却认为，节俭对于经济增长并没有多大好处。实际上，这里蕴涵着一个矛盾：公众节俭，往往会导致社会收入的减少。

因为人们的收入通常有两种用途——消费和储蓄，而消费与储蓄呈反方向变动，即消费增加储蓄就会减少，消费减少储蓄就会增加。所以，储蓄与国民收入呈现反方向变动，储蓄增加国民收入就减少，储蓄减少国民收入就增加。根据这一原理，增加消费减少储蓄会引起国民收入增加，促进经济繁荣；反之，就会导致经济萧条。由此可以得出一个蕴涵逻辑矛盾的推论：节制消费会增加个人财富，对个人是件好事，但会减少国民收入引起经济萧条，对国民经济却是件坏事。

储蓄可以为个人致富铺平道路，然而如果整个国家加大储蓄，将使整个社会陷入萧条。凯恩斯曾形象地说，如果“你们储蓄五先令，将会使一个人失业一天”。按照他的观点，在资源没有得到充分运用、经济没有达到潜在产出的情况下，只有每个人都尽可能多消费，整个经济才能走出低谷，迈向繁荣的阶段。凯恩斯的解释后来发展成为凯恩斯定理，即需求会创造自己的供给，某个国家在一定条件下，可以通过刺激消费、拉动总需求来达到促进经济发展和提高国民收入的目的。

任何经济理论都是以一定的条件为前提的。凯恩斯针对20世纪30年代世界性的经济大危机提出了有效需求不足的理论。他认为，只有增加有效需求，即居民增加消费，减少储蓄，才能使国民经济恢复增长。在这种情况下，节俭悖论还是有道理的。

经济学茶座

我国经济发展的一个突出特点就是储蓄率过高而消费率过低。因此，正确理解节俭悖论，有助于提高我们对高储蓄可能带来的不良后果的认识。居民消费需求不足，从而造成大量商品过剩，企业赢利不足，失业人员增加，经济增长受到影响。

明白节俭悖论的内涵，对于我国这样一个崇尚节俭的社会具有积极的意义，我们应该根据自身的收入水平适当消费，而不是一味节俭，这样对自身、对社会都具有积极作用。但是，节俭悖论并不是要求我们选择一种奢侈的消费方式，我国是一个人口众多的国家，自然资源尤其是能源非常紧缺，所以理性的做法是“有选择地消费”，而不是一味地、不分情况地消费。

需要注意的是，节俭悖论倡导的消费是一种积极理性的消费，而不是盲目、无限制的消费。2007年夏，起源于美国，席卷全球的金融危机就是由人性的贪婪和过度非理性消费引发的。有这样一段看似矛盾的话，对节俭悖论作了最好的解读：

“这是你的错，至少一部分是。作为一个美国消费者，你花了太多钱。你买了太多或太大的房子，背了太多债务，没有量入为出。你大手大脚的生活方式是造成自大萧条以来最严重的金融危机的原因之一。

“现在，你必须为结束这场危机尽自己的一份力。如何做到呢？通过消费。你们中的很多人突然间开始节俭起来，还是趁早歇歇吧。国会和奥巴马总统即将给你寄一张退税支票，鼓励你去消费以刺激经济。所以，出去花钱吧，国家的未来全指望你的消费了。”

过度的消费导致金融危机的爆发，适度的消费可以促使经济回暖。我们必须明白，过度的节俭和盲目的消费都是不正确的。

凯恩斯主义——政府干预解决市场问题

经济学故事

约翰·梅纳德·凯恩斯担任过大学司库和剑桥大学学监、政府官员和顾问等，同时还是一位著名的经济学家和富有的投资者。

凯恩斯原是一个自由贸易论者，直至20世纪20年代末仍信奉传统的自由贸易理论，认为保护主义对于国内的经济繁荣与就业增长全无益处。甚至1929年同瑞典经济学家俄林就德国赔款问题论战时，还坚持国际收支差额会通过国内外物价水平的变动，自动恢复平衡。1936年其代表作《就业、利息和货币通论》出版时，凯恩斯一反过去的立场，转而强调贸易差额对国民收入的影响，相信保护政策如能带来贸易顺差，必将有利于提高投资水平和扩大就业，最终促进经济繁荣。

《就业、利益和货币通论》的出版，立即在大危机后的西方世界引起轰动。西方学者对此评论道：“凯恩斯是在致命危机威胁资本主义世界时挽救和巩固了这个社会。”有的学者把凯恩斯的理论比做“与哥白尼在天文学上、达尔文在生物学上、爱因斯坦在物理学上一样的革命”。

经济学课堂

一般来说，引起20世纪30年代大危机的原因是总需求不足，用凯恩斯的话来说，就是有效需求不足。通货膨胀、失业、经济周期都是由总需求的变动引起的，当总需求不足时就会出现失业与衰退，当总需求过大时就会出现通货膨胀与扩张。

在总需求不足时，凯恩斯主张国家采用扩张性财政政策（增加政府各种支出和减税）与货币政策（增加货币供给量、降低利率）来刺激总需求；在总需求过大时，凯恩斯主张政府采用紧缩性财政政策（减少政府各种支出和增税）与货币政策（减少货币量、提高利率）来抑制总需求。这样就可以实现既无通货膨胀又无失业的经济稳定。

凯恩斯主义肯定了政府干预在稳定经济方面的重要作用。正如战后各国政府在对经济的宏观调控中尽管犯过一些错误，但总体上还是起到了稳定经济的作用。战后经济周期性波动程度比战前小，而且没有出现30年代那样的大萧条就充分证明了这一点。

自20世纪40至50年代以来，凯恩斯的理论得到进一步的发展，经过不断完善和系统化，构成了凯恩斯宏观经济学的完整体系。这些发展主要体现在希克斯和汉森同时创建的“IS−LM1模型”、莫迪利阿尼提出的“生命周期假说”、弗里德曼提出的“永久收入说”、托宾对投资理论的发展、索罗等人对经济增长理论的发展以及克莱因等人对宏观经济计量模型的发展。

经济学茶座

古典经济学认为，凡是在市场经济机制作用下，依靠市场能够实现更高效率的事，都不应该让政府来做。国家机构仅仅执行一些必不可少的重要任务，如保护私人财产不被侵犯等，但从不直接插手经济运行。

然而，1929～1933年爆发的世界性经济危机促使凯恩斯主义诞生。在大萧条的历史条件下，以凯恩斯为代表的一批经济学家主张推行赤字财政政策，扩大总需求，以克服经济危机，减少失业。20世纪40年代，凯恩斯主义风靡西方资本主义世界。

第二次世界大战结束后，美国政府以凯恩斯主义理论为主要依据，运用财政政策和货币政策对经济进行大规模的干预，调节社会总需求，渐渐摆脱了经济危机。美国经济取得了20多年持续增长的势头，但也潜伏了国民经济失去平衡的危机。

20世纪60年代末，美国出现金融危机，标志着凯恩斯主义在美国的应用与演变由盛转衰。

GDP——衡量经济活动的尺度

经济学故事

网上流传着一则有关GDP的笑话：

一天，甲、乙两个青年饭后去散步，为了某个数学模型的证明，边走边争论了起来。正在难分高下的时候，突然发现前面的草地上有一堆狗屎。甲就对乙说，如果你能把它吃下去，我愿意出5000万。5000万的诱惑可真不小，吃还是不吃呢？乙掏出纸笔，进行了精确的数学计算，很快得出经济学上的最优解：吃！于是甲损失了5000万，当然，乙吃得也并不轻松。

两个人继续散步，突然又发现了一堆狗屎，这时候乙开始剧烈反胃，而甲也有点心疼刚才花掉的5000万。于是乙说，你把它吃下去，我也给你5000万。于是，不同的计算方法，相同的计算结果——吃！甲心满意足地收回了5000万，而乙似乎也找到了一点心理平衡。

突然，两人同时号啕大哭：闹了半天我们什么也没得到，却白白吃了两堆狗屎！他们怎么也想不通，只好去请他们的导师——一位著名的经济学泰斗作解释。

听了两位高徒的事，泰斗颤巍巍地举起一根手指头，无比激动地说："一个亿啊！一个亿啊！我亲爱的同学，感谢你们，你们仅仅吃了两堆狗屎，就为国家的GDP贡献了一个亿！"

吃狗屎能创造GDP，这是件可笑的事情，但在可笑之余，我们应该了解什么是GDP。

经济学课堂

"GDP"即英文"Gross Domestic Product"的缩写，也就是国内生产总值。通常对GDP的定义为：一定时期内（一个季度或一年），一个国家或地区的经济中所生产出的全部最终产品和提供劳务的市场价值的总值。

在经济学中，GDP常用来作为衡量该国或该地区经济发展综合水平通用的指标，这也是目前各个国家和地区常采用的衡量手段。GDP是宏观经济中最受关注的经济统计数字，因为它被认为是衡量国民经济发展情况最重要的一个指标。一般来说，国内生产总值有三种形态，即价值形态、收入形态和产品形态。从价值形态看，它是所有常住单位在一定时期内生产的全部货物和服务价值与同期投入的全部非固定资产货物和服务价值的差额，即所有常住单位的增加值之和；从收入形态看，它是所有常住单位在一定时期内直接创造的收入之和；从产品形态看，它是货物和服务最终使用减去进口货物和服务。总的来说，GDP反映的是国民经济各部门增加值的总额。

GDP的计算方式有以下几种：

1．生产法

生产法是从生产角度计算国内生产总值的一种方法。从国民经济各部门一定时期内生产和提供的产品和劳务的总价值中，扣除生产过程中投入的中间产品的价值，从而得到各部门的增加值，各部门增加值的总和就是国内生产总值。计算公式为：

总产出－中间投入＝增加值

GDP=各行业增加值之和

这个公式也可以表示为：

GDP＝Σ各产业部门的总产出－Σ各产业部门的中间消耗

2．收入法

收入法是指从生产过程中各生产要素创造收入的角度计算GDP的一种方法，即各常住单位的增加值等于劳动者报酬、固定资产折旧、生产税净额和营业盈余四项之和。这四项在投入和产出中也被称为最初投入价值，各常住单位增加值的总和就是GDP。计算公式为：

GDP＝Σ各产业部门劳动者报酬＋Σ各产业部门固定资产折旧＋Σ各产业部门生产税净额＋Σ各产业部门营业利润

3．支出法

支出法是指从最终使用的角度来计算GDP及其使用去向的一种方法。GDP的最终使用包括货物和服务的最终消费、资本形成总额和净出口三部分。计算公式为：

GDP＝最终消费＋资本形成总额＋净出口

总的来说，从生产角度，GDP等于各部门（包括第一产业、第二产业和第三产业）增加值之和；从收入角度，GDP等于固定资产折旧、劳动者报酬、生产税净额和营业盈余之和；从最终使用角度，GDP等于最终消费、资本形成总额和净出口之和。

经济学茶座

在过去的20多年里，中国是世界上经济增长最快的国家之一，但是，由于资源的浪费、生态的退化和环境污染的加剧，在很大程度上抵消了经济增长的成果。

一直以来，一些地方政府始终将GDP放在第一位，而忽视了环境保护。因为强调环保，许多工程就不能开工，就会影响GDP的增长。在“重发展、轻环保”思想的指导下，一些领导甚至要求环保部门为违法建设开“绿灯”。

为正确衡量我国的经济总量并正确引导经济增长方式，我国正在积极推行“绿色GDP”的计算方法。绿色GDP是指一个国家或地区在考虑了自然资源（主要包括土地、森林、矿产、水和海洋）与环境因素（包括生态环境、自然环境、人文环境等）影响之后经济活动的最终成果，即将经济活动中所付出的资源耗减成本和环境降级成本从GDP中予以扣除。改革现行的国民经济核算体系，对环境资源进行核算，从现行的GDP中扣除环境资源成本和对环境资源的保护服务费用，其结果才可称为“绿色GDP”。

“绿色GDP”用公式可以表示为：

绿色GDP=GDP总量－（环境资源成本+环境资源保护服务费用）

通过“绿色GDP”的试点，我们可以勾勒出一个日渐清晰的蓝本：民众有了舒适的生存空间，国家走上了可持续的良性发展道路。

滞胀——经济停滞与通货膨胀并存

经济学故事

1973年中东战争期间，石油输出国的石油斗争导致西方国家发生了严重的经济危机。

这次由石油危机引发的经济危机有一个突出的特点，就是这次危机造成了西方经济较长时间的“滞胀”：工业生产普遍持续大幅度下降，日本高达20.8%；大批企业破产，股票大跌，美、日等10国两年内资本超过百万美元的公司破产12万家以上，拥有50亿美元资产的富兰克林银行倒闭成为美国历史上最大的银行倒闭事件，股票价格下跌总额达5000亿美元；失业人数剧增，创战后最高纪录，所有资本主义国家失业人数在1975年月平均为1448万，美国1975年5月失业率为9.2%；物价上涨，国际贸易和国际收入逆差严重，危机期间物价指数的上升，英国为43.9%，日本为32.5%；发达资本主义国家国际贸易入超达203亿美元，国际收支逆差为392亿美元。

萧条过后，各国经济没有出现全面高涨，而是进入滞胀时期，经济发展速度相对停滞，通货膨胀和物价上涨严重，失业率居高不下。

经济学课堂

滞胀全称停滞性通货膨胀（Stagflation），又称萧条膨胀或膨胀衰退，在经济学特别是宏观经济学中，特指经济停滞（Stagnation）与高通货膨胀（Inflation）、失业以及不景气同时存在的经济现象。通俗地说，滞胀就是指物价上升，但经济停滞不前的现象，它是通货膨胀长期发展的结果。

长期以来，经济发展一般表现为：物价上涨时期经济繁荣、失业率较低或下降，而物价下跌时期经济衰退或萧条。西方经济学家据此认为，失业和通货膨胀不可能同时发生。但是，自20世纪60年代末、70年代初以来，西方各主要国家出现了经济停滞或衰退，大量失业和严重通货膨胀以及物价持续上涨同时发生的情况。后来，西方经济学家把这种经济现象称为滞胀。

滞胀包括两方面的内容：一方面是经济停滞，包括危机期间的生产下降和非危机期间的经济增长缓慢和波动，以及由此引起的大量失业；另一方面是持久的通货膨胀，以及由此引起的物价上涨。这两种现象并存，贯穿于资本主义再生产周期的各个阶段，并成为所有发达资本主义国家的共同经济现象。

经济学茶座

随着近年来经济全球化进程的加速，我们对于滞胀现象已经感到陌生了。回到20世纪70年代，看看美国和日本当初的成本推动型通胀是如何形成、如何解决以及产生了怎样的影响，对我们又有多少启示。

布雷顿森林体系的解体、美元贬值、石油危机是造成美国长达10年滞胀的主要原因。从1970年到1981年，美国年平均通货膨胀率达到10.46%，失业率一直居高不下，同时有效需求不足，形成典型的滞胀。财政政策和货币政策都失去作用，直到里根政府采取稳定货币供应、减轻税负、缩减开支等政策手段后，经济才在1983年迎来新一轮增长。

日本20世纪70年代的经济靠投资和出口拉动，于是日元被迫升值、外贸顺差扩大、外汇储备激增，从而引发对国土进行全方位开发，造成环境破坏和公害泛滥严重等问题。在石油危机的冲击下，日本的通胀率迅速抬升，CPI指数在1972年是4.9%，1973年达到11.7%，而1974年飙升至23.2%，政府采取了一系列紧缩政策，至1978年CPI指数才降到4%的正常水平。

日本1973年到1975年在经济结构调整和产业结构升级方面取得了明显进步，最终走出了经济困局。而这得益于政府投资的及时退出，给民间投资留出了空间，扩大供给、平抑通胀，转变了粗放式的经济增长方式，这给现在中国的发展提供了很好的借鉴。

我国近几年来基础能源和原材料价格不断上涨，使得企业的生产成本和人民的生活成本不断增加，在这种情况下，我们一定要警惕长期成本推动型通胀对财富的侵蚀。

经济周期——繁荣背后的隐忧

经济学故事

进入20世纪20年代后，美国出现了“柯立芝繁荣”。查德·斯蒂曼指出，“那是一个快乐的伟大时代。繁荣就像一场大爆炸：汽车大量生产，收音机大量生产”。

但到了1929年，10月29日却成为美国历史上最黑暗的一天。“黑色星期二”是股票市场崩盘的日子，“经济大萧条”也正式开始。

当时，美国大部分的股票价格暴跌，股票市场崩溃，很多人在一夜间丧失全部资产，引起了全国的经济大恐慌，大量工厂、银行因此倒闭，全国陷入经济困境。1931年美国工业生产总指数比1929年下降53.8%，重工业生产的缩减尤为严重。

而罗斯福新政在一定程度上减缓了经济危机对美国经济的严重破坏，促进了社会生产力的恢复。

从经济繁荣到经济萧条再到经济复苏，世界经济的发展经历了一轮又一轮的经济周期。

经济学课堂

经济周期，又称商业周期或商业循环，是指国民收入或总体经济活动扩张与紧缩的交替或周期性波动变化。这种波动以主要的宏观经济变量，如就业率、物价水平、总产量等普遍的扩张或收缩为基本特征。一般来说，一个完整的经济周期可以分为萧条、复苏、繁荣、衰退几个阶段，其中最主要的两个阶段是衰退阶段和扩张阶段。萧条，即经济活动收缩或向下的阶段；复苏，即由萧条转向繁荣的过渡阶段；繁荣，即经济活动扩张或向上的阶段（高涨）；衰退，即由繁荣转向萧条的过渡阶段（危机）。

经济周期一般有长短之分，主要的经济周期学说有如下几种：

库兹涅茨周期，一种长经济周期。1930年美国经济学家库兹涅茨提出的一种为期15～25年，平均长度为20年左右的经济周期。由于该周期主要是以建筑业的兴旺和衰落的周期性波动现象为标志，所以也被称为“建筑周期”。

朱格拉周期，是一种中周期。1862年法国医生、经济学家克里门特·朱格拉在

《论法国、英国和美国的商业危机以及发生周期》一书中首次提出市场经济存在9～10年的周期波动。这种中等长度的经济周期一般被称为“朱格拉周期”，也称“朱格拉中周期”。

基钦周期，是一种短周期，又叫“短波理论”。1923年美国的约瑟夫·基钦从厂商生产过多时就会形成存货，减少生产的现象出发，在《经济因素中的周期与倾向》中把这种2～4年的短期调整称之为“存货周期”，人们亦称之为“基钦周期”。

康德拉季耶夫周期，是一种长周期，是1926年俄国经济学家康德拉季耶夫提出的一种为期50～60年的经济周期。该周期理论认为，从18世纪后期以后，经历了三个长周期。第一个长周期从1789年到1849年，上升部分为25年，下降部分35年，共60年；第二个长周期从1849年到1896年，上升部分为24年，下降部分为23年，共47年；第三个长周期从1896年起，上升部分为24年，1920年以后进入下降期。

经济学茶座

经济周期既有破坏作用，又有自动调节作用。在经济衰退时期，一些企业破产，退出商海；一些企业亏损，陷入困境，努力寻求新的出路；一些企业顶住恶劣的环境，在逆境中站稳脚跟，并得以生存和发展。

对个人来说，经济周期可以通过很多渠道影响我们。例如，在产出上升时，找工作变得比较容易；在产出下滑时，找工作就会变得比较困难。而经济永远在繁荣和衰退之间循环，人们对于未来生活总是从乐观的高峰跌到失望的深渊，又可能在某种契机下雄心再起。

一般来说，经济周期的不同阶段有不同的影响：经济周期波动的扩张阶段，是宏观经济环境和市场环境日益活跃的时期。这时，市场需求旺盛，订货饱满，商品畅销，生产趋升，资金周转灵活，企业的供、产、销和人、财、物都比较好安排，这一阶段企业处于较为宽松有利的外部环境。经济周期波动的收缩阶段是宏观经济环境和市场环境日趋紧缩的时期。这时，市场需求疲软，订货不足，商品滞销，生产下降，资金周转不畅。企业在供、产、销和人、财、物方面都会遇到很多困难，企业处于较恶劣的外部环境中。

下图反映了我国改革开放30年经济周期的情况。

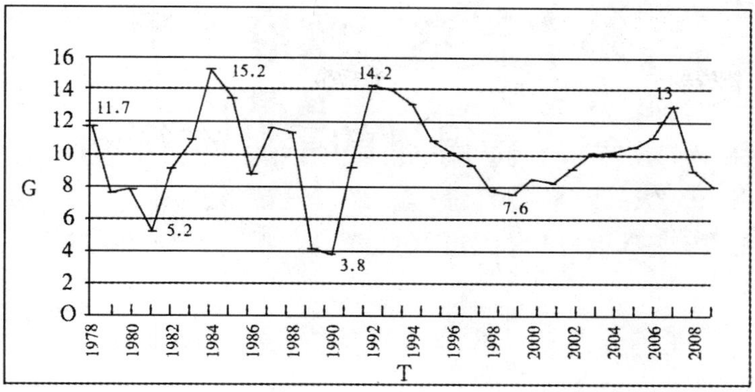

从1978年以来，我国经济增长率最高的波峰年分别是1978年（11.7%）、1984年（15.2%）、1992年（14.2%）和2007年（13%）；经济增长率最低的波谷年分别是1981年（5.2%）、1990年（3.8%）、1999年（7.6%）和2009年（假设2009年为本轮周期的波谷年，增长率为8%）。如果依据波峰年计算周期的长度，从1978年到2007年的29年间总共形成了3个经济周期，周期的平均长度为9.66年；若依据波谷年计算周期的长度，从1981年到2009年的28年间也形成了3个经济周期，周期的平均长度为9.33年。

从工业化到现在，世界经济呈现出具有规律性的周期变化已经历了5个长周期，即分别以“早期机械化”技术革命、“蒸汽动力和铁路”技术革命、“电力和重型工程”技术革命、“福特制和大生产”技术革命和“信息和通讯”技术革命为主导的世界经济周期。

作为市场经济中的一分子，对经济周期波动必须了解和把握，并应制定相应的对策来适应周期的波动，否则将在波动中丧失生存和发展的机会。在市场经济条件下，企业家们越来越多地关心经济形势，也就是“经济大气候”的变化。而作为政府部门，认识经济周期在市场经济中的运行规律和特征，有助于政府在制定扩张性或收缩性的经济政策时，增强预见性，避免滞后性。

第十三章　政府干预

——“看得见的手”在行动

“守夜人”——大社会，小政府

经济学故事

时下，广大农民工在外打工，最关心的莫过于关系到自己切身利益的社会保险费能否及时到位。关于这一点，让人们记忆犹新的是2009年的“开胸验肺”事件。

2004年6月，张海超到新密曲梁乡的郑州振东耐磨材料有限公司（下称振东公司）上班，先后从事杂工、破碎、开压力机等有害工种。工作3年多后，他感到身体不适，后被多家医院诊断为尘肺，但企业出于私利考虑拒绝为其提供相关资料。在向上级主管部门投诉多次后，张海超取得了做正式鉴定的机会，最终郑州职防所为其作出了“肺结核”的诊断。但最后这件事就止于此，张海超的情况未得到相关部门重视，病情也没得到及时的治疗。因为没有法律保障，张海超只能认命。

如今，民工工伤的问题引起了各级政府部门的注意，一些地方政府开始履行自己的职责。2009年，徐州市出台的《建筑业社会保障费管理暂行办法》规定：凡在市区从事建筑工程施工的建设单位和施工企业，要在开工前预交民工养老、医疗、工伤等5项社会保险费，否则不予发放施工许可证。

徐州市的这一规定就在于为社会和市场“守夜”，有利于从根本上解决农民工社会保险费不到位的问题。

经济学课堂

“守夜人”出自亚当·斯密的《原富》，其中亚当·斯密分章分节地论述了政府如何以“守夜”为天职。根据他的论述，政府的职能主要有三项：保护本国社会的安全，使之不受其他独立社会的暴行与侵略；使社会中任何人不受其他人的欺负或压迫，换言之，就是设立一个严正的司法行政机构；建立并维持某些公共机关和公共工程。

亚当·斯密容易被人误解的地方，是他被许多人看成一个喜欢“规范世界”的经济学家。他认为一个规范的政府应该恪守“守夜人”的角色，应该将政府职能限于国防、司法和某些公共设施。

古典经济学认为，没有政策就是好政策。古典经济学家也指出，个人的自利行为在市场机制这只“看不见的手”的调节下最终会为社会带来一定的利益，政府对自由经济的干预将导致错误的资源配置并减缓财富的增长速度。因此，社会经济事务最好不受国家权力干预，政府只应做个经济的“守夜人”。对于政府而言，“只有管得少，才能管得好”。

经济学茶座

在现实中，究竟什么样的政府才是最好的政府？如今，越来越多的地方政府开始设置行政服务中心，而有的县市干脆改名行政服务超市，它没有货架和商品，却有着和“超市”一样的柜台和窗口，提供的是与创业投资、居民工作和生活息息相关的行政许可和公共服务。

在计划经济条件下，政府的职责就是负责人、财、物的分配，而不是提供社会服务；政府组织是微观经济活动的组织领导者，而不是服务供应者；政府组织将市场中的企业和个人作为管制对象，而忽视为社会和民众服务的功能。这种管理模式使政府存在的正当性受到质疑，并导致官僚主义盛行、服务效率低下。

20世纪八九十年代，发达国家政府大都在进行政府职能变革，政府再造、政府革新已成为世界性潮流。美国纽约大学隆瓦斯教授有一句名言：“政府的职责是掌舵而不是划桨。”即提倡政府在宏观经济发展中掌好舵，而不去划桨，要鼓励和推动企业在市场中划桨的积极性，掌好舵而不划桨的政府才是明智的政府。

在市场经济条件下，政府有必要通过制约市场行为和规范市场秩序来维护市场竞争活动的公平、公正，降低市场经济活动的运行成本，提高效率。但政府的制约和规范不应成为政府部门维护自身利益的手段。政府设置过多、审批或检查项目过繁，会大大增加微观主体的市场运营成本和制度成本，这同深化市场取向改革的要求背道而驰。在现行经济体制下，应当进一步大幅度削减行政审批，减少行政干预的随意性，促进生产要素的流动，使各种生产要素在市场竞争中优胜劣汰，优化组合。

许多时候，政府运作的高成本与政府服务的低效率往往如影随形。通过行政管理体制改革，合理划分中央和地方经济、社会事务的管理责权，明确中央和地方对公共服务的管理责权，有利于降低政府管理成本，提高工作效率。

政事分开，是降低市场交易成本特别是信息成本的有效途径。积极发展独立公正、规范运作的专业化市场中介服务机构，按市场化原则规范和发展各类行业协会、商会等自律性组织，减少政府规制范围，也有利于降低行政成本。推动行政事业单位编制管理的法制化，严格控制行政事业编制规模，也是逐步降低政府行政成本的重要工作。

只有真正将政府该管的事管好，政府才是一个称职的“服务型”政府，才是市场经济中最好的“守夜人”。

公共物品——非排他性与非竞争性

经济学故事

早期英国灯塔设施的建造与管理是由私人提供的。由于海上航行经常出事故，为了满足航海者对灯塔服务的需要，一些临海人家出钱建了灯塔，然后根据过往船只的大小和次数向船只收费，以此作为维护灯塔的费用并获取一定的利润。

经营一段时间后，灯塔的建造者逐渐发现，过往的船只总是想方设法地逃避缴费。他们或者绕过灯塔行驶，或者以自己熟悉海路为名干脆拒绝缴费。建造者们只能增雇人手加强管理，但他们并没有执法权，就是真碰上不缴费的人，他们也无可奈何。而且，增雇人手加大了建造者们的成本，慢慢的，私人建造的灯塔就因建造者们的入不敷出关闭了。

可是，海上航行仍需要灯塔的指引，那么灯塔就只能由政府出面建设。这样一来，过往的船只从此不用再向政府缴费，他们可以免费使用灯塔资源。

这个故事说明，并不是所有的产品和服务都可由私人提供。政府和其他公共组织的重要职责之一，就是向民众供给一般不能或不能有效通过市场机制向企业和个人来提供的产品或服务——公共物品。

经济学课堂

经济学家认为公共物品具有非排他性和非竞争性。所谓非排他性，是指某人在消费一种公共物品时，不能排除其他人消费这一物品（不论他们是否付费），或者排除他人消费的成本很高。所谓非竞争性，是指某人对公共物品的消费并不会影响别人同时消费该产品及其从中获得的效用，即在给定的生产水平下，为另一个消费者提供这一物品所带来的边际成本为零。

一般来说，公共物品基本上可以分为三类：第一类是纯公共物品，即同时具有非排他性和非竞争性；第二类公共物品在消费上具有非竞争性，但可以较轻易地做到排他，有学者将这类物品形象地称为“俱乐部物品”；第三类公共物品与第二类物品刚好相反，即在消费上具有竞争性，但是却无法有效地排他，有学者将这类物品称为“共同资源或公共池塘资源物品”。

俱乐部物品和共同资源物品都是“准公共物品”，即不同时具备非排他性和非竞争性。准公共物品一般具有拥挤性的特点，即当消费者的数目增加到某一个数量后，就会出现边际成本为正的情况，而不像纯公共物品，一般情况下增加一个人的消费，边际成本仍旧为零。准公共物品到达“拥挤点”后，每增加一个人，将减少原有消费者的效用。

经济学茶座

生活中有很多纯公共物品的实例。比如，城市道路上的路灯便是由政府提供的公共物品。试想一下，假如有一天路灯坏了，政府不去维修，你会去维修吗？对大多数人来说答案是否定的。假如没有政府维修，多数路灯会保护坏的状态。

通常，纯公共物品都需要政府来提供，其中一个最典型的例子就是国防。对于一个国家来说，国家安全比任何东西都重要。但国防作为一种经济品，与面包等私人物品完全不一样。10块面包可以按人头分为许多份，而且一个人吃过的面包另一个人就不可能再吃。而国防一旦有人提供，就会对所有人产生同样的影响。无论是和平主义者还是好战分子，无论是老人还是青年，无论是目不识丁者还是饱学之士，都会享受到同样质量的国防服务。

现实中，政府应该如何提供纯公共物品呢？我们看以下例子：

美国一个小镇的居民喜欢在7月4日美国国庆日这天看烟火。这个小镇的企业家艾伦决定在这一天举行一场烟火表演，可以肯定艾伦会在卖门票时遇到麻烦。因为所有潜在的顾客都能想到，他们即使不买票也能看烟火。烟火没有排他性，人人都可以在不支付任何费用的情况下看到。

尽管私人市场不能提供小镇居民需要的烟火表演，但还是有办法解决问题的：当地政府可以赞助7月4日的烟火庆祝活动；镇委员会可以向当地的每个人增加2美元的税收，并用这一收入雇艾伦提供烟火表演，等等。

这就是政府通过财政支持的公共物品。提供公共物品是政府的首要职责，但在提供公共物品前也应关心提供公共物品所花费的成本和代价，以此合理地确定提供公共物品的规模。这就要求政府部门加强财政管理，提高财政支出效率，规范公共物品提供的决策程序。

哈定悲剧——追求个人利益最大化的悲剧

经济学故事

明朝文学家刘伯温的《郁离子》中有这样一个故事：

有一个官员瓠里子从吴地回故乡广东，准备乘坐官船。他到岸边后发现有1000多条船，不知哪条是官船。送行的人说，只要看船篷是旧的，船橹是断的，布帆是破的，那就是官船，于是照此话去找，果然很容易就找到了官船。他感叹地说："唉，现今的风气如此之坏，公家的东西竟遭到如此破坏。"

官船是最破烂的，城市公用设备是最容易破损的，公共场所的卫生是最令人头疼的……理性的经济人都知道，对公共物品而言，你不从中获益，他人也会从中获益，最后损失的是大家的利益。所以人们只期望从公共物品中获取利益，很少有人关心公共物品本身的结果，"公地悲剧"因此产生。

经济学课堂

"公地悲剧"最初由英国人哈定于1968年提出，又称哈定悲剧。哈定说："在共享公有物的社会中，每个人都追求各自的最大利益，这就是悲剧的所在。每个人都被锁定在一个迫使他在有限范围内无节制地增加牲畜的制度中，毁灭的是所有人都奔向的目的地。因为在信奉公有物自由的社会当中，每个人均追求自己的最大利益。而公有物自由给所有人带来了毁灭。"他提出了"公地悲剧"的模型：

一群牧民在共同的一块公共草场上放牧。其中，有一个牧民想多养一头牛，因为多养一头牛增加的收益大于其成本，是有利润的。虽然他明知草场上牛的数量已经很多，再增加牛的数目，将使草场的质量下降。但对他自己而言，增加一头牛是有利的，因为草场退化的代价可以由大家承担，于是他增加了一头牛。当然，聪明人并不止他一个，其他的牧民都认识到了这一点，所以都增加了一头牛。每个牧民都增加了一头牛，整个牧场多了很多头牛，结果过度放牧导致草场退化，牧场再也承受不了牛群，于是，牛群数目开始大量减少。所有牧民的如意算盘都落空了，大家都遭受了严重的损失。

这一悲剧的产生在于每个人都陷入了一个体系而不能自拔，这个体系迫使他们在一个有限的范围内无限地使用资源，集体毁灭成为大家不能逃脱的命运。

“公地悲剧”有许多的解决办法，哈定说：“我们可以将之卖掉，使之成为私有财产；也可以作为公共财产进行保留，但准许进入，这种准许可以以多种方式进行。”哈定同时还说：“这些意见均合理，也均有可反驳的地方，但是我们必须选择，否则我们就等于认同了公地的毁灭，我们只能在国家公园里回忆它们。”

哈定认为，像公共草地、人口过度增长这样的困境，没有技术的解决途径。所谓技术解决途径，是指仅在自然科学中的技术的变化，而很少要求或不要求人类价值或道德观念的转变。总的来说，防止公地悲剧有两种办法：一是制度上的约束，即建立中心化的权力机构，无论这种权力机构是公共的还是私人的——私人对公共地的拥有即处置便是在使用权力；二是道德约束，道德约束与非中心化的奖惩联系在一起，在实际中也许可以避免这种悲剧。在悲剧未发生前，应建立起一套价值观或者一个中心化的权力机构，这种权力机构可以通过提高成本或采取其他办法控制数量。

经济学茶座

20世纪80年代的中国有句俗话：“外国有个加拿大，中国有个大家拿，不拿白不拿，白拿谁不拿。”这种情况实际上就是“公地悲剧”的最好例子。

英国解决“公地悲剧”的办法是“圈地运动”。一些贵族通过暴力手段非法获得土地，并用围栏将公共用地圈起来，据为己有，这就是“圈地运动”。由于土地产权的私有化，拥有者对土地的管理更高效，为了长远利益，土地所有者会尽力保持草场的质量。同时，土地兼并后以户为单位的生产单元演化为大规模流水线生产，劳动效率大大提高。英国正是从“圈地运动”开始，逐渐发展起来的。

如今，我们当然不能再采用“圈地运动”来解决公地悲剧，但我们可以将“公地”作为公共财产保留，并准许进入。比如有两家石油或天然气生产商的油井钻到了同一片地下油田，两家都有提高自己的开采速度、抢先夺取更大份额的想法和能力。如果两家都这么做，那么过度开采实际上可能减少它们从这片油田收获的石油的数量。在实践中，两家公司都意识到了这个问题，达成分享产量的协议，使从一片油田的所有油井开采出来的总数量保持在适当的水平，这样也能达到双赢的目的。

有人认为，避免公地悲剧的发生，必须不断减少公地，但是，让公地完全消失也是不可能的。这就要求政府制定严格的制度约束，将管理的责任落实到具体的人，这样，在公地的人才会收敛自己的行为，才会在政府干预下合理“放牧”。

乘数效应——砸玻璃会促进经济发展

经济学故事

一日，某经济学家坐在桌前看书，妻子在擦窗户。小儿子非常顽皮，在街上玩的时候用石头扔妈妈，没想到一不小心，将妈妈刚擦好的玻璃打碎了。妻子非常生气，抓起孩子就要打。这时，经济学家突然说：“为什么要打孩子？他打碎一块玻璃，却能让装玻璃的工人有活干，能让玻璃厂多生产一块玻璃，可以增加国家的GDP啊。”妻子听了非常生气：“那我呢，我辛辛苦苦擦的玻璃就这样被打碎了，我岂不是白忙了？”经济学家答道：“本来你擦玻璃对GDP就没多大贡献，也没什么好难过的。”妻子听后十分不悦。

孩子打碎玻璃，可以促进经济发展，妻子擦玻璃却对经济没有任何贡献，这道理从何说起？按照经济学家的解释，家里的门窗玻璃被打破，的确是一种财产损失，但因过后要修理，于是家里就会增加开支，对社会经济构成需求，从而创造了新的GDP，刺激了经济，这就是“乘数效应”。而妻子的家务活动，因为没有影响收支，因此对GDP没有贡献。

经济学课堂

“乘数效应”也叫“凯恩斯乘数”，是指通过某项投资或消费带动相关产业的发展，从而促进经济的发展。具体来说，乘数效应是指在公共工程项目之后带来的消费水平和私人投资水平的上升。政府通过扩大国债发行规模，扩张财政支出，投资公共工程，可以发挥财政支出所产生的乘数效应，解决经济发展的资金短缺问题，增加就业，提高社会的消费需求。

乘数效应是宏观经济学里的一个概念，也是一种宏观经济控制手段，是指支出的变化导致经济总需求与其不成比例的变化。当政府投资或公共支出扩大、税收减少时，对国民收入有加倍扩大的作用，从而产生宏观经济的扩张效应；当政府投资或公共支出削减、税收增加时，对国民收入有加倍收缩的作用，从而产生宏观经济的紧缩效应。

例如，假设投资增加了100亿元，若这个增加导致国民收入增加300亿元，那么乘数就是3，如果所引起的国民收入增加量是400亿元，那么乘数就是4。

为什么乘数效应带来的乘数会大于1呢？比如某政府增加100亿元用来购买投资品，那么这100亿元就会以工资、利润、利息等形式流入此投资品的生产者手中，因此，国民收入增加了100亿元，而这100亿元就是投资增加所引起的国民收入的第一轮增加。随后，得到这些资本的人将开始第二轮投资、第三轮投资，经济的增长就会以大于1的乘数增长。

经济学茶座

如今，乘数效应已经广泛应用于各国的经济政策中。以北京奥运会为例，奥运对北京经济发展的乘数效应是不可忽视的。与奥运会直接或间接相关的产业有50多项，包括建筑、建材、信息产业、现代制造、服务业等。奥运因素的注入间接拉动这些产业的快速发展，对经济产生第一轮拉动；而这些行业的发展又需要其他与之密切相关的行业的支持，因而产生新一轮的经济拉动。如此循环，奥运投资的乘数效应拉动了国民经济的整体增长。奥运投资所引发的拉动效应所带动的投资和消费市场就是通常所说的"奥运蛋糕"，如果按照"大投资"额来计算，以1.9为乘数，据此算下来的"奥运蛋糕"将近有6000亿元。

乘数效应在管理中也有应用，管理者自然希望每一个决策都能实现乘数效应，即一种措施产生多重效果，但乘数效应并不是由某一个决策产生的，它包括一系列的措施，只有这些相应的配套措施都发挥了功效，乘数效应才可能产生。所谓的配套措施，是使当初措施的效果进一步发挥的配套措施，比如管理中的激励措施，单纯的激励不可能在没有激励的情况下继续发挥作用，必须要有相应的比如企业文化等配套措施才可以继续发挥作用。只有做好这些相应的措施，乘数效应才可能产生。

宏观调控——政府"有形的手"伸向何方

经济学故事

关注房地产市场的人在2010年最大的印象恐怕是政府对房地产的宏观调控政策。2010年，我国房地产调控呈现"三波"推进形态。第一波为以"国十一条"为代表的紧缩型调控，第二波为以"国十条"为代表的打压型调控，第三波为以"9·29"新政为代表的管制型调控。三波政策的程度不断升级，共同组成了这轮堪称史上最严厉的宏观调控。

从政策出台的机制分析，“国十一条”明显强调“压”，成为我国新一轮房地产紧缩政策的起点。“国十条”提出“坚决遏制部分城市房价过快上涨”，政策严厉程度再次升级。2010年9月29日，多部委新政出台，以巩固楼市调控成果为目的，“国十条”中“30%首付款”、“停发第三套及以上住房贷款”、“停发无证明非本地居民住房贷款”等政策被进一步强化，并推广至全国。同时新政还要求“房价过高、上涨过快、供应紧张的城市，要在一定时间内限定居民家庭购房套数”，掀起了我国房地产宏观调控的又一高潮。

经济学课堂

宏观调控就是国家运用法规、政策等手段，对经济运行状态和经济关系进行干预和调整，把微观经济活动纳入国民经济宏观发展的轨道，及时纠正经济运行中偏离宏观目标的倾向，以保证国民经济持续、快速、协调、健康发展。

经济学认为，宏观调控的手段和作用是通过制订计划（经济手段），指明经济发展的目标、任务、重点；通过制定法规（法律手段），规范经济活动参加者的行为；通过采取命令、指示、规定等行政措施（行政手段），直接、迅速地调整和管理经济活动，其最终目的是为了补救“看不见的手”在调节微观经济运行中的失效。在宏观调控时，如果政府的作用发挥不当，不遵循市场的规律，也会带来消极的后果。

在现代市场经济的发展中，市场是“看不见的手”，而政府是“看得见的手”。事实上，经济学家把宏观调控这个词理解为宏观经济政策。所以在实际应用上，宏观调控的含义正在慢慢改变。在市场经济环境下，长期引领西方经济的自由经济主义观念对政府的宏观调控不甚赞同。20世纪80年代，有的经济研究部门叫宏观调节部，表明在当时的经济形势下对宏观调节还有一点敬畏，后来慢慢改称“宏观调控”，这是因为政府对经济的控制有所加强。宏观调控由此演变成一个长期的宏观经济政策概念，在任何时候都存在。

经济学茶座

国家宏观调控的主要目标是促进经济增长，增加就业，稳定物价，保持国际收支平衡，一旦这些目标的实现受到阻碍，也就是国家宏观调控实施的时候。

美国金融风暴使中国经济增长放缓、出口减少、就业压力增大，在金融危机的背景下，政府作为人民的主心骨，其反应备受关注。在日趋严峻的经济形势下，我国政府采取了灵活审慎的宏观调控政策。

2008年11月5日，国务院常务会议终于确定总额度为4万亿的两年经济振兴计划。这项经济振兴计划主要包括实行积极的财政政策和适度宽松的货币政策，出台更加有力的扩大国内需求的措施，加快民生工程、基础设施、生态环境建设和灾后重建，提高城乡居民特别是低收入群体的收入水平。大致包含如下内容：

一是加快建设保障性安居工程。加大对廉租住房建设支持力度，加快棚户区改造，实施游牧民定居工程，扩大农村危房改造试点。

二是加快农村基础设施建设。加大农村沼气、饮水安全工程和农村公路建设力度，完善农村电网，加快南水北调等重大水利工程建设和病险水库除险加固，加强大型灌区节水改造。

三是加快铁路、公路和机场等重大基础设施建设。重点建设一批客运专线、煤运通道项目和西部干线铁路，完善高速公路网，安排中西部干线机场和支线机场建设，加快城市电网改造。

四是加快医疗卫生、文化教育事业发展。加强基层医疗卫生服务体系建设，加快中西部农村初中校舍改造，推进中西部地区特殊教育学校和乡镇综合文化站建设。

五是加强生态环境建设。加快城镇污水、垃圾处理设施建设和重点流域水污染防治，加强重点防护林和天然林资源保护工程建设，支持重点节能减排工程建设。

六是加快自主创新和结构调整。支持高技术产业化建设和产业技术进步，支持服务业发展。

七是加快地震灾区灾后重建的各项工作。

八是提高城乡居民收入。提高2009年粮食最低收购价格，提高农资综合直补、良种补贴、农机具补贴等标准，增加农民收入。提高低收入群体等社保对象待遇水平，增加城市和农村低保补助，继续提高企业退休人员基本养老金水平和优抚对象生活补助标准。

九是在全国所有地区、所有行业全面实施增值税转型改革，鼓励企业技术改造，减轻企业负担。

十是加大金融对经济增长的支持力度。取消对商业银行的信贷规模限制，合理扩大信贷规模，加大对重点工程、“三农”、中小企业的信贷支持，有针对性地培育和巩固消费信贷增长点。

这就是“4万亿一揽子计划”，要完成上述工程建设，当初预计到2010年底至少需要投资4万亿元。这项规模空前的财政刺激方案吸引了广大民众和国际上的眼光。

政府失灵——“守夜人”也会打盹

经济学故事

经济学家林毅夫表示，金融危机之所以发展成为全球性经济危机，与美国政府没有很好地处理2001年互联网泡沫有关。“当时泡沫破裂，美国经济就应该陷入衰退，但那次衰退很短。为什么那么短？因为美联储用降息来刺激房地产经济。”经过一年多的加息，美联储又大幅度减息，基准利率从3.5%降低到过去近50年来的最低点1%，由此造成美国房地产市场一度高度繁荣，“代价是房地产产生更大的泡沫，泡沫破灭以后就更难解决”。随着2006年年初美国房地产泡沫的破裂，次贷危机逐步显现，并愈演愈烈，最后成为影响全球的金融危机。

从某种角度来说，美国的金融危机也是“政府失灵”的表现。

经济学课堂

政府失灵是指政府的活动或干预措施缺乏效率，或者说政府做出了降低经济效率的决策或不能实施改善经济效率的决策。

1．政府决策失灵。第一，政府决策没有达到预期的社会公共目标；第二，政府决策虽然达到了预期的社会公共目标，但成本（包括直接成本和机会成本）大于受益；第三，政府决策已经达到了预期的社会目标，而且收益大于成本，但带来了严重的负面效应。

2．政府机构和公共预算的扩张。著名经济学家布坎南指出，由于政府官员也是个人利益最大化者，他们总希望不断扩大机构规模，以相应提高其机构的级别和个人待遇，结果导致资源配置效率低下，社会福利减少。

3．公共物品供给的低效率。由于缺乏竞争和追求利润的动机，利润的刺激作用变得非常虚幻，以至于在公共机构产生低效率（表示浪费资源的机会成本和以过度报偿给要素投入形式的租金转移的结合）。垄断使公众的群体效应失去作用，即使公共机构在低效率操作下运转也能生存，因为政府垄断公共物品的供应，消费者不可能通过选择另外的供应者以表示其不满，只能预期一种新制度的安排与供给。

4．政府的寻租活动。公共选择理论认为，一切由于行政权力干预市场经济活动造成不平等竞争环境而产生的收入都称为“租金”，而对这部分利益的寻求与窃取行为则称为“寻租活动”。如果政府行为主要限于保护个人人身与财产安全以及确保自愿签订的私人合同的实施，市场这只“看不见的手”将能保证市场中所出现的任何“租金”随各类企业的竞争性加入而消失。

经济学茶座

在现实生活中，与市场失灵相对应的，还存在着政府失灵。我们要理性考虑政府的介入，要制订合理的方案和得当的政策措施，防止“政府万能”的幻觉产生。

经济出现危机的时候，当然要充分发挥政府的调控作用，政府应当有所作为。但是不能把这理解为政府可以直接调控经济发展过程中的任何事情。

在具体的实践中，可以举两个例子从正反两方面论证，政府调控应符合市场经济的基本原则，使市场成为资源配置的基础机制，同时适当加大政府介入的力度，但要注意采用合理的介入方式。

2008年年初，西部一个省会城市的管理部门提出要把这个城市的牛肉面控制在2.5元一碗的价位上。经报道后，社会上出现了很多批评意见，而当地的物价部门非常委屈，说当地的老百姓习惯早上到街上吃一碗牛肉面，中午又吃牛肉面，晚上可能还吃牛肉面。这么重要的关系民生的事情，他们不管好怎么行？但如果真的把这样具体的管理方式操作下去，一定会使管理变形。因为在市场经济环境中，在所有的原材料、燃料、用工成本等都在上升的情况下，只控制产品终端售价，只会迫使生产者缺斤短两，以次充好。

而政府的调控也有发挥积极作用的情况。在西北某地，老百姓习惯吃米粉，当地的物价部门认为有必要介入这件事。于是，通过调查，政府公布了一碗标准量米粉的成本构成信息。信息的公布促进了生产方和消费方信息对称性的提高，消费者可以通过“投票”来选择提供者，这样促进了各个米粉生产者之间的良性竞争，达到了很好的效果。

以上两个例子告诉我们，政府调控的政策应以市场为前提。

第十四章　财政税收

——最正当的“劫富济贫”

财政政策——国家的钱要怎么花

经济学故事

2004年，《福布斯杂志》发表了一篇文章——《谁是20世纪美国最优秀的总统》在美国前总统里根去世后，这一原本没有定论的问题又再次成为美国人争论的焦点。最后被美国公众认为最会搞经济的克林顿荣膺此称号。

克林顿为何被评为20世纪美国最优秀的总统？原因是美国政府一向以财政赤字闻名，而克林顿时代赤字却转为盈余。

在克林顿入主白宫的8年里（1993～2001年），美国国内生产总值（GDP）的增长非常迅速，年均涨幅高达3.5%，高于吉米·卡特和里根两人在任时的水平，仅稍逊于肯尼迪和约翰逊时美国经济腾飞时的表现。而且在他的任期内，美国就业形势一片大好，新增加的就业机会远远多于除卡特之外的任何一位二战后的美国总统。此外，克林顿也很会抓住时机，他在美国人均收入涨幅停滞多年，刚刚出现上升势头的时候决定增税，使联邦政府的收入出现了大规模的盈余。最终，克林顿凭着一个最小规模的政府机构，实现了自约翰逊总统时期以来美国GDP最强劲的涨幅，也使美国政府自杜鲁门总统以来首次真正出现了财政盈余的局面。

经济学课堂

财政政策是指国家根据一定时期政治、经济、社会发展的任务而规定的财政工作的指导原则。在财政政策指导下，政府通过财政支出与税收政策来调节总需求。增加政府支出，可以刺激总需求，从而增加国民收入，反之则压抑总需求，减少国民收入。财政政策由国家制定，代表统治阶级的意志和利益，具有鲜明的阶级性，并受一定的社会生产力发展水平和相应的经济关系的制约。

不同的经济时期应采用不同的财政政策：经济萧条时期常常实行扩张性财政政策，以刺激社会总需求，加快经济复苏；经济高涨时期则实行紧缩性财政政策，以减少社会总需求，延缓经济危机的到来。

在现实中，很多经济处于上升状态的国家都需要消耗大量的财富，经常会出现入不敷出的局面，因此财政赤字似乎不可避免。不过，这也反映出财政赤字在一定限度内可以刺激经济增长。在居民消费不足的情况下，政府通常的做法就是加大政府投资以拉动经济增长，但是长期的财政赤字会给国民经济造成很大负担，不是长久之计。

国际上衡量财政赤字有两条警戒线标准：第一条警戒线是财政赤字占GDP的比重不能超过3%，一旦超过，就会出现财政风险。例如，我国GDP总量在2008年是30万亿人民币，30万亿的3%是9000亿。如果我国的赤字大于9000亿，就超出了警戒线。第二条警戒线是政府的财政赤字不能超出财政总支出的15%。政府的钱不够花，可以去借债，但不能借债太多，一国政府的财政赤字如果超出财政总支出的15%，就说明赤字太大了。

经济学茶座

1993～1997年间，为应对经济过热和通货膨胀，我国实施了适度从紧的财政政策，促使国民经济成功地实现“软着陆”，形成了“高增长、低通胀”的良好局面。

1998年，由于受到亚洲金融危机的影响，我国国内出现了有效需求不足和通货紧缩趋势明显的情况。在这种形势下，我国政府果断决定实施积极的财政政策，不仅有效抵御了亚洲金融危机的冲击，还推动了经济结构的调整和经济持续快速增长。

2004年以来，我国经济开始走出通货紧缩的阴影，呈现加速发展的态势。但也出现了部分行业和地区投资增长过快等问题，通胀压力不断加大。因此，我国政府从2005年起把积极的财政政策调整为稳健的财政政策。

2008年金融危机以前，我国宏观调控的重要任务是促进经济平稳较快发展，防止经济增长由偏快转向过热，防止物价由结构性增长转变为明显的通货膨胀，同时，着力优化经济结构和提高经济增长质量。因此，我国实行稳健的财政政策，控制财政支出，从而促进经济协调健康发展。

金融危机发生后，为了应对国际金融危机，保持经济平稳较快发展，政府对财政政策作出重大调整，从2008年11月起实行积极的财政政策。这是1998年亚洲经济危机后我国再次转向实施积极的财政政策。

2010年12月的中央经济会议确定了2011年的财政政策，虽继续实行积极的财政政策，但将大大淡化政府直接投资色彩，“积极”的内涵转为通过财政补贴，缩小社会贫富差距，提高居民收入，以支撑消费和内需增长。会议上指出，2011年要在减税让利上有所作为，通过贴息、政府基金等支持中小企业，激活民间资本，提高投资效率。

税收——越富的人交税越多

经济学故事

1994年，巴西队在捧回世界杯金杯的同时，据说也带回了17吨重的物品，装了五大卡车。

按照巴西税法，每位本国居民只要在国外购买价值500美元以上的商品就得缴纳关税。巴西足球队此次从国外带回的冰箱、彩电、录像机等物品，共须缴纳100万美元的关税。海关税官依法执法，不纳税就不放行，巴西足球队当时就炸开了，自恃功高的足球明星们威胁不参加盛大的庆祝游行，甚至有球星扬言要退回总统亲自授予的体育勋章……但是，铁面无私的海关税官仍毫不动摇。

事情最后闹得很大，总统甚至亲自出面要求海关放行，忠于法律和职责的税务局长无奈宣布辞职。视足球为生命的巴西人狂欢后开始清醒，就此事举行全国民意调查，结果有79%的人认为足球队员应该依法纳税。巴西政府后来也从善如流，在1994年7月22日改变以前的立场，决定对足球队征税。

经济学课堂

税收是国家为实现其职能，凭借政治权力，按照法律规定，通过税收工具强制地、无偿地取得财政收入的一种特定分配方式。税收与其他分配方式相比，具有强制性、无偿性和固定性的特征。

税收的重要功能就是调节收入差距，其原则是从富人那里多征一点，用于帮助低收入阶层的教育、医疗、市内交通等开支。一般采取的办法是累进税，即按照课税对象数额的大小，规定不同等级的税率。课税对象数额越大，税率越高；课税对象数额越小，税率越低。通俗地讲，就是收入越高，交的税就越多。

累进税率的形式有全额累进税率和超额累进税率：

1．全额累进税率

全额累进税率简称全累税率，即征税对象的全部额量都按其相应等级的累进税率计算征税率。全额累进税率实际上是按照征税对象数额大小分等级规定的一种差别比例税率，它的名义税率（税法上规定的税率）与实际税率（实际税额占征对象数额的比例）一般相等。

采用全额累进税率计算税款较为简便，但在两个等级的临界部分会出现税负增加不合理的情况。例如，甲年收入1000元，适用税率5%，乙年收入1001元，适用税率10%。甲应纳税额为50元，乙应纳税额为100.1元。乙取得的收入只比甲多1元，却要比甲多纳税50元，税负增加比例极不合理，而这个问题就要用超额累进税率来解决。

2．超额累进税率

超额累进税率简称超累税率，是把征税对象的数额划分为若干等级，对每个等级部分的数额分别规定相应税率，分别计算税额，各级税额之和为应纳税额。超累税率的“超”字，是指征税对象数额超过某一等级时，仅就超过部分，按高一级税率计算征税。如下表：

五级超额累进税率速算表

级数	所得额级距	税率%	速算扣除数
1	所得额在1000元以下（含1000元）	5	0
2	所得额在1000～2000元部分	10	50
3	所得额在2000～3000元部分	15	150
4	所得额在3000～4000元部分	20	300
5	所得额在4000～5000元部分	25	500

依照超累税率的定义计算所得额为2500元的应纳税额：

（1）1000元适用税率5%：

税额=1000元×5%=50（元）

（2）1000～2000元部分适用税率10%：

税额=（2000－1000）×10%=100（元）

（3）2000～3000元部分适用税率15%，2500元处于本级：

税额=（2500－2000）×15%=75（元）

（4）应纳税额=50+100+75=225（元）

很多时候，依照定义计算的方法过于复杂，特别是征税对象数额很大时，适用税率越多，计算就越复杂，实际操作中会出现许多困难。因此，在实际应用中，我们可以采用速算扣除数法：

应纳税额=用全额累进方法计算的税额－速算扣除数

公式中，全额累进方法计算时采用的税率，是征税对象全额在超累税率表所处等级的税率。

按全额累进方法计算的税额，比超额累进方法计算的税额要多出一定数目，这个多征的数是常数，即上面速算表中的“速算扣除数”（全额累进税率的应纳税额—超额累进税率的应纳税额）。

用速算扣除数法计算所得额为2500元的应纳税额：

（1）用全额累进法计算的税额为：

$$2500 \times 15\%=375（元）$$

（2）在速算表中找出所得额2500元时对应的速算扣除数为150元

（3）用速算扣除数法计算应纳税额为：

$$2500 \times 15\% - 150=225（元）$$

经济学茶座

一般认为，税收是调节社会收入分配的重要手段。中国社会科学院金融研究所的易宪容研究员认为，之所以会在短时间内出现众多巨富，关键在于民众的大量财富往往被轻易地转移到少数人手中，易宪容将其称为“掠夺式经济”。

以房地产业为例，开发商通常以低价从普通市民或农民手中购得土地，开发了之后再以超高的价格卖给消费者。通过这种掠夺式的方式，房地产业逐渐发展起来，并使大量的社会财富聚集到少数人的手中。

那么，从经济学的角度看，对富人征收累进税应不应该呢？完全应该。经济学上有一条税收原理叫支付能力原则，该原则认为，人们纳税的多少应该与他们的收入、财富或支付税收的能力相关联。简单地说，当一个社会的基尼系数突破了0.4（国际警戒标准）的警戒线时，其对应的收入分配格局就被认为是“不合适和不公正”的，政府就应该加大对富人的税收征管力度，以调节收入分配差距。

需要强调的是，对富人征收累进税，并非对他们不公平。因为即便不考虑掠夺的因素，富人之所以富，也是因为包括穷人在内的全社会与其共同合作的结果。比如白领、蓝领们的兢兢业业、加班加点，不正是老板们财源广进的基本前提吗？

此外，从长远的角度看，如果贫富差距能够被有效抑制，社会稳定得到了保证，富人将成为他们所交纳的累进税的最大受益者，因为他们避免了在社会失序的情况下遭受更大的损失。

总之，在中国目前的情况下，通过征收累进税来调节贫富差距是合理的，其社会结果是使所有的社会阶层从这一措施中受益。

税负转嫁——我们都是纳税人

经济学故事

2011年，关于国企的话题又掀起了高潮。这还得从《国务院国资委2009年回顾》发布说起，《国务院国资委2009年回顾》中有关“国企综合税负是私企平均值的5倍多”的论断引起了人们的广泛关注和讨论。对此，北京大学经济学院教授王志伟认为，央企的绝大部分税赋都转嫁给了消费者，而国资委相关人士则表示，这种说法是在偷换概念：“国家制定的税费标准无论对什么类型的企业都是一视同仁的，说哪个环节要消费者埋单，谁不埋单呀！在市场上买一桶油和一袋米，都是要记入成本的。”

想要弄清讨论的焦点，我们还得从税负转嫁说起。

经济学课堂

税负转嫁是指商品交换过程中，纳税人通过提高销售价格或压低购进价格的方法，将税负转嫁给购买者或供应者的一种经济现象。

以商场里的服装销售商为例。按照我国税法，商家是法定的纳税人，商家是要缴纳增值税的。然而，实际税收负担者往往是消费者——他们所承担的税款就包括在所购衣服的价格里，只不过在消费者的小票上没有标明而已。在经济学上，这种行为被称为税负转嫁。其实，我们打电话时交的话费、用电时交的电费等，里面都包含了税，只是在目前，我国给予消费者的收据上都未曾注明。

经济学认为，某种商品税额的分配由需求弹性和供给弹性共同确定。如果某种商品供给的价格弹性为零，那么销售税将全部由供方负担；如果商品需求的价格弹性为零，那么销售税将全部由需方负担。简单地说，谁的弹性小，谁负担的税额就大，谁的弹性大，谁承担的税额就小。

由此可以得出结论：供应弹性大、需求弹性小的商品的税负易于转嫁，供应弹性小、需求弹性大的商品的税负不易转嫁。商家一般不会一味考虑将销售税负转嫁给消费者，甚至，当税负转嫁与纳税人（比如商家）追求的利润目标发生冲突时，纳税人还可能自愿放弃税负转嫁。原因很简单，转嫁税负势必提高商品价格，进而影响商品销量。其中，纳税人进行权衡的一个重要标准就是上面所说的供求弹性。

税负转嫁有多种方式，包括前转、后转、混转、旁转、消转、税收资本化等，在此我们仅对其中几种举例简要说明。

1．前转

纳税人沿商品流转方向，以提高商品价格的方式将税负转嫁给消费者，称为前转。比如前面所举服装销售商的例子即是商家将税负转嫁给了消费者。

2．后转

与前转相反，纳税人逆着商品流转的方向，以压低购进商品价格的方式将税负转嫁给商品的提供者。比如，在零售端对营养补品征税时，零售商便压低进货价格向厂家购买，从而将税负后转给厂家。

3．混转

又叫散转，指纳税人将自己的税负分散转嫁给多方负担。严格地说，它是前转和后转等转嫁方式的结合。比如印染厂会将其税负的一部分用提高产品价格的办法转嫁给购货商，一部分用压低原料购进价格的办法转嫁给纺纱厂等。

经济学茶座

现实生活中，“只要消费，就会纳税”，因此我们每个人都是纳税人。曾有一份研究报告指出，在我国，假如1袋1公斤的盐价格为2元，其中就包含大约0.29元的增值税和大约0.03元的城建税；而每瓶3元的啤酒包含大约0.44元的增值税、0.12元的消费税和0.06元的城建税；如果花100元买一瓶化妆品，其中除14.53元的增值税外，还包含25.64元的消费税和4.02元的城建税；如果你吸烟，一包8元的烟，其中的消费税、增值税和城建税大约为4.70元；如果去餐馆吃饭，最后结账时不论多少，餐费的5.5%是营业税及城建税……总之，一个人只要生活在社会中，只要有购买行为，就免不了交税。

消费者经常是通过消费活动来纳税的，但是由于缴纳的税金隐藏在商品价格之中，纳税人不但不知道自己在消费活动中到底纳了多少税，有时候，甚至连自己是不是纳税人都不知道。如果要真正改变在商品税中消费者纳税被模糊的情况，就需要改变税制结构，但这并非一日之功。不过，如果在商品销售中给消费者的发票上能够注明哪些是商品本身的价格，哪些是税负，消费者就会清楚了解自己在消费中有多少支出是用于国家税收。这对于培养、普及整个社会的纳税意识是有好处的。

作为税负的最终承担者，可能许多人会为自己负担了商品增值税而愤愤不平，因为它的法定纳税人本应是商家。事实上，即使消费者不是完全负担税负，追求利润的商家也会将相当大的一部分税负推给消费者。

对此我们需要有一种正确的认识。税负转嫁是商品经济中一种正常的经济现象，在我国市场经济条件下是客观存在的。而且，经济学理论研究很早已证明，一旦税率确定，税额在商家和顾客之间的分配也将随之确定。也就是说，对卖一件衣服而言，税率确定后，商家承担多少税负，又转嫁给消费者多少税负，是确定的，并不会存在商家无限制地转嫁税负的情况。

拉弗曲线——税率太高会挫伤工作积极性

经济学故事

1980年1月，里根刚当上总统，其竞选班子特别安排了一些经济学家来为里根上课，让他学习一些治理国家必备的经济学知识。第一位给他上课的供给学派的经济学家就是拉弗。拉弗利用这个机会好好地向里根推销了他的关于税收的“拉弗曲线”理论。当拉弗说到“税率高于某一数值时，人们就不愿意工作”时，里根兴奋地站起来说：“对，就是这样。二次大战期间，我正在‘大钱币’公司当电影演员，当时的收入附加税高达90%。我们只要拍4部电影就达到这一税率范围，如果我们再拍第五部，那么第五部电影赚来的钱将有90%要交给国家，我们几乎赚不到钱。于是，拍完4部电影后我们就不工作了，去国外旅游。”

经济学课堂

正因为里根本人的经历与供给学派的理论非常契合，所以他主政后大力推行减税政策，从而使一开始并没有引起太多人关注的拉弗曲线理论登上了主流经济学的大雅之堂。

拉弗曲线就是表明税率与国家总税收之间关系的平面坐标曲线，其横轴是税率，纵轴是国家总税收，当税率从零开始上升时，国家总税收也随之上升；当税率上升到某一个数值时，即图中切点处国家总税收达到最高点，这一个点也被视为最优税率点；但如果税率继续升高，超过最优税率点，那么国家总税收将开始下降；当税率达到100%，即将经济人所得全部征为税收后，国家总税收将降为零。

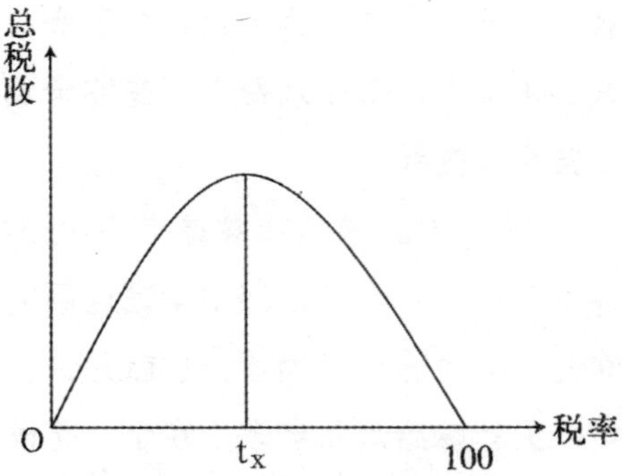

拉弗画这条线的意思是提醒政府：适时降低税率能够刺激生产，税收总额反倒会因为税率的降低而增加。如上图所示，这条曲线是两头向下的倒U形。当税率超过t_x（对应总税收为图中抛物顶点时），挫伤积极性的影响将大于收入影响，所以尽管税率被提高了，税收收入却开始下降。

经济学茶座

一般人认为，税率越高，对于相同数量的税基来说，能征收到的税收越多。比如对100元的收入征税，100元是税基，如果税率是5%，那么国家可以从中收取5元税收；如果将税率提高到10%，国家可以从中收取10元的税收，与原来相比，国库中多了5元钱。

但是，这仅在一定税率范围内成立，税率提高一旦突破某个限度，人们的工作积极性就会下降，主动纳税的热情不高，而偷税漏税的动机增强，由此导致国家能征到的税反而减少；如果国家进一步提高税率，企业将因为利润下降而出现投资积极性下降，甚至可能因为不堪重负而倒闭，从而使国家可能征到的税进一步减少。

但是，现如今，拉弗曲线理论却在实际应用中饱受争议。原因就在于，理论上拉弗曲线缺乏体系的完整性，它仅是解决“滞胀”的一种对策，具有一定的局限性，具体表现在以下几个方面：

第一，拉弗曲线的成立必须满足一定的前提条件，即必须满足完全竞争市场体系和封闭经济环境。然而，在现实经济中，这两个前提都不存在，因为完全竞争市场是一种理想的市场体系，在现实生活中难以实现。

第二，拉弗曲线描述的是长期经济条件下税率对税收和经济的影响。在短期，各项政策从制定到实施再到结果，具有一定的“时滞性”。正是这种“时滞性”，使短期税率与税收的函数关系表现为一条单调递增的曲线。

第三，拉弗曲线忽视了阶层分析方法，只注意收入与赋税的关系，而忽视了收入后面不同收入阶层的人群，把不同收入的人简单地抽象为“人们”。累进税分为超额累进税和全额累进税两种，各国一般采用超额累进所得税。累进税意味着，收入越多、征税的比例越大。低收入者并不负担高税率，因而不会受高累进税率的伤害。真正负担高税率的只是高收入者额外高的那部分收入，所以高税率只对这部分收入产生较大的副作用。

第四，拉弗曲线的工作观是功利的，不能完全解释人们努力工作的原因。高累进税率影响工作的结果可能有三种，一种是拉弗曲线所预言的，一些高收入者宁愿要更多的闲暇而不是更多的工作；一种情况是一些人会更努力工作，以赚更多的钱来弥补税收的损失；而对于那些欣赏自己的工作以及享受工作所带来的成就感的众多的医生、科学家、艺术家以及企业经理们，无论是为8万美元，还是为10万美元，都一样努力工作。

第五，拉弗曲线将个人收入全部视为劳动收入，而忽视了非劳动收入。根据拉弗曲线理论，边际税率越高，闲暇的代价就越小，因而旷工增加，加班减少，人们用于提高技术水平的时间也相对减少，因此，高边际税率妨碍人们的工作积极性，劳动生产率下降。随着个人所得税率的逐步增加，理性人将通过增加劳动时间来增加收入，直至工作极限；然后，增加闲暇时间，减少工作时间，个人收入也随之减少。因此，对劳动收入轻征税、对非劳动收入重征税，有助于鼓励劳动者的工作积极性。

因此，现实中，政府需要根据实际情况来判断和决策税率的高低，不能完全依靠拉弗曲线，否则将给社会经济带来不利的影响。

福利国家——高福利下的福利病

到过瑞士的人大多都会对瑞士的湖光山色以及居民的悠闲自在羡慕不已。由于有比较完善的社会福利制度，瑞士人上至政府官员下到黎民百姓，生活都很悠然舒适。

瑞士的社会福利制度相当完善，瑞士人一旦参加工作，雇主就必须为其建立社会保险账户，为他储蓄养老金。虽然近年来全球经济的不景气波及瑞士，但是这并不影响瑞士人“休息，是最重要的权利”这一座右铭。瑞士是极为重视员工福利的国家，作息时间均制度化，员工每年除一般假日外，还享有4～6周带薪休假（长短视年龄而不以年资定），每年年底还会加发第十三个月薪为年终奖金（试用期间按规定依照比例发给）。此外，雇主必须依规定负担员工第一及第二退休保险费，以及失业保险费、子女补助费、工作意外保险费、保险公司行政手续费等费用的半数（合计约为员工月薪毛额的13%～15%左右）。

长期以来，瑞士的教育、医疗和养老等一直都是由政府出资，而且大部分住房和保险对个人也都是免费的。

经济学课堂

英国经济学家庇古在其代表作《福利经济学》中把福利经济学的对象规定为对增进世界或一个国家经济福利的研究。庇古认为福利是对享受或满足的心理反应，福利有社会福利和经济福利之分，社会福利中只有能够用货币衡量的部分才是经济福利。

庇古根据边际效用基数论提出两个基本的福利命题：第一，国民收入总量愈大，社会经济福利就愈大；第二，国民收入分配愈是均等化，社会经济福利就愈大。

庇古认为，经济福利在相当大的程度上取决于国民收入的数量和国民收入在社会成员之间的分配情况。因此，要增加经济福利，在生产方面必须增大国民收入总量，在分配方面必须消除国民收入分配的不均等。

庇古从第一个基本福利命题出发，提出社会生产资源最优配置的问题。他认为，要增加国民收入，就必须增加社会产量。而要增加社会产量，就必须实现社会生产资源的最优配置。庇古认为，增加一个单位生产要素所获得的纯产品，从社会角度衡量和从个人角度衡量并不经常相等。当边际社会纯产品（社会每增加一个单位生产要素所增加的产品）大于边际私人纯产品（T商每增加一个单位生产要素所增加的产量）时，国家应通过补贴扩大生产；当边际社会纯产品小于边际私人纯产品时，国家就应通过征税缩小生产。只有每一生产要素在各种用途中的边际社会纯产品都相等时，才能达到社会生产资源的最优配置。庇古的福利经济学是以自由竞争为前提的，他认为自由竞争可以使边际社会纯产品等于边际私人纯产品，从而使社会经济福利最大化。

庇古从第二个基本福利命题出发，提出收入分配均等化的问题。他认为，要增大社会经济福利，必须实现收入均等化。他把边际效用递减规律推广到货币上，断言高收入者的货币边际效用小于低收入者的货币边际效用。他所说的收入均等化，就是国家通过累进所得税政策把向富人征的税款用来建设社会福利设施，让低收入者享用。庇古认为，通过实现“把富人的一部分钱转移给穷人”的收入均等化，可以使社会经济福利最大化。

经济学茶座

第二次世界大战以后，随着世界经济的不断发展和繁荣，生产的社会化程度进一步提高，特别是产业结构的大调整引发了人们社会观念的大变革，使社会保险在世界较大范围内实现了向国家化、全民化和福利化方面的转变。为达到更广泛的社会平等和更大程度的经济平等的目标，1948年英国宣布第一个建成福利国家。此后，瑞典、荷兰、挪威、法国、意大利等国也纷纷参照、执行了英国的全面福利计划，使社会保险制度在世界范围内得到发展。

当然，高福利必然伴随着高税收。法国是一个高福利国家，也是一个高税收国家，税收分别占财政收入的90%和国内生产总值的50%左右。个人所得税以家庭为纳税单位，具体征税对象的收入标准根据家庭人口数目确定，按照累进税率征收。凡家庭或主要居住地在法国、在法国从事主要职业活动，或在法国获得主要经济收入者，不论是否拥有法国国籍，均需按收入（包括在法国境外的收入）申报个人所得税。

北欧国家的社会福利制度持续发展了很多年，到今天已经非常完善。这种独具特色的高福利制度为他们的国民提供了“从摇篮到摇椅”的保障：免费的教育、高额的医疗补贴、完善的就业保障体系等。可以毫不夸张地说，这些国家的居民从生到死都可以高枕无忧。也正因如此，在20世纪90年代的经济危机出现后，“北欧模式”曾广遭诟病。

按照主流经济学的逻辑，“高福利养懒汉”，这似乎是基于懒惰的人性得出的“铁律”。经济学家们认为，高福利必定会增长人们的惰性，不利于激发国民的劳动积极性和创新动力；高福利靠高税收支撑，而高税收必定不利于国民经济私营部门的发展。

后来由于欧洲经济陷入困境，以英国撒切尔夫人为代表的部分国家开始转向自由市场经济，不断改革全民福利制度，在私有化大部分国企的同时，削减福利开支。近年来，西方许多国家纷纷采取措施，削减社会福利，这正是西方福利制度的改革过程。一位学者认为，西方福利改革历程，就是一个不断打破福利大锅饭的过程。

企业福利——工资之外的隐性收入

经济学故事

张娈在某市一家生产特殊材料的集团公司工作，公司属国有企业。公司待遇很好，每年年底都可以为她报销3500元的供暖费和2000元的物业费。

“我现在住的房子是单位的，也不用交暖气费和物业费。每到年底的时候，我都要为报销的发票犯愁，只能到处管朋友要。”张娈说。

张娈2009年大学毕业后到了现在的公司工作，基本工资并不高，每月只有2000多一点，能让她继续留在公司的原因，是工资之外的“福利”。

“除了住房不用自己花钱之外，平常的交通补助、防寒费、防暑费以及报销的供暖费和物业费都是不错的‘福利’。”说这话时，张娈很满意。

张娈还说：“满一年后，我就可以带薪休假，我计划和男朋友去美丽的西双版纳旅游。”

按照张娈提供的公司福利水平，粗略计算后会发现，张娈的月收入能达到5000元以上。

经济学课堂

企业福利就是企业给员工提供的用以改善其本人和家庭生活质量的，以非货币工资或延期支付形式为主的各种补充性报酬和服务。比如企业给员工提供的防暑降温用品、班车、免费旅游服务、福利房等。

一般来说，企业福利由法定福利和企业自主福利两部分组成。法定福利是国家通过立法强制实施的对员工的福利保护政策，主要包括社会保险和法定假期。企业自主福利，即企业为满足职工的生活和工作需要，自主建立的在工资收入和法定福利之外向雇员本人及其家属提供的一系列福利项目，包括企业补充性保险（如企业年金）、货币津贴、实物和服务等形式。

对于企业来说，各种企业福利项目在具有一定社会功能的同时，也成为企业吸引人才和留住人才的主要激励方式。现金和员工福利都是留住员工的有效手段，但是两者特点有所不同。尽管看得见、摸得着的现金可以对人才产生直接的冲击力，短时间内可以消除员工福利的差异化要求，但其非持久性的缺点导致其他企业可以用更高的薪水将人挖走。尤其对于资金实力不足的中小企业而言，如果仅仅靠现金激励，将很难避免人才的大量流失。而具有延期支付性质的员工福利，不但可以避免财力匮乏的尴尬，还可以很好地留住人才，成为减缓企业劳动力流动的“金手铐”。

经济学茶座

对于员工来说，医疗保险、养老保险、工伤保险等法定福利项目可以使员工生病得到医治、年老能有依靠、遭受工伤后获得赔偿等，从生理上满足了员工的需要。而企业自主福利更多的是满足员工在情感上的需要，例如企业提供的带薪休假福利，能够更好地缓解员工的工作压力，让他们有更多时间陪伴家人，从而满足人们在亲情方面的需要；企业举办的各种集体出游活动、公司宴会活动等可以使员工在工作之外有更多的接触机会，增进员工之间的了解，融洽公司内部成员间的关系，也有助于人们获得情感上的满足。这些举动都可以让员工感觉到企业和自己不仅仅是一种单纯的经济契约关系，而带有类似家庭关系的感情成分，这无疑有助于改善员工的工作环境。

在坚持货币工资仍然占员工收入较大比例的情况下，大多数企业都想方设法地根据本行业、本企业以及员工的需要来设计和执行多种多样的福利项目，各种不同类型的福利项目超过1000种。在我国改革开放初期，许多外资企业到中国开展经营的时候采取的是高工资、无住房的报酬政策，但是后来它们渐渐发现，尽管公司支付的货币工资很高，但是在没有住房的情况下，优秀员工的流动率仍然非常高，因此许多公司后来纷纷建立了自己的住房资助计划，以留住人才。

不过，在总的报酬成本一定的情况下，企业的福利和工资之间是一种相互替代的关系，两种报酬形式都存在所谓的边际收益递减的问题，所以企业的福利与工资之间的比例应当保持在一个合理的限度上，否则，在市场经济中，即使是一个产权明晰的企业，也会导致“福利病”的出现。

在大多数情况下，员工对于福利的消费方式几乎没有选择余地，因此福利成分过大，实际上会降低相同的总报酬对于劳动者的实际效用水平。福利大多采取平均主义的发放方式，容易导致平均化问题的出现，从而弱化工资的激励作用。可以说，福利水平过高，往往会把一些不喜欢承担风险的人留在企业中，而这些人的工作效率通常比那些愿意承担风险的员工要低。

无谓损失——税收造成社会总福利减少

北宋时期的郑侠是一个地位卑微的京城守门小官员，因为斗胆向皇帝说了实“画”，反映百姓疾苦，反对王安石变法，而名载史册。

当时免役法颁布，市民商贩叫苦不迭。即便是做些挑水、理发、卖粥、卖菜的小买卖，也必须交税，否则便不能营业。而索要的大额征税手续费，有的甚至超过了正税，商人中甚至出现了以死抗争的现象。郑侠通过王安石的门客黎东美向王安石一一陈述现状和建议，其建议得到部分采纳：做小买卖的不征税，商人征税太重的，减免十分之七。

自熙宁六年七月至第二年三月，一直不下雨，农田多半颗粒无收，百姓无以为生，条件好一点的，买麦麸掺米煮着吃，差的则吃草根、树皮，有的还要被戴上刑具背瓦抬木头，以偿还官府青苗法所贷本息。

郑侠看到这悲惨的一幕幕，便画了幅流民图，附在奏疏后面。宋神宗对着流民图反复观看，长吁短叹，于第二天下令，开封府发放免行钱，三司使调查市易法，司农发放仓粮，诸路上报百姓流散原因，青苗、免役法的本息暂停追索，方田、保甲法一并免除。此次共采取了十八条措施，民间欢呼相贺。

经济学课堂

经济学家们大都相信，税收会造成社会总经济福利的减少，过高的税率带给政府的很可能不是税收增加的美好前景。由于政府的税收政策而扭曲激励（或称导向），从而引起的损失在经济学上被称为无谓损失。

经济学认为，政府向某一产品征税，不管这项税收是向生产者征收还是向消费者征收，最后都是由生产者和消费者共同分担，税收在买者支付的价格和卖者得到的价格之间打入了一个“楔子”。由于这个楔子，征税产品的销售量将低于没有税收时应达到的水平，也就是说，市场规模收缩了。由于市场规模收缩，所以生产者和消费者受到的福利损失之和往往大于政府得到的税收。

为什么会出现社会总福利减少这样的无谓损失？因为，人们会对各种激励做出理性的反应。例如，税收会影响人们做出决策。如果政府对小麦征税，人们就会少吃小麦而多吃大米；如果政府对住房征税，人们就会选择住较小的房子并把更多的收入用于其他事情；如果政府对劳动收入征税，人们就会少工作而多享受闲暇。由于税收扭曲了激励，所以引起无谓损失。

经济学茶座

许多年前，某杂志曾发表一篇文章报道了税费和各种繁杂的手续对人们购车积极性的打击。这篇文章引述了销售人员所做的一个自然人贷款购车的详细报价：车价97800元，首付10%，分期5年，月还款1514元，车损保险1414元，第三者责任险1170元，盗抢险978元，自燃险392元，贷款额78240元，购置税8359元，验车500元，保证保险金1721元，管理费4900元，其他20元，首付合计29234元。

该文报道的收费项目，只是购车环节支付费用的一部分。购买一辆小汽车还要交纳停车泊位证明费、车船使用税……还有一笔费用是汽车生产厂家代消费者交纳的——3%～8%的消费税。

而汽车厂家也有税费的苦衷，一个汽车厂家要负担17%的增值税，轿车成为国内税率最高的机电产品。高税费使汽车的购买价格和使用价格居高不下，市场中巨大的潜在需求难以转化为有效需求，人们空怀开上自己的车的强烈欲望却难以圆梦。

税收就像一个楔子，无论它如何打入，都将提高买者价格，使他们的消费减少。同时，税收降低了卖者利润，使他们的生产减少。换句话说，就是需求少了，供给也少了，而且税收还会导致边际买者和卖者离开市场。由于这些行为，市场规模将缩小到最优水平之下。供给和需求的弹性衡量买者和卖者对价格变动的反应程度，从而决定了税收会使市场有多大变动。供给和需求的弹性越大，税收的无谓损失也越大。

当然，我们说税收会带来无谓损失，绝不意味着主张取消税收。税收不仅是维持国家机器运转的必要动力，而且是通过再分配保持社会公平的主要手段。但税收不是收得越多越好，税收过重，会使企业缺乏生产经营的动力，使消费者缺少消费积极性，从而导致整个经济收缩，因此，适度减税是刺激经济的重要手段。

社会保障——老有所养，病有所医

这是发生在英国的一个真实故事：

有位老人无儿无女，孤身一人又体弱多病，于是，他决定搬到养老院去住。老人所住的房子用不上了，因此他宣布出售自己漂亮的住宅，购买者闻讯蜂拥而至。住宅底价8万英镑，但人们很快就将它炒到了10万英镑，价钱还在不断攀升。老人满脸忧郁，要不是身体状况不好，他是不会卖掉这栋陪他度过大半生的住宅的。

不久，一个衣着朴素的青年来到老人面前，弯下腰，低声说："先生，我也很想买这栋住宅，可我只有1万英镑。不过，如果您把它卖给我，我保证会让您依旧生活在这里，和我一起喝茶、读报、散步，天天都快快乐乐的——相信我，我会用整颗心来照顾您！"

老人颔首微笑，把住宅以1万英镑的价钱卖给了他。

使"老有所养"，这不仅是个人关注点，也是政府和社会的基本职能。进入现代社会，社会保障职能已经越来越重视。

经济学课堂

社会保障体系是指社会保障各个有机构成部分系统地相互联系、相辅相成的总体。我国的社会保障体系，包括社会保险、社会福利、社会救助、社会优抚四个方面。这几项社会保障是相互联系、相辅相成的。完善的社会保障体系是社会主义市场经济体制的重要支柱，关系改革、发展、稳定的全局，对社会的稳定和发展有着重要的意义。

社会保险在社会保障体系中居于核心地位，是社会保障体系的重要组成部分，是实现社会保障的基础。社会保险的目的是保障被给付者的基本生活需要，属于基本性的社会保障，其保障对象是法定范围内的社会劳动者，基本特征是补偿劳动者的收入损失。而社会保险的资金主要来源于用人单位（雇主）、劳动者（雇员）依法交费及国家资助和社会募集。

社会福利是社会保障的最高层次，是实现社会保障的最高纲领和目标。社会福利的目的是增进群众福利，改善国民的物质文化生活，它把社会保障推上最高阶段。而社会福利资金的重要来源是国家和社会群体。

社会救助属于社会保障体系的最低层次，是实现社会保障的最低纲领和目标。社会救助的目的是保障被救助者的最低生活需要；其救助对象主要是失业者、遭到不幸者，基本特征是扶贫。而社会救助的资金来源主要是国家及社会群体。

社会优抚是社会保障的特殊构成部分，属于特殊阶层的社会保障，是实现社会保障的特殊纲领。社会优抚的目的是优待和抚恤，社会优抚的对象是军人及其家属，基本特征是对军人及其家属的优待。而社会优抚的资金来源是国家财政拨款。

经济学茶座

2008年，始于美国的金融危机让我国众多中小企业破产，大量员工失业，曾在广东务工8年的四川打工者肖军就是其中一员。他带着被解雇的怨气说：“我们没日没夜地干活，为老板赚钱，但金融危机一来，他就让我们滚蛋，在这样的工作环境中，我们怎么能找到‘家’的感觉？”

曾与妻子在广东东莞一家工厂务工的罗世彬，自2008年金融危机爆发被工厂辞退回到老家后，就再也没想过回东莞。“在那边打工，什么保障也没有。我在广东务工的地方是一个只有十几个人的小厂，在这个厂工作了2年多，一直都是每个月1200元左右，没加过薪、没拿过任何补贴或福利。经济稍不景气，就让我们走人。走的时候，我们真的很伤心。”

只要经济不景气，企业员工就可能被逼着走人，出现这种问题的原因在于我们的社会保障体系还不够完善。

社会保障是社会安定的重要保证。我们应以社会保险、社会救助、社会福利为基础，以基本养老、基本医疗、最低生活保障制度为重点，以慈善事业、商业保险为补充，加快完善社会保障体系；促进企业、机关、事业单位基本养老保险制度改革，探索建立农村养老保险制度；全面推进城镇职工基本医疗保险、城镇居民基本医疗保险、新型农村合作医疗制度建设。

完善的社会保障体系，历来被称为人民生活的安全网、社会运行的稳定器和收入分配的调节器，是维护社会稳定和国家长治久安的重要保障。因此，应加快建立覆盖城乡居民的社会保障体系，以推动和谐社会建设和促进经济社会又好又快地发展。

第十五章　就业

——把自己“卖”一个好价钱

人才经济学——21世纪最珍贵的是人才

经济学故事

秦末农民战争中，韩信投奔项梁，项梁兵败后归附项羽。韩信曾多次向项羽献计，但始终不被采纳。苦闷之下，他离开项羽前投奔刘邦。

有一天，韩信违反军纪，按规定应当斩首，临刑前看见汉将夏侯婴，就问：“难道汉王不想得到天下吗，为什么要斩杀英雄？”

夏侯婴为韩信之语惊诧，认为此人不凡，遂下令释放，并将韩信推荐到刘邦帐前，但此时韩信仍未被重用。后来，韩信多次与萧何谈论治国治军之事，很受萧何赏识。

刘邦至南郑的行军途中，韩信思量自己难以受到重用，决定中途离去。这一情况被萧何发现，他将韩信追回，并向刘邦推荐韩信，称他是争夺天下不能缺少的大将之才。

刘邦采纳了萧何的建议，择选吉日，斋戒，设坛场，拜韩信为大将。韩信与萧何成为刘邦的左膀右臂，最终帮助刘邦夺得天下。

于是，世人就有了这样的问题：萧何为什么要追韩信？其实，这个问题很好回答：因为韩信是大将之才。随着时代的发展，在当今社会，对人才的重视已经上升到“人才经济学”的高度。

经济学课堂

从经济学角度来定义人才，有助于企业对人才进行有效决策选择。

我们先看第一个问题：人才是什么？作为劳动者，人才是其中的一部分，但不同于一般劳动者，他们具有特殊的、专门的高质量、高素养和高能量，在劳动者这个总体内居于较高或最高层次。简而言之，人才就是有特殊工作能力的劳动者。

第二个问题：人才是不是生产要素？人才从一般劳动力中区别出来后，与土地、资本和技术等一起，仍旧是要素之一。只是随着经济的发展和科技的进步，人才这个要素在生产力和经济活动中的作用不断增大。因为先进生产力主要表现为先进的科技成果，而这从根本上说离不开人才的创新劳动。

从供求关系上看，人才又不同于其他要素。其他要素在经济发展和科技进步后，都能达到供求关系上的波动平衡，但是提供创新劳动的人才却永远供不应求，是不折不扣的稀缺资源，始终处于买方市场。

第三个问题是人才的流动性和价格。既是商品或稀缺资源，人才在供求驱动下要进行交易，或者说必须流动，方能实现其人才功能。人才只有在市场经济体制下，通过自由流动，即供求双方的自由选择，才能得到优化配置。所谓人尽其才、各得其所，无非是人才这种特殊商品自由交易的结果。

既然是商品，人才自然是有价的，其价格也取决于供求。在供不应求的情况下，人才价格的总趋势是高走，即高价并且高涨。人才定价的尺度在于实际效益，但在实际效益实现前，定价有不确定性。于是，企业会采取其他方式如技术入股，把报酬与效益挂钩，使买卖双方都不吃亏，从而规避了市场风险。

经济学茶座

“21世纪什么最珍贵？人才！”电影《天下无贼》中的一句台词道出了人才的重要性，特别是在经济危机时代，人才的重要性更为明显。

企业之间市场的竞争、产品的竞争，归根到底是人才的竞争。一切的竞争都必须讲究成本，讲究“经济”，这就需要企业重视人才经济学，即最经济地使用人才。具体表现为，企业要经济地开发人才、经济地使用人才。

经济地开发人才，就是要注重投入产出比，向人才投资要效益。曾经很多企业在用人上都有一种不正确的倾向，那就是只重文凭不重能力。员工为了获文凭、评职称，出现了不少学非所用，甚至学与用干脆不沾边的现象。这样的现象造成投资浪费，不仅企业浪费了物质成本，员工也浪费了时间成本，投资的效用不能在实际工作中表现出来。

要避免这种现象，企业就要注重培养企业发展所需要的人才，在人才培养、考核、选用上，都要紧紧围绕企业自身发展的需要，并对优秀人才实施激励方案，鼓励员工围绕实际工作需要进行学习。只有这样，企业全体员工才能看到自己的成长，才能静下心来提升职业能力，提高工作效率，为企业创造更大的效益。

经济地使用人才，首先要杜绝人才浪费。不少企业的领导缺乏战略眼光，不能合理地选用人才，因对某一件事情不满意就全面否定一个员工，轻易调换其工作，使其多年积累的技术、技能被搁置，得不到合理的利用，从而造成人才浪费。

经济地使用人才，其次是注重人才效率。要使人才高效率工作，薪酬是重要考虑因素。企业应结合人才的市场价格和企业实力，为人才制订出一套能够产生强大经济效用的薪酬方案。

对企业来说，如何用人始终是一门大学问。选贤任能、杜绝浪费，做到人尽其才，让每一个员工发挥自己全部的聪明才智和积极性，是一个企业家应当也是必须具备的能力。

失业——女大学生为什么会“急嫁”

2009年过完年后，许多高校毕业生开始拿着简历奔走于各个招聘会之间，但个别女大学生并不急着找工作，而把精力放到找对象上，校园中出现了“急嫁族”。

除了家长和朋友介绍外，上网成了急嫁族寻觅男友的重要途径。在很多论坛上，经常可以看到这样的帖子：“未婚女，22岁，大四在读……觅25岁以上，月薪3000元以上，有住房有车……”这些急嫁族们认为，直接找个起点高的丈夫，既避过了就业的麻烦，也省去了很多奋斗的艰辛。

甚至在某校即将毕业的女生的宿舍门外，出现了一副非常“强悍”的对联：上联——找工作找好工作，下联——找老公找好老公，横批——噢耶。

急嫁族的出现，从一个侧面反映出当今社会的一个重要问题：大学生就业难。

经济学课堂

在经济学中，一个人愿意并有能力为获取报酬而工作，但尚未找到工作的情况，就被认为是失业。失业率是劳动人口里符合“失业条件”者所占的比例，旨在衡量闲置中的劳动产能。其计算方法为：

失业率=（失业人口÷劳动人口）×100%

一般来说，失业可分为以下几种：

1．摩擦性失业。指生产过程中难以避免的、由于转换职业等原因造成的短期或局部失业。这种失业是过渡性的或短期性的，通常起源于劳动的供给一方，因此被看做是一种求职性失业。从经济和社会发展的角度看，这种失业的存在是正常的。

摩擦性失业的最终表现是求职者找不到满意的工作，用人单位也找不到需要的人才，造成就业难和招工难并存的现象。

2．结构性失业。是指劳动力的供给和需求不匹配所造成的失业，其特点是既有失业，也有职位空缺，失业者或者没有合适的技能，或者居住地点不当，因此无法填补现有的职位空缺。结构性失业在性质上是长期的，而且通常起源于劳动力的需求方。结构性失业是由经济变化导致的，这些经济变化引起特定市场和区域中的特定类型劳动力的需求相对低于其供给。举一个简单的例子，在美国新兴的计算机产业迅速扩张时，炼钢工人却因为钢铁业的衰落面临失业。

3．季节性失业。是指由于某些行业的生产条件或产品受气候、社会风俗或购买习惯的影响，生产对劳动力的需求出现季节性波动而形成的失业。如雪糕厂在销售旺季时要扩招员工，而销售淡季时显然要裁减员工。

4．周期性失业。是指在经济周期中的衰退或萧条期，因社会总需求下降而造成的失业。当经济发展处于一个周期中的衰退期时，社会总需求不足，厂商的生产规模缩小，从而导致较为普遍的失业现象。周期性失业对于不同行业的影响是不同的，一般来说，需求的收入弹性越大的行业，周期性失业的影响越严重。

经济学茶座

也许不是所有人都关注生产的减损、战争的痛苦、瘟疫的蔓延，但每个人都会关注就业问题。因为，就业问题涉及每一个人的切身利益，也关系到社会的安定团结。

一般来说，人们都不愿意失业。失业者虽可领取一定的失业救济金，但其数额少于就业时的工资水平，因而生活条件会恶化，这就促使其重新就业。从这一点来看，不少西方经济学家认为，一个合理的失业率及失业现象是促进社会发展所必需的条件之一。

随着我国改革的进一步深入展开，就业问题已不仅仅是单纯的经济问题，更成为不容回避的社会问题。而充分就业是社会经济发展的一个十分重要的条件，只有非自愿性失业消失，社会才算是实现了充分就业。要实现充分就业，政府必须加强经济干预，力求达到或维持总需求的增长速度和一国经济生产能力的扩张速度的均衡。

在现实社会中，失业的统计工作是十分困难的，特别是在确定具体的失业人员的数量上，比如在我国农村，就存在大量的隐性失业人口。造成失业的原因有很多，因此失业的结构与变动情况是观察的重点。

未来的几十年是我国改革开放的关键时期，大量的农村富余劳动力要转移到城镇就业，城镇新增的适龄就业人员也有较大的就业需要，这就使得我国在未来几十年内面临着较大的就业压力，就业问题是我国政府宏观经济政策要解决的最主要问题之一。

人口红利——中国是人力资源大国

经济学故事

2007年，俄罗斯中部乌里扬诺夫斯克州州长呼吁当地百姓于9月12日当天放下手头的工作，尽情享受夫妻生活，帮助提高俄罗斯的人口出生率。而且州长还承诺，在次年的7月12日俄罗斯国庆节生孩子的女性将拿到一份大奖，甚至有可能是一栋新房子。

州长谢尔盖·摩洛佐夫说这一呼吁是为了响应克里姆林宫发出的刺激俄罗斯人口增长的建议。据了解，奖品通常情况下是家用物品，如冰箱或电视机。2007年，俄罗斯国庆节当天，当地一对夫妇生下他们的第4个孩子，因此得到了一辆吉普车。

人们都希望拿到奖励，据统计，2007年该地区共有78名婴儿在俄罗斯国庆节那天出生，2006年时只有26名。

据俄罗斯联邦统计局公布的数据显示，截至2007年6月1日，俄罗斯人口总数为1.42亿，在2007年的前5个月里净减少近18万人。因此，俄罗斯领导人曾多次表示，人口增长率低甚至呈负增长是俄罗斯最尖锐的问题之一。

经济学课堂

经济学中的“人口红利”，是指一个国家的劳动年龄人口占总人口比重较大，抚养率比较低，为经济发展创造了有利的人口条件，整个国家的经济成高储蓄、高投资和高增长的局面。通俗地说就是，如果某个经济体中干活的人多，不干活的人少，那这个经济体的活力就会比较高。

中国目前的人口年龄结构就处在人口红利的阶段，每年供给的劳动力总量约为1000万，劳动人口比例较高，保证了经济增长中的劳动力需求。由于人口老龄化高峰尚未到来，社会保障支出负担较轻，财富积累速度也就比较快。

经济学茶座

严格地说，任何完成了人口转变的国家都会曾经历人口红利阶段。许多新兴工业化国家尤其是东亚国家因为人口转变的历程较短，往往只用几十年的时间就走完了发达国家上百年才完成的人口转变历程，因而其人口年龄结构变化和经济高速增长之间表现出了非常强的关联性，人口转变给经济增长带来的红利效应开始被越来越多的人注意。

日本是亚洲最早实现人口转变和经济腾飞的国家，人口红利也出现得最早，大约始于1930～1935年，结束于1990～1995年，持续了60年左右。其他亚洲国家和地区包括中国、韩国、新加坡、中国香港、泰国、马来西亚、印度尼西亚、菲律宾和越南等在内，差不多在晚于日本30年后出现人口红利，目前这些国家都正处在人口的红利期。

人口红利必然带来经济增长吗？观察上述处于人口红利期的国家，不难发现，这些国家在经济发展水平方面差异极大。富裕的国家如新加坡人均GDP超过3万美元，较贫穷的国家如越南人均GDP在2005年仅为600多美元，这意味着人口红利并不必然导致经济增长。

事实上，人口红利更像一个机会，只有抓住这一机会并很好地利用，才能真正使机会转变为红利。从这个意义上说，人口红利只是经济增长所面临的一个有利条件——在一定时期内劳动力资源非常丰富。而这一有利条件或者说优势能否转变为实实在在的经济成果，显然依赖于劳动力资源能否得到充分利用。如果在人口红利期劳动力资源无法得到充分利用，则当人口的“机会窗口”关闭后，人口红利也会随之消失。

需要指出的是，“红利”在很多情况下和“债务”是相对应的。具体来看，与人口红利相对应的“人口负债”就是不断加速的人口老龄化的影响。人口老龄化将会从多个方面影响一个国家经济的持续增长能力。首先，老龄化导致社会抚养比例不断提高，劳动力的负担和成本加大；其次，老龄化会加大消费性人口比例，降低生产性人口比例；再次，劳动力年龄结构“老化”将严重影响劳动生产率。

因此，在我们享受人口红利可能带来的丰厚回报的时候，也要为今后可能会面对的人口负债做好准备。而要有效地化解将来的人口负债，我们必须做好两件事：一是必须长时期保持经济又好又快增长；二是必须尽快建立覆盖全体居民的社会保障体系。

人力资本——北大才子卖肉是人才浪费吗

经济学故事

2003年，一则“北大才子当街卖肉”的新闻让北大毕业生陆步轩一夜成名。陆步轩于1985年参加高考，当时以高出本科线100多分的成绩考取了北大中文系，是所在县的文科状元。4年苦读毕业后，陆步轩被分配到长安县柴油机械配件厂。遗憾的是，企业几年后倒闭了，此后，陆步轩搞过装修，开过小商店，几经挫折后，于2000年租房开起了肉店。这个文弱书生从此操起了切肉刀，每天起早贪黑，整年忙碌后所得的微薄的收入交了水电费、房租后往往所剩无几。

这听起来像个离奇故事，然而是实实在在发生在古城西安的事实，一位自感“最适合去做编辑词典工作”的北大才子，因生活所迫做起了卖肉的生意，后来在各方关注下，终于在长安区档案馆谋得一份工作。

有感于“北大才子当街卖肉”的新闻，社会各界争论不已，大多数的人都认为，北大毕业生当街卖肉，自己的专业并没有用到实处，是实实在在的人力资本浪费！

经济学课堂

人力资本是指劳动者受到教育、培训、实践经历、迁移、保健等方面的投资而获得的知识和技能的积累，亦称非物力资本。由于这种知识与技能可以为所有者带来工资等收益，因而形成了一种特定的资本——人力资本。受教育的程度越高，个人经历与阅历越丰富，所创造的社会产值往往也越多。

在后工业时期和知识经济初期，人力资本将有更大的增值潜力。因为作为“活资本”的人力资本具有创新性、创造性，具有有效配置资源、调整企业发展战略等市场应变能力。

人力资本的积累和增加对经济增长与社会发展的贡献远比物质资本、劳动力数量增加重要得多。曾获诺贝尔经济学奖的美国著名经济学家舒尔茨指出，在半个多世纪的美国经济增长中，物质资源投资增加4.5倍，收益增加3.5倍；人力资源投资增加3.5倍，收益却增加17.5倍。据我国经济学家统计，我国增加1亿元人力资本投资，可带来次年近6亿元的GDP增加额，而每年增加1亿元物质资源仅能带来2亿元的GDP增加额。

大多数经济学家都认同人力资本是影响国际贸易中比较优势的关键因素之一。舒尔茨引用人力资本的差异来解释国际贸易产生的原因和一国的对外贸易类型。他认为，人力资本是寓于人体中的智能，表现为人的文化水平、生产技巧、劳动熟练程度、管理才能以及健康状况，是政府、企业和个人投资于教育和培训的结果。每个人的天赋是相近的，智能差别是由后天人力投资造成的。人力资本丰富的国家，如美国、日本在知识和技术密集型产品的生产和出口上具有比较优势，人力资本比较缺乏的发展中国家则在知识、技术密集型产品生产上处于比较劣势。

经济学茶座

随着竞争的加剧，人力资本表现出来的作用也越来越明显。舒尔茨曾说，人的知识、能力、健康等人力资本的提高对经济增长的贡献远比物质、劳动力数量的增加重要得多。

杰克·韦尔奇在1981年入主通用电气公司，在短短的20年时间里，通过实施一系列人力资本管理与竞争变革，使通用这家百年老企业重新焕发出新的活力。2001年，通用公司排名也从世界第10位上升到第2位，成为全球最具竞争力的跨国公司。

现在，很多著名企业都已经注意到了人力资本的重要性。年轻、健康、智慧等这些人力资本的重要构成部分是金钱换不来的，而这些资本往往可以帮助我们成就自己。

要成功就一定要好好地利用自己的资本，不断发掘自己的内在潜力，并努力使这些潜力发挥出更大的能量，从而使自己的职业生涯更加辉煌。

在美国，想要找一份好工作，在很大程度上受到求职者教育水平与经历的影响。一般来说，普通职员没有职业律师收入高，主要是两者在人力资本投资上的差别所致。培养一名律师需要5～10年的专业学习时间，而培养一名普通职员只要一两个月就足够。用于学习手艺或受培训的时间及货币财富，共同构成了人们为进行人力资本投资而支付的全部机会成本。正是由于这种投资，他们在单位时间内的生产率才会得到提高，而正是这种生产率的提高使雇主愿意雇用他们，并为他们付出较高的报酬。

人才过剩——中国的人才太多了吗

经济学故事

自1999年开始，全国高校连续大规模扩招，毕业生人数也随之急剧攀升，从2004年的280万到2010年的631万，毕业生数量呈井喷式增长。如此规模的扩招导致我国大学生处于“过剩”状态，具有高学历的失业者越来越多，“毕业即失业”现象越来越普遍。据统计，我国高校毕业生就业率已从2001年的90.0%降到2009年的68%。

在青岛一所大学读书期间，和所有同龄人一样，胡伟对自己的未来充满了信心。“我学的是计算机专业，现在软件产业是比较热门的，IT行业人才需求大，肯定有我的用武之地。”当时的胡伟踌躇满志。然而，2010年毕业前夕，等待胡伟的是几十场无果的招聘会和海投的数百份简历最终石沉大海，严峻的就业现实让胡伟茫然了。

胡伟的情况只是众多大学毕业生的一个缩影。很多人疑惑，像中国这样的发展中国家，在经济持续快速发展的形势下，人才市场应该是供不应求的，然而实际情况却恰恰相反，面临严峻就业形势的不仅仅是刚从象牙塔中走出、满怀希望地踏入社会的大学生们，还有全国上下大批的下岗工人，难道中国的人才真的太多了吗？

经济学课堂

为了维持供需平衡和一定的价格，生产者必须限产，这是一个客观规律。当市场需求不断提升，供给跟不上需求的时候，生产者就得调整生产，增加供应，以维持供需基本平衡。

人才是一种特殊的商品，也要受市场供求规律的支配。所以，当人才出现供大于求的时候，就会造成人才过剩的局面。这是在就业市场有限、对大学生的需求有限的情况下出现的人才商品的相对过剩。

人才过剩的首要原因是需求不足，即就业市场对人才的需求相对不足。其次是供给过度，即因为高等院校的发展速度过快、规模扩张过急，导致了人才供给大幅度增加，在一定的时期内超过了人才需求的发展速度和规模。需求的不足与供给的过度，共同导致了就业市场上人才相对过剩的局面。

经济学茶座

现在不少大学毕业生找不到工作，或找不到合适的工作，在人才市场上数百名大学生竞争一个岗位早已不是新闻，还有不少大学生做专科生的工作、研究生做本科生的工作，不少机关干部和科技人员分流下岗或人浮于事，等等。这些现象都说明：我们的人才的确处于“过剩”的状态，更准确地说，是处于相对过剩状态。

人才相对过剩也必然导致过度竞争，即人才商品的“价格战”。作为刚刚走进人才市场的高校毕业生，他们面前有这样几个选择：或者降低自己的价格，接受较低的工资；或者待价而沽，继续维持一个较高的价位；或者高不成低不就，依然处于“自愿失业”状态；或者继续深造，重新返回学校，暂时离开劳动市场。作为已经参加了工作的过剩人才，他们的选择则不多：或者安于现状，或者“跳槽”。

如果就业市场是一个完全自由的市场，那么，人才过剩问题是很容易解决的：由于人才众多，而合适的岗位相对较少，因此，供求竞争的结果势必导致人才“自动”降价，于是，那些愿意接受较低价格的人才就可以顺利地找到工作。不过，历史证明：市场机制不能自动解决失业问题。

那么，如何解决人才的过剩问题？首先，应当尽量促进经济发展，以便扩大就业门路，增加对人才的需求。其次，应当适当限制盲目扩大招生的倾向，把单纯追求人才培养的数量转变为追求人才培养的质量。

劳动力市场——民工荒与大学生就业难并存

经济学故事

2010年，杭州市出现了2003年以来最严重的民工荒，缺工数超过12万，包括16个行业，如信息技术、电子电器、教育培训、外贸、服装鞋业、酒店餐饮等。其中最缺的是技术类人员和服务类人员，分别占市场总需求的36%和29%，另外营业员和餐饮服务人员缺口也较大。

而与民工荒同时出现的是大学生就业难的问题，胡良奎就是其中的一员。学广告专业的胡良奎曾是安徽某大学文学与艺术传媒学院学生会副会长，自诩在大学里算是个才气纵横的另类人物，但找工作的时候却没有那么顺利。

2008年，胡良奎曾在合肥找过几份工作，工资最高的一份给他每月1400元，此后他从合肥到广州，又从广州、福州、深圳到佛山，应聘的企业都有一个特点——工资很低。他最后只好两手空空地来到在佛山打工的父母身边，进了佛山市某鞋厂，拿着每月800元钱的工资。

一方面是民工荒，一方面是大学生就业难，中国的劳动力市场似乎有着不可调和的矛盾，背后的原因在哪里？

经济学课堂

在劳动力市场上，劳动力是一种特殊商品，具有商品的基本特点，但作为特殊商品，劳动力与普通商品又有不同：

1．劳动力供求关系的表现形式不同。工资是劳动力的价格，具有刚性，一般情况下只能涨不能降，这是劳动力价格与普通商品价格的重要不同点。因此，当劳动力供不应求时工资就会上涨，供大于求时往往不是出现工资的下降，而是出现失业。

2．劳动力与其消费者之间的关系不同。普通商品卖给消费者后，消费者即对该商品拥有所有权和任意处置权。但劳动力商品出卖的只是劳动者的劳动，而不是劳动者本人，劳动力商品的主要消费者是法人，法人与劳动者之间的关系是契约关系，法人并不拥有对劳动者的所有权和任意处置权，对劳动者的管理必须受到法律的约束。

3．劳动力之间及劳动力与普通商品之间的需求关系不同。在普通商品之间，同类商品有竞争关系，对A品牌商品需求大了，对B品牌商品的需求就会小；不同类商品之间也存在变相的竞争关系，在购买力一定时，对A类商品需求大了，对B类商品的需求就会小。劳动力商品则不同，劳动力需求增加，会使社会购买力增加，从而使其他商品的需求增加，进而又会使劳动力的需求增加；一种劳动力需求增加会由于互补关系使其他劳动力的需求相应增加。反过来，一般商品需求增加，也会使劳动力的需求增加。一般来说，只有机器与劳动力存在竞争和替代关系。

4．劳动力在具有商品属性的同时，还具有人的基本要求，即有生存的权利、劳动的权利、获得尊重的权利和发展的权利。劳动力使用价值的发挥与这些权利的满足程度是密切相关的。劳动力的这些权利与企业的要求是一对矛盾的统一体，既有一致的地方，又有矛盾的地方。当这对矛盾处理得比较好时，劳动力的积极性就会高，其使用价值就会得到比较充分的发挥；反之，劳动力就会消极怠工，甚至会对企业和社会产生破坏作用。因此，企业不能像对待普通商品那样简单地对待劳动力，必须采取有力措施满足劳动力的基本要求。

5．劳动力同时具有多种不同的使用价值，既可以服务于多种生产，又可以服务于多种消费，而且劳动力具有提升自身价值和使用价值的能力，即有学习能力。他们通过学习和培训可以使自身的使用价值不断提高，或者获得新的使用价值，从而主动适应市场供求关系的变化，在不同行业之间进行转移和调整，满足产业结构不断升级的要求。

6．普通商品供给有弹性，而劳动力的供给无弹性。从总量上说，当普通商品出现供大于求时可以削减供给，供不应求时可以迅速增加供给。而劳动力的供给则具有刚性，供大于求时无法减少供给，供不应求时也很难增加供给。由于这个特点，调节劳动力在不同行业之间流动的主要是工资水平，劳动生产率和工资水平高的行业和企业劳动力供给就比较充裕，而工资水平低的行业和企业则经常出现劳动力短缺。

7．供求关系的调节因素不同。普通商品的供求主要通过价格调节，而劳动力的供求不完全由工资调节。决定劳动力流向的除了工资外，还有社会地位、工作条件、工作地点、发展前景等非价格因素，那些高素质而市场上又短缺的劳动力往往还要求参与利润的分配。

经济学茶座

劳动力市场和一般商品市场一样，会出现供大于求的状况，即通常所说的失业。从全社会来看，企业竞争和结构调整是不断进行的，因此，失业状态会经常发生。

劳动力市场的建立是优化人力资源配置的必要手段。然而，纵观我国近年来的就业形势，我们会发现一个人力资源配置中看似矛盾的现象，即从事低端劳动密集型产业的劳动力开始短缺，而以大学毕业生为代表的中端劳动力出现过剩。

前面故事中提到的民工荒和大学生就业难是我国劳动力市场的两个典型特点。国内学者对我国大学生就业难和民工荒这两个问题有过许多研究。在大学生就业难方面，教育结构与产业结构矛盾、择业方式与现行用人制度不完善，教育改革跟不上市场化就业需求等都为大学生就业提供了问题滋生的土壤。在民工荒方面，户籍制度、社会保障等制度性因素和工资收入增长缓慢、城市生活成本上升等都直接或间接地减少了农民工的供给，从而导致了民工荒。

要解决我国劳动力市场的问题，就需要政府发挥“看得见的手”的作用，在政策方面采取相应的改进措施，以缓解我国劳动力市场的结构性矛盾。

内卷化效应——你为什么原地踏步

经济学故事

多年前，中央电视台的一位记者在陕北时采访了一个放羊的男孩，留下一段经典对话：

“为什么要放羊？”

“为了卖钱。”

“卖钱做什么？”

“娶媳妇。”

“娶媳妇做什么呢？”

“生孩子。”

“生孩子为什么？”

“放羊。”

这段对话形象地为内卷化现象作了令人印象深刻的解释。

经济学课堂

20世纪60年代末，一位名叫利福德·盖尔茨的美国人类文化学家曾在爪哇岛生活，潜心研究当地的农耕生活。他看到当地原生态农业在维持田园优美景色的同时，也使得那里长期停留在一种简单重复、没有进步的状态。这位学者把这种现象称为内卷化效应。

后来，内卷化效应被广泛应用到了政治、经济、社会、文化及其他学术研究中。内卷化效应作为一个学术概念，是指一种社会或文化模式在某一发展阶段达到一种确定的形式后，便停滞不前或无法转化为另一种高级模式的现象。

内卷化效应会让人在一个层面上无休止地内缠、内耗，既没有突破式的增长，也没有渐进式的积累，让人陷入恶性循环之中。

经济学茶座

在现实生活中，内卷化现象比比皆是。

虽然已经改革开放30多年，但许多偏远农村的农民仍然过着“一亩地一头牛，老婆孩子热炕头”的农耕生活。某些家族企业，其重要岗位也依旧是安排亲人担任，管理哲学是“打仗亲兄弟，上阵父子兵”，用自己的人放心。于是，在企业内部，人情重于能力，关系重于业绩，真正优秀的人才吸引不进来，措施和办法也因循守旧。几年过去了，厂房依旧，机器依旧，规模依旧，各方面都没有多大变化。

生活中整天忙碌的人们，虽然没有在黄土地上守着羊群，但在思想上是否和那个放羊的小孩一样呢？怨天尤人或者安于现状，对职业没有信念，对前途缺乏信心，工作结束就是生活，生活过后接着工作，对内卷化听之任之，人生也因此而停滞不前。

我们身边也随处可以看到陷入内卷化泥沼的人：

老张当了一辈子干事，眼看着身边的人都升迁了，自己却就这样到了退休年龄，心里酸溜溜的；老王，技工一做15年，同辈人已升任高工和主管，自己却还是戴着一顶技工的帽子，心境抑郁……

同样的环境和条件，有的人几年一个台阶，无论是专业能力还是岗位，都提升很快，士别几日就当刮目相看；而另一些人却原地不动，多少年过去了，仍然在原地踏步，这就是陷入内卷化泥沼的结果。

陷入内卷化泥沼的人迫切需要改进观念，否则内卷化的后果将更为严重。20世纪90年代，我国的民营企业纷纷进入多事之秋，很多著名企业一夜之间轰然崩塌，其中一个主要的原因就是思想观念跟不上。面对国际化潮流和现代化生产，很多民营企业的老板还在用小农思想进行管理。在市场中，竞争如同逆水行舟，不进则退，思想观念不更新，经营管理不更新，倒闭是自然的事。

总而言之，一个企业或一个人要摆脱内卷化状态，首先要强化自己的上进心，激励自己不断奋进，充分发挥自身力量，超越自我。只有充分地发挥自身力量，不断超越自我，才能突破和创新，才能在竞争中呈现出勃勃生机。

第十六章　金融

——读懂生活中的“钱”规则

货币——不仅仅是钱那么简单

经济学故事

在太平洋某些岛屿上，当地居民以一种贝壳——加马里来交税，600个加马里可换一整匹棉花。再如美拉尼西亚群岛的居民以狗牙作货币，一颗狗牙大约可买100个椰子，而娶一位新娘，必须给她几百颗狗牙作礼金。

在太平洋加罗林群岛中的雅浦岛，居民使用石头货币。这里每一枚货币叫做“一分”，但这样的“一分”，并不方便随时携带在身上，因为它是一个“庞然大物”——中心有一个圆窟的圆形石头。照当地人的规定，“分”的体积和直径越大，价值就越高，有的“分”直径大到5米。这种货币是用石灰岩的矿物——文石刻成的，但雅浦岛上没有文石，当地人要远航到几百里外的帕拉乌岛把文石打下，装在木筏上运回。单是惊险百出的海上航程，就要历时几个星期。

为什么贝壳、狗牙和石头也能成为货币？货币为什么能买到东西？要解开有关货币的疑问，就必须了解货币是怎么来的。

经济学课堂

货币的前身就是普通的商品，它是在交换过程中逐渐演变成一般等价物的。货币是商品，但又不是普通商品，而是特殊商品。货币出现后，整个商品世界就分裂成两极，一极是特殊商品货币，另一极是普通商品。普通商品以各种各样的使用价值的形式出现，而货币则是以尺度的形式出现的。普通商品只有通过与货币作比较，才能体现出其价值，普通商品之间才可以相互比较。

货币的发展一共经历了如下几个阶段：

1．物物交换。人类使用货币的历史产生于物物交换的时代，在原始社会，人们采取以物易物的方式，交换自己所需要的物资，比如用一头羊换一把石斧。但是有时候受到用于交换的物资种类的限制，人们不得不寻找一种交换双方都能接受的物品，这种物品就是最原始的货币。牲畜、盐、稀有的贝壳、珍稀鸟类的羽毛、宝石、石头等不容易大量获取的物品都曾经作为货币使用过。

2．金属货币。经过长年的自然淘汰，作为货币使用的物品逐渐被金属取代。使用金属货币的好处是它是人工制造，无法从自然界大量获取，同时还易于储存。数量稀少的金、银和冶炼困难的铜逐渐成为主要的金属货币。某些国家和地区使用过铁质货币，而中国最早的金属货币是商朝的铜贝。

3．金银。西方国家的主币为金币和银币，辅币以铜、铜合金制造。随着欧洲社会经济的发展，商品交易量逐渐增大，到15世纪时，经济发达的佛兰德斯和意大利北部各邦国出现了通货紧缩。从16世纪开始，大量来自美洲的黄金和白银通过西班牙流入欧洲，挽救了欧洲的货币制度，并为其后欧洲资本主义经济的发展创造了条件。

4．纸币。随着经济的进一步发展，金属货币同样显示出使用上的不便，于是作为货币象征符号的纸币便出现了。世界上最早的纸币是宋朝时期在中国四川地区出现的交子。

目前世界上共有200多种货币，作为各国货币主币的纸币，多侧面地反映了该国历史文化，促进了世界各国的经济交往。目前世界上比较重要的纸币包括美元、欧元、人民币、日元等。

随着信用制度的发展，存款货币和电子货币如今越来越多地被使用，而新的货币形式还将不断出现。

经济学茶座

在现代社会中，货币可以说是无处不在，渗透了人们衣、食、住、行的各个方面。一个人如果没有货币，在社会上就寸步难行；如果有了货币，就可以得到充分的物质享受。正因为货币的这个作用，使其拥有了一种令人疯狂的魔力。

有个人向电信部门投诉，抱怨某个公用投币电话总是“吃钱”，投了钱币进去，即使电话未接通，它也不退钱出来。可是电信部门接到投诉后却迟迟不派人去修理。后来，这个人想出一个办法，再打电话到电信部门，说那个投币电话出了点毛病，只要一投币，投币机里就哗啦啦地掉钱出来。结果，电信部门的人很快就赶来修理了。

这个笑话从侧面反映出货币的重要性。货币可以衡量大部分具体事物的价值，为人类经济社会和文明的发展作出了重大的贡献，人类从以物换物的商品交易体系发展到现代社会中的股票、地产、金融等多种公开交易平台，货币起了很大的作用。

货币如此重要，那么货币的持有者应该以何种态度和方式来对待货币呢?

《佛经》里把人分成三种：第一种是盲人。这种人不知如何使自己拥有的财富增加，不知如何获得新的财富，也无法区分道德上的好坏。第二种是独眼人。这种人仅有一只金钱眼，而无道德之慧眼。他们只知道如何使自己拥有的财富增加和创造新财富，却不知道如何培养好的道德品质。第三种是双眼者。这类人既有金钱眼，又有道德之慧眼。他们既能使已有的财富增加，获得新财富，又能培养良好的道德品质。做一个有德而富、富而有德的人，应是我们每个人的不懈追求。

我们对钱要有一种正确的认识，既不能像晋朝的王夷甫那样，把它蔑称为“阿堵物”，连碰也不愿碰，也不能为它而疯狂，用不正当的手段去获取。我们应以平和的心态去赚钱，做到“取之有道，用之有度”。

银行——身边的钱柜

中世纪时，欧洲只有两种人有钱，一种是贵族，另一种是主教。所以，银行不是必不可少的，因为根本没有商业活动。到了17世纪，一些平民通过经商致富，成了有钱的商人。他们为了安全，把钱存放在国王的铸币厂里。那个时候还没有纸币，所谓存钱就是指存放黄金。因为那时实行自由铸币制度，任何人都可以把金块拿到铸币厂里铸造成金币，所以铸币厂允许顾客存放黄金。

但铸币厂是属于国王的，如果国王想动用铸币厂里的黄金，那谁都无法阻止。1638年，英国国王查理一世同苏格兰贵族爆发了战争，为了筹措军费，他征用了铸币厂里平民的黄金，美其名曰贷款给国王。虽然，黄金后来还给了原来的主人，但是商人们感到把黄金存放在铸币厂不安全，于是，他们把钱存到金匠那里。金匠为存钱的人开立凭证，存钱的人以后拿着这张凭证，就可以取出黄金。

这时正是17世纪60年代末，现代银行就是在那个时候诞生的。可以说，世界上最早的银行是私人银行，最早的银行券是由金匠们自己发行的，和政府没有直接的关系。

经济学课堂

银行一词，源于意大利语Banca，原意是长凳、椅子，是最早的货币兑换商的营业用具。英语将该词演化为Bank，意为存钱的柜子。在我国，之所以有“银行”之称，则与我国经济发展的历史有关。在我国历史上，白银一直是主要的货币材料之一，“银”代表的往往就是货币，而“行”是对大商业机构的称谓，由此，把办理与银钱有关业务的大机构称为银行。

银行是承担信用中介的金融机构，也是最主要的金融机构，主要业务范围有吸收公众存款、发放贷款以及办理票据贴现等。

银行起源于古代的货币经营业。货币经营业主要从事与货币有关的业务，包括金属货币的鉴定和兑换、保管和汇兑业务等。货币经营者手中大量货币聚集就为发展贷款业务创造了条件。随着贷款业务的发展，保管业务逐步转变成存款业务。当货币活动与信用活动结合时，货币经营业便开始向现代银行转变。1694年，英国英格兰银行的建立，标志西方现代银行制度的建立。

我国在明朝中叶就形成了具有银行性质的钱庄，到清代又出现了票号。第一次使用银行名称的国内银行是中国通商银行，成立于1897年5月27日，最早的国家银行是1905年创办的户部银行，后称大清银行，1911年辛亥革命后，大清银行改称“中国银行”，为现在中国银行的前身。

在我国，银行可以按如下方法分类：

第一类是中国人民银行，它是中央银行，在所有银行中起管理作用。

第二类是政策性银行，如农业发展银行、国家开发银行、进出口银行等，一般办理政策性业务，不以赢利为目的。

第三类是商业银行，又可分为全国性国有商业银行，如中国工商银行、中国农业银行、中国银行、中国建设银行；全国性股份制商业银行，如招商银行、华夏银行、民生银行；区域性商业银行，如广东发展银行；地方性商业银行，如武汉市商业银行、南京银行等。不过，随着银行业务范围的扩大，这几种银行的区别正在不断缩小。

第四类是外资银行。外资银行有很多，比较著名的有花旗银行、汇丰银行等。外资银行一般都设在一线城市，业务与国内银行有很大不同，现在正逐步扩大业务范围。

经济学茶座

1930年，美国爆发了一场规模空前的银行大危机。在此前的10年里，美国经济一路高歌猛进，然而在繁荣的背后隐藏着巨大的危机，狂热的人们把股市吹成了巨大的泡沫。1929年10月，股票市场的泡沫破裂，股市开始大幅下跌，直至彻底崩溃，人们积累起来的财富在不到一个月的时间几乎完全蒸发。

在银行一家接一家破产时，美国人才意识到，真正的灾难刚刚开始。由于当时美国很多商业银行把大量资金投入证券市场，股市暴跌给他们带来了巨额亏损，市场上关于某银行即将破产的流言四处传播，恐慌的储户希望赶在银行破产之前把钱取出来，因此，很多商业银行立刻陷入挤兑危机中。这种恐慌失去控制，人们已经不管自己存款的银行是否会破产，一心只想着把钱取到手才安心。挤兑令更多银行被迫关门停业，很多财务状况良好的银行也惨遭横祸。1930年美国有1350家银行倒闭，1931年有2300家银行倒闭，1932年有1450多家银行倒闭，1933年情况恶化到了极点，公众对银行彻底失去信心，银行倒闭风潮加速进行，这一年共有4000余家银行倒闭，许多州宣布银行停业。1933年3月，罗斯福就任美国总统，并立即宣布全国银行停业。

然而，事情远没有结束。在挤兑压力下，银行紧缩信贷，更加剧了企业的衰退和破产，越来越多的工人加入失业大军。人们的收入水平急剧下降，产品需求委靡不振，销毁牛奶面包的举动与人们的饥肠辘辘并存，整个社会似乎陷入了毫无希望的恶性循环之中。大危机期间，美国大概有9800家银行破产，而企业破产竟超过14万家。

从20世纪30年代的美国经济危机中可以看出，银行业是整个经济的核心体系，银行危机具有传染性强、破坏性大等特点。一旦发生银行倒闭事件，如果处理不好，将引起连锁反应，甚至引发整个银行业的危机，继而引发一系列社会和经济危机。

之所以发生银行危机，往往是银行的支付困难，即资产流动性缺乏，而不是资不抵债。只要银行能够保持资产充分的流动性，就可能在资不抵债、技术上处于破产而实际上并未破产的状态下维持其存续和运营。

货币政策——牵动百姓神经的金融利剑

在美国的某个社区，一些年轻夫妇组成了互助社，相互帮忙照看孩子。因为在美国，把小孩单独留在家里是违法的，于是，这些年轻的夫妇们便想出了一个妙计：今天汤姆家夫妻俩要出门，就把孩子交给辛迪家，辛迪夫妇反正也要照顾自己的小孩，多照顾几个也费不了多少工夫，改天辛迪家两口子要出去，就可以把孩子交给汤姆家照顾。

这个主意得到了大家的一致认同，竟然有150对年轻的夫妇报名参加。但有一点难办的是，怎么才能保证大家得到的机会是公平的呢？也就是说，怎样让每对夫妇照顾他人孩子的次数和自己孩子被照顾的次数相等呢？

互助社的管理人员想出了一个办法：发“看顾券”给每对夫妇。大家凭“看顾券”互相帮助，比如，汤姆家的孩子要让辛迪家照顾两个小时，那么汤姆夫妇就得给辛迪夫妇两张“看顾券”。这样，只要没人作弊伪造“看顾券”，每对夫妇的付出就都会大致等于回报。

但不知为何，一段时间以后，夫妇们发现手上流通的“看顾券”的数量越来越少。于是，夫妇们开始警惕，开始攒“看顾券”以备不时之需，不再像往常那样热爱出门了，这样就不用过多浪费“看顾券”。因为一对夫妇的外出是另一对夫妇赚“看顾券”的机会，所以大家都感到“看顾券”越来越难赚，变得更加不愿意外出了。结果这个互助社就陷入了一种类似于总需求不足的“经济衰退”中，照看孩子的数量低于照看孩子的能力。

无奈，参加互助社的夫妇们于是达成了一个协议，规定每对夫妇一个月至少外出两次，但这没有解决实际问题，大家还是不愿意出门。最终还是经济学家出了点子，让互助社增加发“看顾券”。这样流通中的“看顾券”多了，夫妇们外出的顾虑少了，于是照看孩子赚“看顾券”的机会又多了，流通中的“看顾券”也就多了。于是，互助社从“经济衰退”中走了出来。

经济学课堂

这个例子和我们现实中的货币政策有异曲同工之妙。

货币政策有牵一发而动全身的作用，政府可以通过调整货币的供应量来改变经济环境，确保本国经济全面、协调发展。

货币政策调节的对象是货币供应量，即全社会总的购买力，具体表现形式为：流通中的现金和个人、企事业单位在银行的存款。流通中的现金与消费物价水平变动密切相关，是最活跃的货币，一直是中央银行关注和调节的重要目标。运用货币政策采取的主要措施包括以下几个方面：

1．公开市场业务

在多数发达国家，公开市场操作是中央银行吞吐基础货币、调节市场流动性的主要货币政策工具，通过中央银行与指定交易商进行有价证券和外汇交易，实现货币政策调控目标。

中国公开市场操作包括人民币操作和外汇操作两部分。外汇公开市场操作1994年3月启动，人民币公开市场操作1998年5月26日恢复交易，规模逐步扩大。1999年以来，公开市场操作已成为中国人民银行货币政策日常操作的重要工具，对于调控货币供应量、调节商业银行流动性水平、引导货币市场利率走势发挥了积极的作用。

2．存款准备金政策

存款准备金是指金融机构为保证客户提取存款和资金清算需要而准备的资金，金融机构按规定向中央银行缴纳的存款准备金占其存款总额的比例就是存款准备金率。存款准备金制度是在中央银行体制下建立起来的，其初始作用是保证存款的支付和清算，之后逐渐演变成货币政策工具，中央银行可以通过调整存款准备金率，影响金融机构的信贷资金供应能力，从而间接调控货币供应量。

3．中央银行贷款

中央银行贷款（习惯上称作再贷款），是指中央银行对金融机构发放的贷款，是中央银行调控基础货币的重要渠道和进行金融调控的传统政策工具。

中央银行贷款的增加或减少，会引起基础货币的相应增加或减少。中央银行贷款是基础货币的重要投放渠道之一，是中央银行调控基础货币的重要手段之一。

4．利率政策

利率政策是我国货币政策的重要组成部分，也是货币政策实施的主要手段之一。在我国，中国人民银行根据货币政策实施的需要，适时运用利率工具对利率水平和利率结构进行调整，进而影响社会资金供求状况，实现货币政策的既定目标。

5．汇率政策

汇率政策是指一个国家（或地区）政府为达到一定的目的，通过金融法令的颁布、政策的规定或措施的推行，把本国货币与外国货币的比价确定或控制在适度的水平而采取的政策手段。

经济学茶座

货币政策对一个国家经济的重要性是不言而喻的。

比如，美国的中央银行是联邦储备委员会，简称“美联储”。从1913年起至今，美联储一直控制着美国的通货与信贷，起着“最后的借款人”的作用，并运用公开市场业务、银行借款贴现率和金融机构法定准备金比率三大杠杆调节经济，旨在为美国“提供一个更安全、更稳定、适应能力更强的货币金融体系”。美联储之所以能够影响美国的货币金融体系，是因为它可以运用一样重要法宝——货币政策。

货币政策是如何发挥作用的呢？由此我们要了解货币政策传导机制的概念。

货币政策传导机制是中央银行运用货币政策工具影响中介指标，进而最终实现既定政策目标的传导途径与作用机理。

货币政策传导途径一般有三个基本环节，其顺序是：

1. 从中央银行到商业银行等金融机构和金融市场。中央银行的货币政策工具操作首先影响的是商业银行等金融机构的准备金、融资成本、信用能力和行为，以及金融市场上货币供给与需求的状况。

2. 从商业银行等金融机构和金融市场到企业、居民等非金融部门的各类经济行为主体。商业银行等金融机构根据中央银行的政策操作调整自己的行为，从而对各类经济行为主体的消费、储蓄、投资等经济活动产生影响。

3. 从非金融部门经济行为主体到社会各经济变量，包括总支出量、总产出量、物价、就业等。

了解了关于货币政策的相关内容，我们可以看出，国家的货币政策犹如一只大手，不断矫正国家经济发展的方向，对经济发展产生重大的影响。我们对货币政策应有清晰而深入的了解，这对于我们判断国家宏观调控的方向有着重要意义。

通货紧缩——钱值钱了，却不是好事

经济学故事

2008年，A城某楼盘的价格年初开盘时是2800元每平方米，后来降至1800元仍无人问津；钢材价格从6000元每吨的高位迅速回落到3000元，仍继续下行；某品牌的电缆线前几天是90元一捆，过几天就只要70元了；猪肉的出栏价年初还是9元一斤，很快便滑到5元左右。

很多人会认为，这不正代表着抑制通货膨胀的目标实现了吗？这应该是好事。其实不然，严重通货紧缩的后果是，企业关门倒闭，失业大量增加，商品供过于求，银行坏账增多，经济严重衰退。

经济学课堂

通货紧缩是指由于产能过剩或需求不足导致各类商品价格持续下跌的现象。大家也许会觉得奇怪，通货膨胀让我们担心钱包里的钱贬值，而通货紧缩使大家手里的钱越来越值钱，用同样的钱可以买到更多的东西，对消费者来说是求之不得的好事，还有什么可担心的呢？

其实，通货紧缩与通货膨胀都属于货币领域的一种病态，在通货紧缩的情况下，如果消费者能维持原有的收入，那么物价的下降将提高消费者的生活质量，但是在多数情况下，企业此时会因利润下降而被迫降薪或裁员。

通货紧缩按照发生程度不同，可以分为相对通货紧缩和绝对通货紧缩。相对通货紧缩是指物价水平在零值以上，在适合一国经济发展和充分就业的物价水平区间以下，此时，物价水平虽然还是正增长，但已经低于该国正常经济发展和充分就业所需要的物价水平，通货处于相对不足的状态。这种情形已经开始损害经济的正常发展，虽然损害是轻微的，但如果不加重视，可能会由量变到质变，对经济发展造成更大的损害。

绝对通货紧缩是指物价水平在零值以下，即物价出现负增长，这种状态说明一国通货处于绝对不足状态。这种状态的出现极易造成经济衰退和经济萧条。根据对经济的影响程度，通货紧缩又可以分为轻度通货紧缩、中度通货紧缩和严重通货紧缩。而这三者的划分标准主要是物价绝对下降的幅度和持续的时间长度。一般来说，物价出现负增长，但幅度不大（比如在-5%以内），时间不超过两年的称为轻度通货紧缩；物价下降幅度较大（比如在-5%～-10%），时间超过两年的称为中度通货紧缩；物价下降幅度超过10%，持续时间超过两年甚至更长的情况称为严重通货紧缩。20世纪30年代世界性的经济大萧条所对应的通货紧缩，就属严重通货紧缩。

界定通货紧缩，在一般情况下可以而且能够用物价水平的变动来衡量，因为通货紧缩与通货膨胀一样是一种货币现象。但是如果采取非市场手段，硬性维持价格的稳定，就会出现实际产生了通货紧缩，价格却没有降低的状况，这种类型的通货紧缩就是隐性通货紧缩。

经济学茶座

经济学中有句话叫通缩比通胀更可怕，宁要通胀不要通缩。长期的通货紧缩会抑制投资与生产，不断弱化的市场需求会迫使企业降价，导致其利润下降。如果物价存在长期下降的趋势，消费者和企业就将推迟购买和采购，而这种行为将导致物价进一步陷入低迷。这样需求越不足，产能就越过剩，就越会给价格带来更大的下跌压力，通缩就将进一步加剧，大大削弱企业进行资本投资或生产的动力。

当企业和个人对银行负债时，物价不断下降使得钱越来越值钱，这就意味着他们的负债越来越多，从而对他们的消费支出有负面影响。通常债务人比债权人有更高的支出倾向，在这种情况下，债务人减少的支出比债权人增加的支出多。也就是说，在通货紧缩的情况下，欠债人是受损的。

由于通货紧缩形成的原因比较复杂，并非由单一的某个方面的原因引起，而是由多种因素共同作用形成，因此治理的难度甚至比通货膨胀还大，必须根据不同时期的具体情况进行认真研究，才能找到有针对性的治理措施。

一般而言，要治理通货紧缩，必须实行积极的财政政策，增加政府公共支出，调整政府收支结构，即在加大支出力度的基础上，既刺激消费和投资需求，又增加有效供给。另外，还必须采取扩张性的货币政策增加货币供给，以满足社会对货币的需求。作为中央银行可以充分利用自己掌握的货币政策工具，影响和引导银行及社会公众的预期和行为。

在通货紧缩时期，一般要降低中央银行的再贴现率和法定存款准备金率，从社会主体手中买进政府债券，同时采用一切可能的方法，鼓励商业银行提高信用，从而增加货币供给。财政政策与货币政策的配合运用，是治理通货紧缩的主要政策措施。

利率——搅动金融市场的指挥棒

经济学故事

安东尼奥是个威尼斯商人，他的好友巴萨尼奥因要向贝尔蒙特的名门闺秀波西亚求婚，急需钱款，请求他尽力相助。但是，安东尼奥手头既缺现钱，也没有可以变换现款的货物，于是不得不以自己的名义向高利贷者夏洛克借3000块金币。

由于安东尼奥借钱给别人从不收利钱，因而压低了威尼斯放债人的利息收入，影响了夏洛克盘剥取利，所以夏洛克对安东尼奥早就恨之入骨。夏洛克在听到安东尼奥要向他借钱时，表示同意借钱，而且不收分文利息，但须写下借约，规定借期为三个月，届时不能还清本金，就从安东尼奥身上割下一磅肉。安东尼奥为了替朋友解难，又想到过两个月货船即可返回，到时有九倍这笔借款的数目进账，便签订了借约。

但是安东尼奥的商船遇险，行踪不明，借款到期时，安东尼奥还不上钱，被夏洛克告到了法庭，按照合约，他会遭遇夏洛克索取一磅肉的厄运。波西亚听到这个消息，女扮男装以律师的身份到威尼斯去营救安东尼奥。在法庭上，波西亚聪明地答应夏洛克可以割取安东尼奥的任何一磅肉，但是如果流下一滴血（合约上只写了一磅肉，却没有答应给夏洛克任何一滴血），就用夏洛克的性命及财产来补赎。最终法庭宣判夏洛克以谋害威尼斯市民的罪名，没收其财产的1/3，安东尼奥获救。

经济学课堂

这个故事出自莎士比亚的名作之一，故事中涉及“利息”的概念，而利息又常与利率相联系。

利率是单位货币在单位时间内的利息水平，表明利息的多少，通常由国家的中央银行控制。利率是经济学中一个重要的金融变量，几乎所有的金融现象、金融资产均与利率有着或多或少的联系。

现代经济中，利率受到经济社会中许多因素的制约，而且利率的变动也将对整个经济产生重大的影响，因此，现代经济学家在研究利率的问题时，特别重视各种变量的关系以及整个经济的平衡问题。

英国著名经济学家希克斯等人则认为，如果没有考虑收入的因素，便无法确定利率水平，于是在1937年提出了建立在一般均衡理论基础上的IS−LM模型。从而建立了一种在储蓄和投资、货币供应和货币需求这四个因素的相互作用之下的利率与收入同时决定的理论。

IS−LM模型是宏观经济分析的一个重要工具，是描述产品市场和货币之间相互联系的理论结构。

在产品市场上，国民收入决定于消费C、投资I、政府支出G和净出口X−M加起来的总支出或者总需求水平，而总需求尤其是投资需求要受到利率r的影响，利率则由货币市场供求情况决定，即货币市场要影响产品市场。

另一方面，产品市场上所决定的国民收入又会影响货币需求，从而影响利率，这又是产品市场对货币市场的影响。可见，产品市场和货币市场是相互联系、相互作用的，而收入和利率也只有在这种相互联系和相互作用中才能决定。

描述和分析这两个市场相互联系的理论结构，就称为IS—LM，如下图。

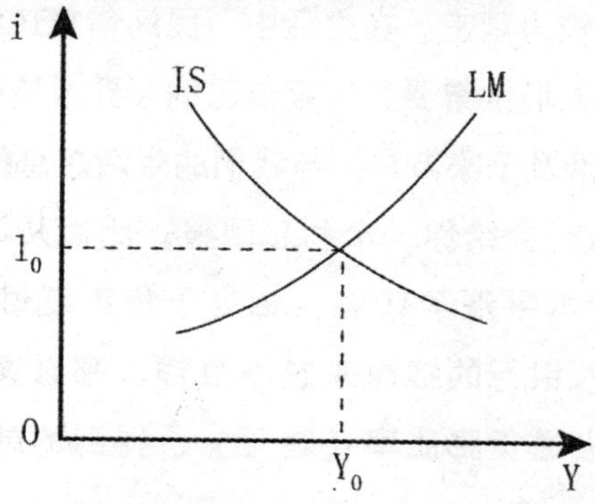

根据此模型，利率的确定取决于储蓄供给、投资需要、货币供给、货币需求四个因素，导致储蓄投资、货币供求变动的因素都将影响到利率水平，这种理论的特点是一般均衡分析。该理论在比较严密的理论框架下，把古典理论的商品市场均衡和凯恩斯理论的货币市场均衡而有机地统一在一起。

综合说来，利率出现的主要原因包括：

1．延迟消费

放款人把金钱借出，就等于延迟了对消费品的消费。根据时间偏好原则，消费者偏好现时的商品多于未来的商品，因此在自由市场会出现正利率。

2．预期的通胀

大部分经济会出现通货膨胀，代表一定数量的金钱在未来可购买的商品会比现在少。因此，借款人需向放款人补偿此段时期的损失。

3．代替性投资

由于机会成本，借款人把金钱借出，等于放弃了其他投资的可能回报。

4．投资风险

贷款人随时有破产、潜逃或欠债不还的可能，放款人需收取额外的金钱，以保证在出现这些情况时，仍可获得补偿。

5．流动性偏好

人会偏好其资金或资源可随时交易，而不是需要时间或金钱才可取回，利息也是对此的一种补偿。

这里存在一个问题，利率应该通过市场和价值规律机制确定，在某一时点上由供求关系决定的利率，能真实地反映资金成本和供求关系。但实际上利率是由中央银行实施利率管制的，这是为了使利率尽力与市场变化相适应。

经济学茶座

利率与人们的生活联系较为紧密。在生活中，民间借贷还款时常要与同期的储蓄存款利息作比较。在炒股时，人们常常要算一算自己的股票或资金，与同期的存款利率作一个比较。储蓄存款利率，涉及千家万户，与我们的生活息息相关。

当你把钱存入银行，银行会给你一个利息回报，比如某年的一年期定期存款利率是3%。而这一年整体物价水平涨了10%，相当于货币贬值10%。一边是银行给你的利息回报，一边是你存入银行的钱越来越不值钱，那么这笔存款的实际收益是多少呢？用利率（明赚）减去通货膨胀率（暗亏），得到的就是你在银行存款的实际收益。

例如2008年的半年期定期存款利率是3.78%（整存整取），而2008年上半年的CPI同比上涨了7.9%。假设你在年初存入10000元的半年定期，存款到期后，你获得的利息额：（10000×3.78%）－（10000×3.78%）×5%=359.1元（2008年上半年征收5%的利息税）；而你的10000元贬值额=10000×7.9%=790元。790－359.1=430.9元。也就是说，你的10000元存在银行里，表面上增加了359.1元，而实际上减少了430.9元。这样，你的银行存款的实际收益为－430.9元。

负利率的出现，意味着物价在上涨，而货币的购买能力却在下降，即货币在悄悄贬值，存在银行里的钱在悄悄缩水。

虽然理论推断和现实感受都将负利率课题摆在了人们面前，但有着强烈储蓄情结的中国老百姓仍在“坚守”储蓄阵地。银行储蓄一向被认为是最保险、最稳健的投资工具，但我们也应该看到，储蓄投资的最大弱势是：收益较其他投资偏低，长期而言，储蓄的收益率难以战胜通货膨胀，也就是说，特殊时期通货膨胀会吃掉储蓄收益。因此，理财不能单纯依赖“积少成多”的储蓄途径。

在现代社会，利息和利率是沟通实物市场和货币市场的桥梁，无论你是大企业家还是一名普通工人，都需要关注利息和利率的变化情况。

复利——“世界第八大奇迹”

经济学故事

西方人把国际象棋称为“国王的游戏”。

相传国际象棋是古波斯的一个大臣发明的，国王为这个游戏的问世深感喜悦。当时该国正在与邻国交战，在战争进入对峙阶段时，两国决定下一盘国际象棋来决定胜负。最后，发明国际象棋的这个国家赢得了战争的胜利。国王因此非常高兴，决定给大臣奖赏。大臣就指着自己发明的棋盘对国王说：“我只想要一点微不足道的奖赏，只要陛下能在第一个格子里放一粒麦子，第二个格子增加一倍，第三个再增加一倍，直到所有的格子填满就行。”国王毫不犹豫地答应了他的要求：“你的要求未免也太低了吧？”

但很快国王就发现，即使将自己国库所有的粮食都给他，也不够百分之一。因为从表面上看，大臣的要求起点十分低，从一粒麦子开始，但经过多次的翻倍后，就迅速变成了天文数字。

这就是复利的效用。

经济学课堂

单利的计算方法很简单，借入者的利息负担比较轻，它是指在计算利息额时，只按本金计算利息，而不将利息额加入本金进行重复计算。如果用I代表利息额，P代表本金，r代表利息率，n代表借贷时间，S代表本金和利息之和。那么其计算公式为：

$$I=P\times r\times n$$

$$S=P\times(1+r\times n)$$

例如，某银行向某企业提供一笔为期5年、年利率为10%的200万元货款，则到期时该企业应付利息为：

$$I=P\times r\times n$$
$$=200\times 10\%\times 5$$
$$=100\text{（万元）}$$

本金和利息为：

$$S=P\times(1+r\times n)$$

$$=200\times(1+10\%\times5)$$

$$=300\text{（万元）}$$

而复利是指将本金计算出的利息额再计入本金，重新计算利息的方法。这种方法比较复杂，借入者的利息负担也比较重，但考虑了资金的时间价值因素，保护了贷出者的利益，有利于提高使用资金的效率。复利计算的公式为：

$$I=P\times[(1+r)^n-1]$$

$$S=P\times(1+r)^n$$

若前例中的条件不变，按复利计算该企业到期时应付利息为：

$$I=P\times[(1+r)^n-1]$$

$$=200\times[(1+10\%)^5-1]$$

$$=122.102\text{（万元）}$$

$$S=P\times(1+r)^n$$

$$=200\times(1+10\%)^5$$

$$=322.102\text{（万元）}$$

由此可见，单利只根据本金算利，没有利滚利的过程。这两种方式带来的利益差别一般人很容易忽略。假如投入1万元，每一年收益率能达到28%，57年后复利所得为129亿元。可是，若是单利，同样投入1万元，每一年28%的收益率，57年的时间却只能带来区区16.96万元，这就是复利和单利的巨大差距。

经济学茶座

据说曾经有人问爱因斯坦：“世界上最强大的力量是什么？”他的回答不是原子弹爆炸的威力，而是复利。罗斯柴尔德金融帝国创立人梅耶更是夸张地称复利是“世界上的第八大奇迹”。

复利不是数字游戏，它告诉了我们有关投资和收益的深层道理。在人生中，追求财富的过程不是短跑，也不是马拉松式的长跑，而是在数十年甚至更长的时间跨度上所进行的耐力比赛。只要坚持追求复利的原则，即使起步的资金不太大，也能因为足够的耐心加上稳定的“小利”而很漂亮地赢得更多的财富。

我们完全可以把复利应用到自己的投资理财活动中。假设你现在投资1万元，通过你的运作每年能赚15%，那么，在复利条件下连续20年，最后连本带利就会变成163665元了，想必你看到这个数字后感觉很不满意吧？但是连续30年，总额就变成662117元了；如果连续40年，总额将是2678635元。也就是说一个25岁的年轻人，投资1万元，每年赢利15%，到65岁时，就能获得200多万元的回报。当然，市场有景气和不景气的时候，这里说每年都挣15%只是假设的情况。通过这个举例，我们可以得到的结论是，在复利模式下，一项投资坚持的时间越长，带来的回报就越高。在最初的一段时间内，得到的回报也许不理想，但只要将这些利润进行再投资，那么你的资产就会像雪球一样，越滚越大。经过年复一年的积累，你的资产就可以攀登到一个新的台阶，这时候你就可以在新的层次上进行自己的投资了，每年的资金回报也可能远远超出最初的投资。

当然，复利的巨大作用也会从投资者的操作水平中体现出来。因为，为了抵御市场风险，实现第一年的赢利，投资者必须研究市场信息，积累相关的知识和经验，掌握一定的投资技巧。在这个过程中，需要克服一些困难，但投资者也会养成一定的思维定式和行为习惯。在接下来的一年里，投资者过去的知识、经验和习惯会自然地发挥作用，并且又会在原来的基础上使自己有所提高。这样坚持下来，投资者就会越来越善于管理自己的资产，能够更熟练地投资，这是在实现个人投资能力的“复利式”增长。而投资理财能力的持续增长，使投资者有可能保持甚至提高相应的投资收益率。

这种由复利带来的财富增长，被人们称为复利效应。事实上，不但利率中有复利效应，和经济相关的各个领域其实也广泛存在着复利效应。比如，一个国家只要有稳定的经济增长率，保持下去就能实现经济繁荣，从而提升综合国力，改善人民的生活。

费雪效应——预期通货膨胀率与利率的关系

费雪是美国经济学家、数学家、经济计量学的先驱者之一。他出生于1867年，并在1891年取得了耶鲁大学博士学位。1898年，他差点死于结核，这使他成了节制饮食、禁酒和公众健康方面的终生斗士。

给费雪写传的作家罗伯特·罗林·艾伦写道：费雪在1894年前往瑞士的一次旅途中，从汇入山谷一池的瀑布里，悟出了“精确定义财富、资本、利息和收入之间关系”的一个方法：“流动的水，每分钟有一定单位量的水流入，就是收入。池子在某个特定的时刻容有一定量的水，就是资本。”在之后30年的时间里，他确立了金融经济学中的许多重要概念。

1911年，在《货币购买力》一文中，费雪正式提出货币数量理论，即认为货币供应量乘以货币周转率——美元在市场上的周转速度，等于商品交易量乘以商品平均价格。更重要的是，他还说明了不断变化的速度和价格可能导致实际利率与名义利率的偏离。通过这种方式，货币因素可以促成繁荣，也可以造成萧条，尽管其对产出没有长期影响。此外，费雪认为，美元价格不应该与黄金而应该与一篮子商品挂钩，这使他成为所有以价格稳定为目标的现代中央银行的精神之父。

经济学课堂

费雪方程式将名义利率与预期通胀联系起来，用来分析实际利率的长期行为，并因此把人们的注意力引向一个关于货币增长、通货膨胀与利率的重要关系：长期中当所有的调整都发生后，通货膨胀的增加完全反映到名义利率上，即存在名义利率对通货膨胀的一对一调整，这种长期效应被称为费雪效应。

费雪效应又可分为长期费雪效应和短期费雪效应。长期费雪效应的存在意味着当通货膨胀和名义利率水平值都显示出强劲的趋势时，这两个时间序列会按同一趋势变化，从而表现出较强的相关性。在长期，通货膨胀与利率之间存在近似一对一的调整关系表明，高的名义利率反映存在高的预期通胀率，并不反映货币政策的实质内容，通货膨胀上升多少，名义利率就上升多少，因此货币政策可能影响通胀率，但并不影响实际利率。

同时，短期费雪效应成立说明，即使在短期中名义利率的变化也主要反映预期通胀而不是实际利率的变化，从而无论在长期还是在短期，名义利率与货币政策之间的联系都没有得到反映。既然利率不能反映银根的松紧变化，也就不适宜作为我国货币政策的中介目标。这一特殊性一方面是因为我国存贷款利率没有市场化，受政府及央行管制，因此缺乏一个灵敏、有效的市场利率体系；另一方面在于利率作为一种政策工具主要被政府用来控制通胀。

经济学茶座

费雪第一个揭示了通货膨胀率预期与利率之间的关系，指出当通货膨胀率预期上升时，利率也将上升。

假如银行储蓄利率有5%，某人的存款在一年后就多了5%，这说明他富了吗？这只是理想情况下的假设，如果当年通货膨胀率3%，那他只富了2%；如果通胀率是6%，那他一年前100元能买到的东西现在要106元，而存了一年的钱只有105元，他反而买不起这东西了，这可以说是对费雪效应的通俗解释。

在某种经济制度下，实际利率往往是不变的，因为它代表的是实际购买力。于是，当通货膨胀率变化时，为了求得公式的平衡，名义利率也就是公布在银行利率表上的利率就会随之变化。正因为这个原因，在20世纪90年代初我国物价上涨时，中国人民银行制定了较高的利率水平，甚至还有保值贴补率；而当物价下跌时，中国人民银行就再三降息。费雪效应表明：物价水平上升时，利率一般有增高的倾向；物价水平下降时，利率一般有下降的倾向。

第十七章　贸易

——“中国花”开遍地球村

经济全球化——生意越做越大，地球越来越小

经济学故事

在18世纪以前，中国的生产技术和经济水平与西方相比一直都遥遥领先。

早在公元前1世纪，中国的很多产品就通过阿拉伯人的转口贸易传入欧洲。与当时欧洲落后的生产技术水平相比，中国产品是巧夺天工的，无论是丝绸、瓷器、漆器还是其他一些工艺品，都让西方人大开眼界。

据记载，有一次恺撒穿着一件中国丝绸做成的袍子去看戏，结果在整个罗马引起了巨大轰动。作为丝绸之路的重要终点站之一，威尼斯仅凭丝绸贸易就获得了空前的繁荣。

在中国瓷器进入欧洲以前，西方人日常使用的器皿都是以陶器、木器和金属为主，轻薄漂亮的瓷器一传入欧洲，所有人都趋之若鹜。最初的瓷器数量非常稀少，往往被当成最珍贵的礼物送给国王和贵族，平常百姓根本无缘得见。在海上丝绸之路的终点埃及和阿拉伯半岛，单件瓷器的价格就相当于几个奴隶的价格。

到17世纪的时候，由于新航道的开辟，更多的中国产品涌入欧洲，整个欧洲掀起了长达百年的“中国热”，当时法国宫廷中流行的洛可可风格便是受到中国情调的影响而产生的。

经济学课堂

经济全球化是指世界经济活动超越国界，通过对外贸易、资本流动、技术转移、提供服务等方式，相互依存、相互联系而形成的全球范围的有机经济整体。经济全球化是当代世界经济的重要特征之一，也是世界经济发展的重要趋势。

世界各国、各地区的经济，包括生产、流通和消费等领域相互联系、相互依赖、相互渗透，以前那些由于民族、国家、地域等因素造成的阻碍日益减少，世界经济越来越成为一个不可分割的有机整体。其内容主要包括以下方面：

1．生产全球化。举例而言，美国波音公司生产的波音客机，所需的450万个零部件来自6个国家的1500家大企业和1.5万家中小企业。波音公司负责飞机的整体设计、关键零部件的生产和产品的最终组装。据统计，目前全世界有40%的产品是由跨国公司生产的。

2．贸易全球化。世界市场的形成使各国市场逐渐融为一体，极大地促进了国际贸易的发展。国际贸易的范围不断扩展，世界市场容量越来越大，各国对世界市场的依赖程度也日益增大。

3．金融全球化。各国金融市场更加紧密地与国际市场联系在一起，迅速扩展的跨国银行，遍布全球的电脑网络，使巨额资本和庞大的金融衍生品在全球范围内流动。

4．投资全球化。国际投资中资本流动规模持续扩大，1995年发达国家对外投资总额达到了2.66万亿美元，是1945年的130多倍。资本流向从单向发展为双向，过去只有发达国家输出资本，现在发展中国家也对外输出资本，包括向发达国家输出资本。

5．区域性经济合作日益加强。区域经济组织遍及全世界，如欧洲联盟、北美自由贸易区等，许多区域集团内部实现了商品、资本和劳务的自由流通，使得区域内能够合理配置资源，优化资源组合，实现规模经济，提高经济效益。

经济学茶座

一方面，经济全球化为发展中国家提供了难得的发展机遇，有利于吸引外资，弥补国内建设资金的不足；有利于引进先进技术和设备，实现技术发展的跨越；有利于学习先进的管理经验，培养高素质的管理人才；有利于发挥比较优势，开拓国际市场，等等。另一方面，它也不可避免地给发展中国家带来许多不利因素和风险。

在经济全球化的过程中，发达国家与发展中国家的差距越来越大。

世界银行在第60届联合国首脑峰会期间公开了一份长达190页的报告，公布了世界上最穷的10个国家和世界上最富的10个国家。

榜单上，世界最穷的10个国家几乎全在非洲，亚洲仅有尼泊尔，排名世界最穷国家的第六。世界上最富的国家几乎全在欧洲，除此之外，美国排名第四，日本排名第六。

最穷国家的第一名是埃塞俄比亚，人均财富仅1965美元，最富的国家第一名是瑞士，人均财富达到了648241美元，两者相差将近330倍。最穷国家的第十名马达加斯加，人均财富5020美元，最富国家的第十名比利时和卢森堡，人均财富451714美元，两者相差90倍。

在国家经济发展中，发达国家与发展中国家的贫富差距越来越大，这有历史性的因素，但是贸易的因素也是不可忽视的。发达国家利用垄断地位控制发展中国家的对外贸易，一方面压低发展中国家生产的初级产品的世界市场价格，另一方面提高发达国家生产的工业制成品的世界市场价格。把这一现象用图形表示出来，就像一把张开的剪刀，故被形象地称为“剪刀差”，发达国家通过这种交换手段可以获得高额利润。剪刀差是发达国家在国际贸易中的重要交换手段。

由于在国际贸易中发达国家占据统治地位，它们主要输出制成品，进口原料、初级产品和劳务，而发展中国家主要输出原料、初级产品和劳务，进口制成品，所以国际价格剪刀差就表现为工业制成品价格高于价值，而原料、初级产品和劳务价格低于价值，使发展中国家在国际贸易中遭受重大经济损失。

不合理的国际分工，少数发达国家对国际贸易的垄断，使得发达国家能垄断高价销售工业品，并低价收购农产品、矿产品和初级产品，通过不等价的剪刀差攫取高额利润。在20世纪50年代和60年代，发展中国家在剪刀差扩大中所受的损失每年达2000多亿美元。80年代初，制成品价格一再提高而初级产品价格一再被压低，发达国家获取了更多的利润。

由于发展中国家在国际经济体系中仍处于不平等地位，所以他们要求发展独立的民族经济，在国际经济体系中取得平等的地位，建立新的国际经济秩序。

国际分工——生产具有比较优势的产品

有两个相邻的国家，一个是大国，一个是小国。大国位于平原地区，适合生产谷物；小国位于山区，适合种桑和生产丝绸，而不太适合种谷物。长期以来，两国之间相安无事，每每有争端之际，小国都万众一心地防备，让大国感到难以下手。

有一天，大国的国王忽然要求本国的百姓们不得种桑，只能种粮。一时间丝绸大涨，粮价下跌。于是小国的人多种桑树，减少种粮，多生产丝绸，以满足大国消费的需要。

很多年过去了，小国越来越富，生产的丝绸质量越来越好，技术附加值也越来越高，年轻人从事丝绸的技术开发与生产，或者做丝绸的国际贸易。时间一长，小国的人都不种粮食了。

大国不种桑以后，粮食种得也不错。尽管粮食价格下跌，但产量提高了，粮库里装不下，多余的部分卖到小国去，日子过得虽不如小国富有，也还不错。

日子就这样一天天过去，两国都生活在相互依存的世界中，小国和大国因为经济上的联系加强，政治上的争端也减少了。

经济学课堂

在国际经济一体化的今天，国家经济分工很重要，没有分工就没有效率，但在发挥比较优势的同时，也要重视经济结构的安全。

国际分工指世界上各国之间的劳动分工，是各国生产者通过世界市场形成的劳动联系，是国际贸易和各国（地区）经济联系的基础。国际分工是社会生产力发展到一定阶段的产物，是社会分工从一国国内向国际延伸的结果，是生产社会化向国际化发展的趋势。任何国家都应具有自己的比较优势，出口具有比较优势的产品，积极参与国际分工，促进本国经济的发展。

亚当·斯密曾经举过这样的一个例子：在狩猎社会，一个人在一开始既打猎又造弓箭，后来他发现自己更擅长造弓箭，专门造弓箭换猎物比二者都干的效率更高；另外一个人在开始的时候也是既打猎又造弓箭，后来他发现自己更擅长打猎，专门打猎换弓箭比二者都干的效率更高。于是，他们各自发挥自己的比较优势，然后进行交换，这样他们都比以前生活得更好。

经济学茶座

在现代社会，分工不仅仅限于个人与个人之间，已经扩展到全世界范围。因此，我们在了解经济的时候还要考虑国际分工的因素。

国际分工主要分为垂直分工和水平分工两种形式。我们经常见到的发达国家与发展中国家的分工形式是垂直分工，即部分国家供给初级原料，另一部分国家供给制成品，如发展中国家生产初级产品，发达国家生产工业制成品。当然在国际经济中，分工并不是如此简单，往往某种产品从原料到制成品，须经多次加工。经济越发达，分工越细，产品越复杂，工业化程度越高，产品加工的次序就越多。

值得注意的是，当代发达国家的相互贸易主要建立在水平分工的基础上。水平分工可分为产业内与产业间的水平分工。产业内分工是指同一产业内不同厂商生产的产品虽有相同或相近的技术程度，但其外观设计、内在质量、规格、品种、商标、牌号或价格上有所差异，从而产生的分工和相互交换，它反映了寡头企业的竞争和消费者偏好的多样化。随着科学技术和经济的发展，工业部门内部专业化生产程度越来越高。部门内部的分工、产品零部件的分工、各种加工工艺间的分工越来越细。

因为发达资本主义国家的工业发展有先有后，侧重的工业部门有所不同，各国技术水平和发展状况存在差别，所以，各类工业部门生产方面的分工日趋重要。各国以其重点工业部门的产品去换取非重点工业部门的产品。工业制成生产之间的分工不断向纵深发展，由此形成水平型分工。

另外，当代国际分工格局呈现出以要素分工为主导的特征。在这一分工格局下，人口较多的发展中国家以劳动要素参与国际分工乃是必然选择。但劳动要素受其自身特点的制约在利益分配中处于弱势地位，因此要保障劳动参与国际分工的稳定性和可扩展性，保障劳动参与利益分配的公平性和合理性。

从长远看，保障发展中国家分工利益的根本出路在于提高要素质量。当代国际分工无疑是发达国家主导下的国际分工，发展中国家无论是被动还是主动，都必须融入，任何国家不可能孤立于这个分工体系之外。在这样的前提下，发展中国家谋求分工利益应有更现实的态度、更开阔的视野。

贸易保护主义——“保护”国内产业的最好方式

韩国从1995年开始开放农产品市场，但不是毫无保障措施，而是实行了同国内外价格差异相适应的高关税及特别紧急关税等一系列贸易保护措施。

1．加强对农产品进口开放品种的管理。通过遏制不必要的进口，维持短期国内价格的稳定。当价格激增时，及时把握进口动向以采取切实的保护措施。

2．积极利用相关法律和各种制度实施保护。对由于低价农产品进口增加而受影响的品种，韩国政府采取了调整关税或提高税率的措施。当进口量超过定额时，实行特别紧急关税。对由于进口激增而导致国内农业受影响的品种，采取产业救济制度及限制进口量的措施。

3. 加强实施原产地标志。为防止不法商人将低价的进口农产品伪装成国产产品，韩国政府规定进口产品、国产产品和加工产品必须标记原产地，严格取缔伪装标记原产地的行为，以确保进口农产品的国内流通秩序及差别化。

经济学课堂

贸易保护主义是一种为了保护本国制造业，对进口产品设定极高关税、限定进口配额或减少进口额的经济政策。它与自由贸易模式正好相反，后者使进口产品免除关税，让国外产品可以与国内市场接轨，而不使它们负担国内制造厂商背负的重税。

理论上，贸易保护会限制一国经济的发展，为什么很多政府还是热衷于实施贸易保护呢？这是因为我们在理论证明时暗含了一个假设，就是假设政府在制定政策过程中都是以本国的整体利益最大化为目的，但是政府在一些势力的影响下也可能偏离这个目标。贸易保护对生产者有利，生产者虽然人数较少，但贸易保护分摊给每个生产者的平均收益较大，因而该利益集团要求政府实施贸易保护政策的热情高，对政府的影响就大；贸易保护对消费者不利，消费者虽然人数众多，但不实施贸易保护分摊给每个消费者的平均收益较小，所以该利益集团反对政府实施贸易保护政策的热情低，对政府的影响就小。这样一来，政府的贸易保护政策便得以盛行。

举个例子来说，美国番茄质次价高，墨西哥番茄质高价低，从某种角度看，美国进口墨西哥番茄是有利的。但是1996年克林顿政府却限制墨西哥番茄出口到美国，这是为什么？因为番茄进口受益的是消费者，而每个消费者受益并不大；而主要受损的佛罗里达州的种植者虽然人数少，但分摊到每个人身上的损失很大。贸易保护可以保护佛罗里达州种植者的利益。

事实上，为了保护国内某些行业的发展，适当的贸易保护主义是很有必要的。重要的是本国哪些产业应当受到保护，哪些产业不应保护，而使其积极参与国际市场竞争，因为不可能所有产业都需要保护。在这方面，幼稚产业论值得借鉴。

所谓幼稚产业，是指处于成长阶段即尚未成熟阶段，但具有潜在优势的产业。如我国的汽车工业就可以说还是幼稚产业，应当得到政府的保护。一般来说，当某一产业规模较小，其生产成本高于国际市场价格的时候，如果任其自由竞争，该产业往往会亏损。如果政府在一段时间内给予适当的保护，使该产业发展成熟，具有一定规模，再去面对国际竞争，就能获得利润。

在经济全球化的趋势下，贸易保护主义盛行，对任何国家都不是好事。我们一方面要拆除贸易壁垒，另一方面要采取必要措施，保护本国经济的健康发展。

经济学茶座

如今，中国已经成为世界工厂，中国制造更是遍布世界各地，与此同时，国际社会不断传来某国政府对中国产品实施反倾销、反补贴措施的消息。世界贸易组织秘书处发布的数据显示，2008年全球新发起反倾销调查208起，反补贴调查14起，中国分别遭遇73起和10起，占总数的35%和71%。对我国实施反倾销的国家不仅有澳大利亚、加拿大、日本等发达国家，也包括土耳其、印度等一些发展中国家，案件涉及日用品、机电、矿产、养殖品等中国在出口方面具有优势的产品。

这样的现象在全世界非常普遍，国与国之间的贸易摩擦也在频频上演。发达国家技术先进，这使得他们能够突破发展中国家的贸易壁垒，冲击发展中国家的市场，相反，发展中国家产品往往要受到发达国家的严苛管制。

作为发展中国家之一的中国同样面临众多的贸易壁垒。相关资料显示，我国因国外贸易壁垒所造成的损失十分巨大。

为了应对贸易摩擦，减少各种贸易壁垒带来的损失，国家和出口企业都需采取有效的应对之策。从国家层面来看，可以在世贸组织等多边框架下大力呼吁反对贸易保护主义，督促有关国家采取实际行动履行承诺，同时，积极推动新一轮世贸谈判，与有关国家加强双边谈判，争取使更多国家承认本国的市场经济地位。

从企业层面来看，企业作为应对贸易保护主义的主体，应努力提高技术创新和培育自主品牌的能力，变“以廉取胜”为“以质取胜”。同时，企业家通过对外直接投资、兼并收购当地企业等方式，将跨境出口转化为企业的内部贸易，有效避免贸易摩擦。

贸易补贴——美国农民生活得很滋润

经济学故事

2008年8月28日，世界贸易组织公开了美国政府的一封来信。在信中，美国就中国农产品（如猪肉、小麦）关税、补贴和出口规则问题向WTO提出一系列质疑。美国政府在信中的主要攻击点是中国的生猪饲养政策。

信中称，中国的企业所得税率为25%，但中国生猪饲养等肉类企业似乎不必交纳此等所得税。美方要求中方解释猪肉生产和加工商是否属于“从事农、林、牧、渔业项目的企业”，并要求中方公布猪肉生产商和加工商2007和2008年的总收入。

2007年中国生猪存栏数因疾病等问题大幅下滑，导致市场猪肉价格飙升。为此，中国政府采取一系列措施，鼓励和促进生猪饲养和肉类加工。美国政府在致WTO的信中称，中国对饲养的每头母猪补贴100元人民币，是过去补贴的两倍，而此前中国对生猪饲养补贴已高达8.86亿美元。美方要求中方提供新补贴方案细节和补贴总额。

美国是世界上农业补贴最多的国家，但竟然指责中国的农产品补贴政策，实在是强盗逻辑。

经济学课堂

贸易补贴是指一个国家的政府或公共机构采用直接或间接的方式向本国出口企业提供现金补贴，或者提供财政上的优惠。此举有利于提高出口企业在国际贸易中的竞争力，但是，贸易补贴会使外国同类企业受到不利影响，容易导致不公平竞争。

贸易补贴可以是直接的，也可以是间接的。直接贸易补贴是指从政府得到的财政补贴；间接贸易补贴一般采取放宽信贷、廉价使用能源或免费使用基础设施等方式。补贴量可以与贸易量保持某一固定比例关系，称为从量补贴；也可以与贸易值保持某一固定比例关系，称为从价补贴。

比如，贸易补贴中的出口补贴，又称出口津贴，是一国政府为降低出口商品的价格，加强其在国际市场上的竞争能力，在出口某种商品时给予出口厂商的现金补贴或财政上的优惠待遇。其方式有直接和间接两种：直接补贴，即政府直接付给出口厂商的现金补贴；间接补贴，即政府对某些出口商品给予财政上的优惠。

经济学茶座

贸易补贴是贸易保护主义的有利工具，并成为国际贸易中的非关税壁垒。长期以来，各国政府为了国内经济发展或其他政策的需要，或者为了促进出口，在不同时期对不同的行业或产品实行补贴，这已经成了一种普遍的现象。

美国是世界上贸易补贴最多的国家，尤其以农业补贴最多。对于美国的农民而言，无论在地里种什么，他们都不用担心卖不出去，因为在他们背后有美国政府丰厚的农业补贴。美国农业补贴的形式繁多，种类各异，几乎覆盖了所有大宗农产品，每年平均每个农户能从政府那里得到1万多美元的补贴。巨额的补贴使得美国农产品在国际市场上长期占据有利地位，美国的小麦、大豆和玉米占有率分别在45%、34%和21%以上。

高额的农业补贴使美国农产品在国际市场上具有显著的价格优势。比如在2000年，美国对小麦的直接补贴为每吨45美元，对玉米的直接补贴为27美元。这也就意味美国的农民可以将每吨小麦降价45美元，每吨玉米降价27美元，降价后再与其他国的生产者竞争。这对那些无力提供补贴的发展中国家而言则极不公平，因为他们的农民无法与美国进行价格战。相对于其他国家的农民而言，美国农民的日子过得更加舒适。

然而，一国对国内工业的补贴会直接或间接影响到其对外贸易，一旦这些国内措施影响了本国与他国的经济交往，则问题就不那么简单。在国际贸易中，补贴与反补贴措施问题一直是一个复杂棘手、争议颇多的问题。作为国家而言，当出现这类问题的时候，应该从正视问题开始，采取有效方式积极应对，有效维护本国企业的利益。

商品倾销——不被允许的低价销售

经济学故事

19世纪，英国曾对印度疯狂倾销商品和掠夺原料。1818～1836年，英国输往印度的棉纱增加了5200倍。1850年，英国对印度的棉纺织品输出占英国棉纺织品输出总值的65%。殖民当局规定，英国输入印度的货物只收极低的税，甚至免税，印度纺织品在本国销售，却要交极高的内地税。在英国棉纺织品的冲击下，当时驰名世界的印度棉纺织工业急剧衰败，著名纺织业中心达卡的人口从15万减少到3～4万人。印度总督本廷克也不得不承认：“这种灾难在商业史上几乎是绝无仅有的。”殖民者还强迫印度农民种植棉花、黄麻、茶叶等作物，使印度沦为英国的农业附庸。

在19世纪后半期，英国对印度的原料和粮食的掠夺变本加厉。1849～1914年，印度原棉的输出总值从170万英镑增加到2200万英镑；黄麻的输出总值从1849年的6.8万英镑增加到1914年的860万英镑；谷物（主要是大米和小麦）的输出总值从1849年的85.8万英镑增加到1858年的380万英镑、1914年的1930万英镑。

经济学课堂

倾销是指某国的制造商或出口商将某种产品以低于正常价值的价格出口到另一国的贸易行为。1994年《关贸总协定》第六条规定，如果在正常的贸易过程中，一种产品从一国出口到另一国，该产品的出口价格低于在其本国内消费的相同产品的可比价格，即以低于其正常的价值进入另一国，则该产品被认为是倾销。

按照倾销的目的，商品倾销可分为偶发性倾销、间歇性倾销和持续性倾销三种形式。其中偶然性倾销持续时间短、数量小，比如公司为了处理在国内市场上的积压库存，而以低价在国外市场上销售就属于偶然性倾销。它对进口国没有明显的不利影响，而且还可能使该国的消费者受益，一般不会遇到反倾销的打击。间歇性倾销是指为了打击竞争对手，形成垄断，以低价的方式在国外市场销售，一旦目的达到，就会利用垄断力量提升价格，从而获得高额利润。这种倾销破坏了公平的市场竞争原则，进而破坏了国际贸易秩序，是各国反倾销的打击对象。

倾销通常具有以下特征：

第一，倾销是一种人为的低价销售措施。它是由出口商根据不同的市场，以低于有关商品在出口国的市场价格对同一商品进行差价销售。

第二，倾销的动机和目的是多种多样的，有的是为了销售过剩产品，有的是为了争夺国外市场，扩大出口。只要对进口国某一产业的建立和发展造成实质性阻碍或实质性威胁，就会招致反倾销措施的惩罚。

第三，倾销是一种不公平竞争行为。生产者将产品以较低的价格在国外市场销售，从而获得在另一国市场的竞争优势，进而消灭竞争对手，再提高价格以获取高额垄断利润。

第四，倾销往往给进口方的经济或生产者的利益造成损害，特别是掠夺性倾销会扰乱进口方的市场经济秩序，给进口方经济带来毁灭性打击。

经济学茶座

我们应该注意到，国际贸易中的倾销行为会破坏公平的市场竞争原则，进而破坏国际贸易秩序，所以各国都非常重视反倾销。反倾销是指进口国主管当局根据受到损害的国内企业的申诉，按照一定的法律程序对以低于正常价值的价格在进口国进行销售的、对进口国生产相似产品的产业造成法定损害的外国产品，进行立案、调查和处理的过程和措施。

为了制止倾销而采取反倾销措施应该说是合情合理的，但是反倾销措施的实施若超出了其合理范围或合理程度，也会成为一种贸易保护主义措施，从而对国际贸易的发展造成不利影响。

随着中国外贸的不断扩大，中国正遭遇越来越多的反倾销案。对于中国出口企业而言，当务之急是在应对反倾销时，做好充分的准备，合理利用世界贸易组织的反倾销条例来维护自己的利益。

“走出去”战略——把工厂建到国外去

经济学故事

2010年3月28日，吉利正式与美国福特汽车公司达成协议，以18亿美元收购福特旗下的沃尔沃轿车，获得沃尔沃轿车公司100%的股权以及相关资产（包括知识产权）。专家指出，处于向高端汽车转型时期的吉利抓住机遇，成功收购沃尔沃，是中国民营汽车企业在走向国际化道路上取得成功的标志性事件。

吉利收购沃尔沃是国内汽车企业首次完全收购一家具有近百年历史的全球性著名汽车品牌，首次实现了一家中国企业对一家外国企业的全股权收购、全品牌收购和全体系收购。

吉利收购沃尔沃并非一蹴而就。早在2002年，李书福就动了收购沃尔沃的念头，对其研究已有8年多，首次正式跟福特进行沟通是在2007年。在李书福看来，吉利对沃尔沃、福特及汽车行业的理解，都是福特选择吉利作为沃尔沃新东家的重要原因。

“并不是有钱就能买到全球三大名车之一的沃尔沃。”李书福认为，中国在采购与研发方面所蕴涵的成本优势必将增强未来沃尔沃轿车的全球竞争力。

对这一事件，商务部对外投资和经济合作司李明光处长表示，国内整车制造企业收购境外整车制造企业，吉利虽然不是第一例（2004年上汽收购韩国双龙），但影响很大。在李明光看来，中国巨大的市场份额也是吸引沃尔沃的主要因素之一。

“尽管吉利的技术实力不如沃尔沃，但是我们有巨大的国内市场作支撑，对重振沃尔沃品牌有好处。”李明光说。他认为，这起并购案会对中国制造业振兴起示范带动作用。“中国的民营企业已经具有开展跨国经营的视野和能力，我们不能忽视民营企业在‘走出去’当中的地位和作用。”

经济学课堂

“走出去”是以中国的公司为主导，服务于中国公司战略的一种跨国整合模式。当前，无论从开拓市场空间，优化产业结构，获取经济资源和技术来源，还是突破贸易保护壁垒，培育具有国际竞争力的大型跨国公司，“走出去”都是一种必然选择，也是中国对外开放提高到一个新水平的重要标志。

“走出去”的战略意义在于：

第一，在更加市场化、更加开放、更加相互依存的世界，国家必须考虑通过具有宏观影响力和长远发展战略意义的对外投资，提高国家在全球经济中的地位，在国际资源分配中争取一个更加有利的形势并改善与相关国家和地区的关系。

第二，在中国成为世界工厂，对外贸易依存度超过70%的情况下，国家必须考虑通过提高引进外资质量和扩大对外投资两个轮子，主动在更广阔的空间中进行产业结构调整和优化资源配置。在保持制造业优势的同时，向产业链高增值环节迈进，提升中国在国际分工中扮演的角色。

第三，无论是中国为全球制造产品的要求，还是自身工业化、现代化的需要，都必须考虑如何通过对外投资主动地从全球获取资金、技术、市场、战略资源等。

第四，在外资企业大举进入中国、分享中国市场的情况下，中国企业必须考虑新的发展空间。在外资企业走进来的同时，中国有实力的企业也要走出去，各自发挥优势，这将是一种必然的选择和发展趋势。

第五，在跨国公司利用自己的实力影响中国经济的同时，中国有实力的企业也应利用跨国公司产业结构调整的机会，以自己的比较优势重组他国产业和企业，主动参与国际合作与竞争，以获得更多的市场份额和提升自己技术开发的能力。

经济学茶座

在经济全球化的背景下，我国企业的对外投资初期主要集中在进出口贸易、简单加工和餐饮等行业，近年来已拓展到设计研发、生产制造、资源开发、航运物流和农业合作等领域。目前，跨国并购已成为对外投资的重要方式。2003～2008年间，跨国并购金额超过500亿美元，约占同期对外直接投资总量的40%。“走出去”已成为国内企业成长过程中绕不开的话题，许多国内大型企业更背负着保护各自行业国际竞争力的重任。然而，“走出去”并非单纯地复制分支机构那么简单，它对企业的整体运作能力提出了新的挑战。

纵观国内企业的海外并购历程，尽管参与其中的企业越来越多，在规模上大手笔也是屡见不鲜，然而真正成功的案例并不多。

2005年，中国移动集团竞购巴基斯坦电信公司时以失败告终。巴基斯坦私营化委员会当日宣布，阿联酋电信公司在第二轮竞标中击败中国移动和新加坡电信，以最高出价25.9894亿美元取得巴基斯坦电信公司26%的股权。

作为国际化程度相对较高的中国海尔集团，在2005年就迈开了其海外并购的步伐。

2005年7月，海尔参与竞购美国第三大白电制造商美泰克，但最后却被对手惠而浦打败。此后，海尔集团一直在等待新的跨国并购机会，2006年，韩国市场上出现了新的机会，海尔参与竞购韩国的大宇电子，后又接触韩国的电脑品牌三宝电脑，但这些努力最终没能成功。直到2007年年初，海尔才成功收购了三洋的泰国冰箱工厂，迈开了“走出去”并购的一步。

中国企业曲折的海外并购之路折射出我国企业在“走出去”的过程中面临着诸多困难和挑战。需要明确的是，“走出去”并不是一蹴而就的，需要从整体结构、管理、企业战略等多方面进行深入变革。

WTO——贸易争端的解决者

世界贸易组织的前身是1947年订立的《关税及贸易总协定》。鉴于《关贸总协定》的一些局限性，各缔约方普遍认为有必要在《关贸总协定》的基础上建立一个正式的国际经贸组织来协调、监督、执行乌拉圭回合谈判的成果。

1990年初，欧共体轮任主席国意大利提出建立多边贸易组织的倡议。7月9日，欧共体把这一倡议以12个成员的名义向乌拉圭回合谈判体制职能谈判小组正式提出。同年4月，加拿大非正式地提出建立一个体制机构。瑞士与美国分别于1990年5月17日和10月18日向关贸总协定体制职能谈判小组正式提出提案。这些设想从各自的角度提出未来国际贸易组织机构的职责及性质。

经过磋商，1990年12月，在乌拉圭回合谈判布鲁塞尔部长级会议上，贸易谈判委员会提议起草一个组织性协议。此后，“建立多边贸易组织协定”成为1992年12月的乌拉圭回合谈判最终协议草案的一个组成部分。经过两年多的修改和商议，1993年11月，乌拉圭回合谈判结束前，各方原则上达成了《建立多边贸易组织协定》。在美国代表的提议下，“多边贸易组织”易名为“世界贸易组织”。

1993年12月15日，乌拉圭回合谈判圆满结束。1994年4月15日，在摩洛哥马拉喀什召开的关贸总协定部长级会议上，乌拉圭回合谈判的各项协议均获通过，并采取一揽子方式（无保留例外）加以接受。根据其中《建立世界贸易组织协定》的规定，1995年1月1日，世贸组织正式成立。

经济学课堂

世界贸易组织（WTO）是当代最重要的国际经济组织之一，其成员间的贸易额占世界贸易额的绝大多数，被称为“经济联合国”。

世界贸易组织的一个重要原则就是互惠原则，其主要通过以下几种形式体现：

第一，通过举行多边贸易谈判进行关税或非关税措施的削减，一国对等地向其他成员开放本国市场，以获得本国产品或服务进入其他成员市场的机会。

第二，当一国或地区申请加入世贸组织时，由于新成员可以享有所有老成员过去已达成的开放市场的优惠待遇，老成员就会一致地要求新成员必须按照世贸组织现行协定、协议的规定缴纳“入门费”——开放申请方商品或服务市场。

第三，互惠贸易是多边贸易谈判及一成员贸易自由化过程中与其他成员实现经贸合作的主要工具。关贸总协定及世贸组织的历史充分说明，多边贸易自由化给某一成员带来的利益要远大于一个国家自身单方面实行贸易自由化的利益。因为一国单方面自主决定进行关税、非关税的货物贸易自由化及服务市场开放时，所获得的利益主要取决于其他贸易伙伴对这种自由化改革的反应，如果反应是良好的，即对等地给予减让，则获得的利益就大；反之，则获得的利益较小。而在世贸组织体制下，由于一成员的贸易自由化是在获得现有成员开放市场承诺范围内进行的，这种贸易自由化改革带来的实际利益有世贸组织机制作保障，而不像单边或双边贸易自由化利益那么不确定。因此，多边贸易自由化要优于单边贸易自由化，尤其对中国这样的发展中国家而言。

WTO促进世界范围的贸易自由化和经济全球化，使全世界的关税水平大幅度下降，极大地促进了世界范围的贸易自由化。此外，WTO在农业、纺织品贸易、安全保障措施、反倾销与反补贴、投资、服务贸易、知识产权以及运作机制等方面都做出有利于贸易发展的规定。这些协定和协议促进了世贸自由化和全球经济一体化，使世界性的分工向广化与深化发展，为国际贸易的发展奠定了稳定的基础，使对外贸易在各国经济发展中的作用更为重要。

经济学茶座

世界贸易组织制定的规则已成为当今重要的国际贸易惯例，如果一个国家被排斥在世界贸易组织之外，就难以在平等的条件下进行国际产品和服务的交流，可能会受到歧视待遇。

世界贸易组织的所有成员都可以取得稳定的最惠国待遇和自由贸易带来的优惠。中国自2001年底加入世界贸易组织后，经济与贸易发展极为迅速。

中国加入世界贸易组织（WTO）至今已10周年，截至2010年，中国加入WTO的所有承诺已履行完毕，建立起了符合规则要求的经济贸易体制，成为全球最开放的市场之一。

加入世界贸易组织这些年，我国发生了哪些变化呢？

最为明显的是，我国进出口总值激增，发展成为贸易大国。自2001年加入WTO以来，我国经济指标年年都有新突破，最直接的体现便是外贸数据，2001至2009年，我国外贸进出口总值、出口值和进口值均增长近4倍，其中进出口总值由2001年的5096.5亿美元增长至2009年的22072.7亿美元。而且，中国加入WTO后很快就成为世界制造加工中心。

随着我国经济地位的确立和在国际上社会地位的提升，很多的经济问题可以得到更加公平合理地解决，中国在国际上的声望也有了进一步的提升。

第十八章　国际金融

——谁在导演货币战争

汇率——两国货币如何兑换

经济学故事

在美国和墨西哥边界上有一个小镇，一半在美国，一半在墨西哥。一个单身汉在小镇的墨西哥一边付1比索买了一杯啤酒，啤酒的价格是0.1比索，找回0.9比索。他又来到小镇的美国那边，发现美元和比索的汇率是1：0.9。他把剩下的0.9比索换了1美元，用0.1美元买了一杯啤酒，找回0.9美元。回到小镇所属墨西哥一边，他发现比索和美元的汇率是1：0.9美元。于是，他把0.9美元换为1比索，又买啤酒喝。这样在小镇的两边喝来喝去，他总有1美元或1比索。换言之，他一直在喝免费啤酒，真是个快乐的单身汉。

经济学课堂

这个快乐的单身汉为什么能喝到免费的啤酒呢？其实，这跟汇率有关系，这一故事中，在美国，美元与比索的汇率是1：0.9，但在墨西哥，美元和比索的汇率约为1：1.1。

各国货币能够形成相互的比价关系，原因在于它们都代表着一定的价值量，这是汇率的决定基础。

汇率是一国货币兑换另一国货币的比率。由于世界各国货币的名称不同，币值不一，所以一国货币对其他国家的货币要规定一个兑换比率。

在金本位制度下，黄金为本位货币。两个实行金本位制度的国家的货币单位可以根据它们各自的含金量多少来确定它们之间的比价。在实行金币本位制度时，英国规定1英镑的重量为123.27447格令（历史上使用过的一种重量单位，最初英格兰定义一颗大麦粒的重量为1格令），成色为22开金（又称K金，以金为基础金属的合金），即含金量为113.0016格令纯金；美国规定1美元的重量为25.8格令，成色为90‰，含金量为23.22格令纯金。根据两种货币的含金量对比，1英镑兑换4.8665美元，汇率就以此为基础上下波动。

在纸币制度下，各国发行纸币作为金属货币的代表，并且参照过去的做法，以法令规定纸币的含金量，称为金平价。金平价的对比是两国汇率的决定基础。纸币不能兑换成黄金，因此，纸币的法定含金量往往形同虚设。所以在实行官方汇率的国家，由国家货币当局规定汇率，一切外汇交易都必须按照这一汇率进行。在实行市场汇率的国家，汇率随外汇市场上货币供求关系的变化而变化。

经济学茶座

汇率作为国际金融关系乃至国际经济关系正常发展的重要纽带，渗透经济生活的方方面面，发挥着重要的作用。汇率是国际贸易中最重要的调节杠杆，因为一个国家生产的商品都是按本国货币来计算成本的，要到国际市场上竞争，其商品成本一定与汇率相关。汇率的高低也就会直接影响该商品在国际市场上的成本和价格，直接影响商品的国际竞争力。

例如，一件价值100元人民币的商品，如果美元对人民币汇率为8.25，则这件商品在国际市场上的价格就是12.12美元。如果美元汇率涨到8.50，也就是说美元升值，人民币贬值，那么该商品在国际市场上的价格将变低。商品的价格降低，竞争力变强，肯定更好卖，进而促进该商品的出口。反之，如果美元对人民币汇率跌到8.00，也就是说美元贬值，人民币升值，则有利于美国出口。总之，美元升值而人民币贬值有利于中国商品对美国的出口；反过来，美元贬值而人民币升值则会大大刺激美国对中国的出口。

现在汇率的确定需要先确定是金本位制，或者是纸币制度，要考虑多种因素。一战以前，确定汇率不像现在这么麻烦。当时，各国货币都规定了黄金含量，持有货币可以自由兑换黄金。受市场行情的影响，这种波动往往会对人们的生活产生影响，特别是对那些需要兑换货币的出国的人来说，它意味着将兑换另一国货币多少的变化。

当然，也不要认为自己在国内生活，汇率波动就不会对自己的生活有明显影响。其实，汇率剧烈波动会带来灾难性后果，财富在一夜之间就灰飞烟灭了，几十年辛苦攒下的财富一天就没了，一个产业可能因此垮掉，一个国家的经济可能很长一段时间都难以恢复。

对于任何一个国家来说，汇率都是一把双刃剑。汇率变动究竟会带来怎样的好处与坏处，要视具体情况而定。

购买力平价——用汉堡包衡量购买力

经济学故事

2010年，世界各大媒体都报道了一件事：中国超越日本，成为世界上仅次于美国的第二大经济体。实际上，按照购买力平价理论，中国早已经是世界第二大经济体。

世界银行于2007年12月中旬发布的一组数据显示，2005年中国购买力平价为1美元等于3.45元人民币，相当于当年汇率8.19的42%。也就是说，中国购买力平价水平要远远低于汇率，国内价格水平要低于国际价格水平。按世界银行新的购买力平价数据推算，2005年中国实际GDP总量为53332亿美元，居世界第2位，仅次于美国，占世界总量的9.7%。而按当时的汇率法测算，中国GDP总量为22438亿美元，居世界第5位，排在美国、日本、德国和英国之后，占世界总量的5.1%。

经济学课堂

在经济学上，购买力平价是一种根据各国不同的价格水平计算出来的货币之间的等值系数，以对各国的国内生产总值进行合理比较。

购买力平价的大前提为两种货币的汇率会自然调整至一个水平，使一揽子货物对这两种货币的售价相同（一价定律）。不过，一揽子货物一般选用麦当劳连锁快餐店里出售的巨无霸汉堡包。选择巨无霸的原因是，巨无霸在多个国家均有供应，而它在各地的制作规格相同，由当地麦当劳的经销商负责为材料议价，这些因素使该“巨无霸指数”能比较各国货币。

“巨无霸指数”最初是在1986年9月由英国杂志《经济学人》推出的。巨无霸指数是一个非正式的经济指数，用以测量两种货币的汇率理论上是否合理。假设一个巨无霸在美国的价格是4美元，而在英国是3英镑，那么经济学家认为美元与英镑的购买力平价汇率就是4∶3。如果在美国一个麦当劳巨无霸的价格是2.54美元，在英国是1.99英镑，在欧元区是2.54欧元，而在中国只要9.9元，那么经济学家由此推断，在这一情况下，人民币是币值被低估最多的货币。因为根据一价定律，相同的商品在全世界都应当有相同的价格。如果巨无霸指数大于1，则说明在这个国家麦当劳的价格较美国低，反之则比美国高。从汇率的角度说，就是这个国家货币的汇率被低估，或者美元汇率被高估。

由于同样的产品在世界各地的货币标价相差很大，与官方的汇率换算不相符，因此在一些西方经济学家眼中，麦当劳巨无霸的价格已经成为评估一种货币真实价值的指数。

经济学茶座

购买力平价理论认为，一个平衡的汇率是使所比较的两种通货在各自国内购买力相等的汇率，偏离于使国内购买力相等的汇率是不可能长期存在的。

现行的货币汇率对比较各国人民的生活水平会产生误导。如果墨西哥比索相对于美元贬值一半，那么以美元为单位的国内生产总值也将减半。可是，这并不表明墨西哥人变穷了。如果以比索为单位的收入和价格水平保持不变，而且进口货物对墨西哥人的生活水平并不重要（因为这样进口货物的价格将会翻倍），那么货币贬值并不会让墨西哥人生活质量恶化。购买力平价指数就可以避免这个问题。

对购买力平价理论持批评意见的经济学者认为，假定所有国家的商品价格的相等是错误的，不同国家的人对于同一种商品的估价是不同的，例如一种在甲国是奢侈品的商品在另一个国家可能只是一般日用品，购买力平价理论没有考虑到这种情况。汇率表示本国货币在另一个国家的购买力，而购买力平价汇率跟人们能在另一国买到多少东西无关。并且，购买力平价在统计学上具有欺骗性，例如可以通过精心选择的商品获得对某国有利或者不利的结果。

布雷顿森林体系——不得不说的国际货币体系

经济学故事

1914年，第一次世界大战爆发后，英国为了筹措军费大量发行纸币，同时用大量黄金从美国购买军用物资。由于纸币发行量剧增，黄金储备量急剧下降，原先纸币和黄金的比价无法维持，所以英国不得不在战时停止英镑兑换黄金，暂时放弃金本位制。在1929～1933年世界经济大危机中，英国的金本位制彻底崩溃。

随后，各国纷纷发行不兑现的纸币，禁止黄金自由输出，金本位制随之告终。随着美元的渐渐崛起，布雷顿森林体系时代到来。

1944年，来自44个盟约国国家的730多位代表齐聚美国新罕布什尔州布雷顿森林郡的华盛顿山度假宾馆，足足开了20天的会议，终于讨论出一个结果，那就是著名的布雷顿森林体系——世界上第一个全球性的金融货币体制协议。

经济学课堂

第一次世界大战在相当程度上摧毁了世界贸易，1929年的世界经济大萧条使得金本位制度彻底破产。两次世界大战之间的那段时间，国际货币体系分裂成几个相互竞争的货币集团，各国货币竞相贬值，动荡不定。因为每个经济集团都想以牺牲他人利益为代价，解决自身的国际收支和就业问题，国际经济呈现出一种无政府、无组织的状态。20世纪30年代世界经济危机和第二次世界大战后，各国的经济、政治实力发生了重大变化，美国登上了资本主义世界盟主的宝座，美元的国际地位因美国国际黄金储备充足而空前稳固。这使得建立一个以美元为支柱的，有利于美国对外经济扩张的国际货币体系成为可能。

1944年，盟国取得第二次世界大战的胜利已成定局，各国代表在美国新罕布什尔州的布雷顿森林郡召开会议，商讨战后的世界贸易格局，建立一个新的国际货币体系，以促进战后的世界贸易和经济繁荣。最终，22个盟国代表签署了《布雷顿森林协定》，规定以黄金为基础，以美元作为最主要的国际储备货币。美元直接与黄金挂钩，各国货币则与美元挂钩，可按35美元1盎司的官价向美国兑换黄金。这就是布雷顿森林体系。

布雷顿森林体系的形成暂时结束了战前货币金融领域里的混乱局面，维持了战后世界货币体系的正常运转。固定汇率制是布雷顿森林体系的支柱之一，但它不同于金本位下汇率的相对稳定。在典型的金本位下，金币不仅本身具有一定的含金量，而且黄金可以自由输出和输入，所以汇价的波动界限是狭隘的。1929～1933年的资本主义世界经济危机引起了货币制度危机，导致金本位制崩溃，国际货币金融关系呈现出一片混乱局面。而以美元为中心的布雷顿森林体系的建立使国际货币金融关系又有了统一的标准和基础，混乱局面暂时得以稳定。

布雷顿森林体系的形成，在相对稳定的情况下扩大了世界贸易。美国通过赠与、信贷、购买外国商品和劳务等形式向世界散发了大量美元，客观上起到扩大世界购买力的作用。同时，固定汇率制在很大程度上消除了由于汇率波动而引起的动荡，在一定程度上稳定了主要国家的货币汇率，有利于国际贸易的发展。

经济学茶座

布雷顿森林体系的一个重要特征是，美国被确立为储备货币国与美国雄厚的经济实力是分不开的，但这也给布雷顿森林体系的瓦解埋下了基础。

布雷顿森林体系虽然推动了世界贸易的增长，但存在着严重的缺陷。因为布雷顿森林体系最根本的基础是美国经济。假若美国国际收支持续性逆差，美元对外价值长期不稳，美元则会丧失其中心地位。另外，美国要履行35美元兑换1盎司黄金的义务，就必须拥有充足的黄金储备。如果美国的黄金储备流失过多，储备不足，就难以履行兑换义务，并且无力进行市场操作和平抑金价，国际货币制度的基础也将随之动摇。布雷顿森林体系还规定了汇率浮动幅度需保持在1%以内，导致汇率缺乏弹性，限制了汇率对国际收支的调节作用。

随着时间的推移，布雷顿森林体系的弊端逐渐暴露。1971年7月，第7次美元危机爆发，尼克松政府于8月15日宣布实行“新经济政策”，停止履行外国政府或中央银行可用美元向美国兑换黄金的义务。这意味着美元与黄金脱钩，支撑国际货币制度的两大支柱有一根已倒塌。1973年3月，西欧又出现抛售美元，抢购黄金和马克的风潮。同年3月16日，欧洲共同体在巴黎举行会议并达成协议，联邦德国、法国等国家对美元实行联合浮动，彼此之间实行固定汇率。至此，战后支撑国际货币制度的另一支柱，即固定汇率制度也完全倒塌，这宣告了布雷顿森林体系的最终解体。

随着全球经济一体化的发展，美元一统天下的局面不复存在，世界正在向多极化发展，国际货币体系将向各国汇率自由浮动、国际储备多元化、金融自由化的趋势发展。单一的货币制度越来越难以满足经济飞速发展的需要，这是布雷顿森林体系瓦解的根本原因。

热钱——烫手的山芋

经济学故事

关于热钱先生的报道往往充满了负面性。为了追求利润，他飘忽不定，每到一地都一掷千金，搅得当地本币升值、房产暴涨、股市狂飙，而一有风吹草动，又决绝地离开，全然不顾身后骂名。1992年抛空英镑、1994年逃离墨西哥、1998年做空泰铢，所到之处，满目疮痍，但赚得盆满钵满的他根本顾不上争议，即使偶尔被逼认错，他也会搬出“资本自由流动”的理论来搪塞。

聪明绝顶的热钱先生总在寻找着下一个猎物。新世纪到来时，他的目光瞄准了中国。当时，不断升值的人民币和日益走高的资产价格让他垂涎三尺，但与以往不同的是，由于资本项目管制，去中国的路似乎是封死的。

中国外汇局对于热钱先生可能出入的经常项目的监管一直在加强，还查处了很多起典型案例，他进入中国的路越来越难走。他对此也感叹：“钱，越来越难赚了。”

经济学课堂

热钱又称游资或投机性短期资本，指为追求最高报酬而以最低风险在国际金融市场上迅速流动的短期投机性资金。

国际间短期资金的投机性流动是为了逃避政治风险，追求汇率变动、重要商品价格变动或国际有价证券价格变动的利益。热钱具有如下特征：

1．高收益性与高风险性。追求高收益是热钱在全球金融市场流动的最终目的。当然高收益往往伴随着高风险，因而热钱赚取的是高风险利润，它们可能在此市场赚钱在彼市场亏损，或在此时赚钱而在彼时亏损。

2．高信息化与高敏感性。热钱对一国或世界经济金融现状和趋势，对各个金融市场汇差、利差和各种价格差，对有关国家经济政策等高度敏感，能迅速做出反应。

3．高流动性与短期性。基于高信息化与高敏感性，有钱可赚便迅速进入，风险加大则瞬间逃离，表现出极大的短期性甚至超短期性，可在一天或一周内迅速进出。

4．投资的高虚拟性与投机性。说热钱是一种投资资金，主要指它们投资于全球的有价证券市场和货币市场，以便从证券和货币每天、每小时、每分钟的价格波动中获取利润，即“以钱生钱”。如果金融市场没有热钱这类风险偏好者，风险厌恶者就不可能转移风险。但热钱既不创造就业，也不提供服务，具有极大的虚拟性、投机性和破坏性。

经济学茶座

热钱是市场中一股看不见的暗流，而这股暗流的力量是巨大的，2008年油价的大起大落、全球股市的巨大动荡都与这股暗流有着密切的关系。

热钱的流入将造成一国资本项目顺差、外汇储备激增、本币大幅升值、流动性过剩以及资产市场行情火暴，而热钱流出则会造成一国资本外逃（资本项目逆差）、外汇储备骤降、本币大幅贬值、流动性紧缩以及资产价格泡沫破灭等。最令人不安的是，热钱流动方向的突然逆转，通常会成为新兴市场国家金融危机的导火索。

从2005年7月21日中国人民银行宣布把1美元兑8.27元人民币汇率调整为1美元兑8.11元人民币那一刻起，人民币升值由此拉开序幕。大量的国际资本看好中国，以各种形式涌向中国，将外币换成人民币，其目的就是为了赚钱。它们赚钱的方式有以下几种：第一，等人民币汇率升到一定程度，比如15%，就将换来的人民币换回美元，手上就比当初多了15%的美元，这就是套汇；第二，换成人民币后存进中国的银行吃利息，只要中国提高利率，就能赚钱，这是套利；第三，购买人民币资产。热钱不是用来建厂，而是用来买股票、买房子，它们要搭上中国经济发展的快车。

自2005年以来，随着人民币的升值及升值预期，过多热钱进入中国，造成流动性过剩，而货币供给越多，中国面临的通胀压力就越大。投机资金进入股市、楼市后，制造了大量泡沫。

2002年，诺贝尔奖得主斯蒂格利兹教授出版专著《全球化及其对它的不满》，书中详尽地剖析了投机热钱对国家金融稳定的巨大危害。他的结论是：“我们必须采取措施对热钱实现监管和征税。国际金融组织不仅不应该反对和阻挠对热钱的监管和征税，相反，它们应该行动起来，更好地监管投机热钱。”

外汇储备——货币危机的防火墙

截至2006年2月底，中国内地的外汇储备总额为8537亿美元（不包括港澳的外汇储备），首次超过日本，位居全球第一。

截至2008年4月底，中国的外汇储备增加到1.76万亿美元。有学者认为，这个数字已经超过了世界主要7大工业国（包括美国、日本、英国、德国、法国、加拿大、意大利，简称G7）的总和。

随后，中国的外汇储备持续上升，截至2008年9月底，达到创纪录的19056亿美元。受全球金融危机的影响，加之美元、欧元、人民币汇率的波动，2008年10月底，中国的外汇储备降至1.89万亿美元以下，为2003年年底以来首次下降。

2009年6月，中国的外汇储备超过了2万亿美元，中国成为全世界第一个外汇储备超过2万亿美元的国家。

至2010年3月，中国的外汇储备达到24470.84亿美元。

经济学课堂

外汇储备又称为外汇存底，指一国政府所持有的国际储备资产中的外汇部分，即一国政府保有的以外币表示的债权，是一个国家货币当局持有并可以随时兑换外国货币的资产。

狭义而言，外汇储备是一个国家经济实力的重要组成部分，是一国用于平衡国际收支，稳定汇率，偿还对外债务的外汇积累。广义而言，外汇储备是指以外汇计价的资产，包括现钞、国外银行存款、国外有价证券等。

外汇储备是一个国家国际清偿力的重要组成部分，同时对平衡国际收支、稳定汇率有重要的影响。外汇储备的具体形式体现为政府在国外的短期存款或其他可以在国外兑现的支付手段，如外国有价证券，外国银行的支票、期票、外币汇票等。它主要用于清偿国际收支逆差，以及干预外汇市场以维持本国货币的汇率。

很多人认为外汇储备越多越能代表国家经济强盛，事实上，持有外汇储备越多不一定代表国家经济发展得越好。

外汇储备作为一个国家经济金融实力的标志，是弥补本国国际收支逆差，抵御金融风暴，稳定本国汇率以及维持本国国际信誉的物质基础。发展中国家往往应持有高于常规水平的外汇储备。但是，外汇储备并非多多益善。

经济学茶座

改革开放以来，中国经济发展是突飞猛进的，这段时期里，中国经济发展最突出的特点之一就是对外贸易增长高于国民经济增长，对外贸易依存度持续上升到国际最高水平，中国多年的出口导向战略为中国创造了世界第一的外汇储备，正是连年的贸易顺差才积累起如此庞大的外汇储备。

我国外汇储备的丰厚代表了国家经济强盛的一面，但我们不能太过乐观，因为外汇储备规模的急剧扩大也会给经济发展带来许多负面影响。

1. 损害经济增长的潜力。一定规模的外汇储备流入代表相应规模的实物资源的流出，这种状况不利于一国经济的增长。如果中国外汇储备的超常增长依旧持续，将损害经济增长的潜力。

2. 带来利差损失。据保守估计，以投资利润率和外汇储备收益率的差额的2%来看，若拥有6000亿美元的外汇储备，年损失高达100多亿美元。如果考虑到汇率变动的风险，这一潜在损失更大。另外，中国外汇储备构成中绝大部分是美元资产，若美元贬值，则中国的外汇储备资产将严重缩水。

3. 削弱宏观调控的效果。在现行外汇管理体制下，央行负有无限度回购外汇资金的责任，因此随着外汇储备的增长，外汇占款（受资国中央银行收购外汇资产而相应投放的本国货币）投放量不断加大。外汇占款的快速增长，不仅从总量上制约了2004年以来宏观调控的效力，还从结构上削弱宏观调控的效果，进一步加大人民币升值的压力，使央行调控货币政策的空间越来越小。

4. 影响对国际优惠贷款的运用。外汇储备过多会使中国失去国际货币基金组织（IMF）的优惠贷款。按照IMF的规定，外汇储备充足的国家不但不能享受该组织的优惠低息贷款，还必须在必要时对国际收支发生困难的其他成员国提供帮助。

5. 加速热钱流入，引发或加速本国的通货膨胀。从各种渠道流入的外汇资金将给国内流动性带来新的压力，成为不容忽视的通货膨胀的风险来源。

次贷危机——来自大洋彼岸的金融飓风

2008年10月6日，冰岛总理哈尔德通过电视讲话，对全体国民发出警报：“同胞们，这是一个真真切切的危险。在最糟糕的情况下，冰岛的国民经济将和银行一同卷进旋涡，结果会是国家的破产。”此时，他面对的冰岛不再是这个世界最美丽干净、金融业高度发达的天堂，而是一个外债超过1383亿美元、本国货币大幅贬值的黑色乌托邦。

冰岛只有32万人，过去仅靠渔业支撑。在20世纪90年代，世界经济进入一个连续十余年高速增长的黄金年代。冰岛的银行体系此时迅速发展并以疯狂的速度扩张。它们在全球各地成立分行，发放大量的贷款，银行因此成为冰岛经济的最强支柱。截止到2008年6月30日，冰岛三大银行的资产规模总计达到14.4万亿克朗，约合1280亿美元。与之相比，2007年冰岛的国内生产总值仅为1.3万亿克朗。

银行资产的大量累积让冰岛人尝到了甜头，这个小国的人均GDP占到世界第四，美丽洁净的环境、优厚的福利政策让这里成为世人向往的幸福乐土。但是当金融危机袭来时，这个国家才发现他们原来正是巴菲特所说的裸泳者。总理哈尔德承认，由于冰岛银行业几乎完全暴露在全球金融业震荡波中，冰岛面临“国家破产”。

而这一切的罪魁祸首来源于美国的次贷危机。

经济学课堂

在美国，大多数人崇尚超前消费，在住房方面更是如此。因此，贷款买房在美国是很平常的一件事。问题是，并不是每个美国人都能有资格申请贷款买房，这时候美国人利用自己的聪明智慧创新出了“次级债”。美国抵押贷款市场的“次级”及“优惠级”是以借款人的信用条件作为划分界限的。根据信用的高低，放贷机构对借款人区别对待，从而形成两个层次的市场。信用低的人申请不到优惠级，只能在次级市场寻求贷款。两个层次市场的服务对象均为贷款购房者，但次级市场的贷款利率通常比优惠级贷款高2%～3%。次级抵押贷款由于给那些受到歧视或者不符合抵押贷款市场标准的借款者提供贷款，所以在少数族裔高度集中和经济不发达的地区很受欢迎。从这一点来看，应该说美国次级抵押贷款的出发点是好的，在最初的10年里，这种金融产品的适度发放也取得了显著的效果。1994～2006年，美国的房屋拥有率从64%上升到69%，超过900万的家庭在这期间拥有了自己的房屋，这很大部分应归功于次级房贷。

1980年，美国国会为鼓励房贷机构向低收入家庭发放抵押贷款，通过了《存款机构放松管制和货币控制法》。该法取消了抵押贷款利率的传统上限，允许房贷机构以高利率、高费率向低收入者放贷，以补偿房贷机构的放贷风险。在利用次级房贷获得房屋的人群里，有一半以上是少数族裔，其中大部分是低收入者，信用记录普遍较差，因此，次级抵押贷款具有很高的风险性。相比普通抵押贷款6%～8%的利率，次级房贷的利率有可能高达10%～12%，这样一来，钱少、信用差的贷款者承担高利率，而放贷者承担高风险，前者有房住，后者赚大钱。

那么，次贷危机是如何引发的呢？原来，这些次级贷款是需要通过中介机构来申请的，中介机构本来应该把住第一关。但是，中介机构为争取更多的业务，开始违规和造假。银行看到申请人过去的信用记录很好，于是就向他们发放贷款。

就这样，连收入证明都拿不出来的人也可以贷款，通过中介机构的包装欺骗银行，银行再把债券卖给房地美和房利美，房地美和房利美将其分割成面值更小的债券卖给全世界。终于有一天，这些次级债的借款人开始还不起利息了，银行拿不到利息，就不能向房地美和房利美兑现，房地美和房利美拿不到钱，也就无法给社会大众，于是引发了经济崩溃。正因如此，一场原本只涉及单一地区、单一金融产品的危机逐渐演变成了一场波及全球的金融风暴。

受次贷危机引发的金融风暴的冲击，世界经济增长趋势明显放缓，各种不确定性增加，国际竞争更加激烈。

经济学茶座

从2007年8月开始，次货危机席卷美国、欧盟和日本等世界主要金融市场，美国金融风暴掀起的浪潮一浪高过一浪，美国金融体系摇摇欲坠，世界经济面临巨大压力。

从2007年年初开始，美国的房地产市场与全球最敏感的对冲基金、金融衍生品等产品开始大面积套利资金回撤。2007年2月，美国抵押房贷市场开始收缩，一些金融机构为次级房贷业务增拨坏账准备金，个别房地产抵押贷款机构发布预亏公告，房贷机构开始预感前景不妙。2007年4月2日，美国第二大次级抵押贷款供应商新世纪金融公司面对来自华尔街174亿美元的逼债宣布申请破产保护，标志美国金融危机正式拉开序幕。

由次贷危机引发的金融危机，使曾经令人瞩目的“华尔街模式”一夜坍塌，令无数财富荡然无存。

美国依靠资本市场的泡沫来维持消费者的透支行为，市场被无节制地放大了，是美国金融危机的实质。华尔街打着金融创新的旗号，推出各种高风险的金融产品，不断扩张市场，造成泡沫越来越大。当泡沫破灭的那一刻，危机便爆发了。

贪婪与恐惧是人类天生的本性，市场总是在人们的贪婪中走向过度繁荣，而在人们的恐惧中爆发灾难。

泡沫经济——浮沙上的繁荣

经济学故事

20世纪80年代末，日本的股市和房市炙手可热。1985年到1989年，日本股票总市值涨了3倍，土地价格翻了好几番。1990年，日本土地总市值超过了美国土地总值的4倍，而它的土地面积不过是美国的1/25。东京到处上演着一夜暴富的神话，日本国民都紧盯着市场，纷纷为炒股和炒房的行情而疯狂。

在人们沉醉于财富美梦之中时，灾难却一步步靠近了。从1990年开始，日本牛气冲天的两市行情突然急转，价格像自由落体一般往下猛降。许多人的财富一转眼就成了过眼云烟，上万家企业倒闭。据统计，仅1995年1月至11月就有36家银行和非银行金融机构倒闭。两个市场的暴跌带来了数千亿美元的坏账，让繁荣的市场轰然崩塌，日本的经济陷入苦苦挣扎中。

20世纪90年代的日本经济后来被人们形象地称为泡沫经济。

经济学课堂

泡沫经济，指虚拟资本过度增长与相关交易持续膨胀，日益脱离实物资本的增长和实业部门的成长，金融证券、地产价格飞涨，投机交易极为活跃的经济现象。泡沫经济造成了社会经济的虚假繁荣，可能导致社会震荡，甚至经济崩溃。

在现代经济条件下，各种金融工具和金融衍生工具的出现以及金融市场自由化、国际化，使得泡沫经济的发生更为频繁，波及范围更广泛，危害程度更严重，处理对策更复杂。泡沫经济的根源在于虚拟经济与实体经济的偏离，即虚拟资本超过现实资本所产生的虚拟价值部分。

泡沫经济能够形成，具有以下两个重要原因：

第一，宏观环境宽松，有炒作的资金来源。

泡沫经济都是发生在国家对银根放得比较松、经济发展速度比较快的阶段，社会经济表面上繁荣，给泡沫经济提供了炒作的资金来源。一些手中拥有资金的企业和个人把资金投到有保值、增值潜力的资源上，这就是泡沫经济成长的社会基础。

第二，社会对泡沫经济的形成和发展缺乏约束机制。

对泡沫经济的形成和发展进行约束，关键是对引起经济泡沫的各种投机活动进行监督和控制，但到目前为止，各国仍缺乏有效的监控手段。这种投机活动发生在投机当事人之间，是两两交易活动，没有一个中介机构能去监控。作为投机过程中的最关键的一步——货款支付活动，更缺乏监控机制。

经济学茶座

泡沫经济是对虚假繁荣经济的比喻，意指经济的发展不是凭内力驱动的，而是在搓衣板上用肥皂搓出来的。这种搓出来的看上去美丽的泡沫停留的时间短暂，一点微小的触动就可以让其化为乌有。

最早的泡沫经济可追溯至1720年发生在英国的“南海泡沫公司事件”。当时南海公司在英国政府的授权下垄断了对西班牙的贸易权，对外鼓吹其利润的高速增长，从而引发了对南海股票抢购的空前热潮。由于没有实体经济支持，经过一段时间，其股价迅速下跌，犹如泡沫般迅速膨胀又迅速破灭。

正常情况下，资金的流动应当反映实体资本和实业部门的运营状况。如果金融投机交易过度膨胀，同实体资本和实业部门的成长脱离，便会造成社会经济的虚假繁荣，形成泡沫经济。

1988年8月23日，有“海角天涯”之称的海南岛成立中国第31个省级行政区。海口这个原本人口不到23万、总面积不足30平方公里的海滨小城一跃成为中国最大经济特区的省会，也成为全国各地淘金者的“理想国”。

据《中国房地产市场年鉴（1996）》统计，1988年，海南商品房平均价格为1350元/平方米，1991年为1400元/平方米，1992年猛涨至5000元/平方米，1993年达到7500元/平方米。短短3年，海南商品房平均价格增长超过4倍。

高峰时期，这座总人数不过160万的海岛上竟然出现了2万多家房地产公司。平均80个人一家房地产公司，这些公司当然不是为了盖房子，而是为了炒房子。

由于投机性需求已经占到市场的70%以上，一些房子甚至还停留在设计图纸阶段，就已经被卖了好几次。每一个“玩家”都想在“游戏”结束前赶快把手中的“花”传给下一个人。1993年6月23日，当最后一群接到“花”的玩家正在紧张地寻找下家时，“终场哨声”突然毫无征兆地吹响。当天，时任国务院副总理的朱镕基发表讲话，宣布终止房地产公司上市，全面控制银行资金进入房地产业。

这场调控的结果是给人口数占全国总人口0.6%的海南省留下了占全国10%的积压商品房。海南省烂尾楼高达600多栋、1600多万平方米，闲置土地18834公顷，积压资金800亿元，仅四大国有商业银行的坏账就高达300亿元。

人们由于贪婪甘冒高风险，由于承担高风险又心生恐惧，恐惧导致了危机，而当人们从恐惧中恢复过来的时候，又可能再次陷入贪婪之中。一次次的恶性循环，也就导致了一次次的经济危机。回归理性，或许能使人们在贪婪和恐惧之间，找到一条更好的财富之路。

第十九章　指标

——衡量经济的晴雨表

CPI——物价究竟上涨了多少

物价飞涨的年代，我们生活的方方面面是否都受到了相关的影响？让我们来看看某省会普通市民小崔眼中的CPI。

吃：一个苹果2元多。

“太贵了，真是吃不起。”小崔指着富士苹果说，零售价4元一斤，一个苹果五六两，算下来吃一个苹果得花2元多。苹果可以不吃，蔬菜、米、面、油等却是少不了的。“三五年前，很多菜1斤都在1元以下，现在，都见不着1元1斤以下的菜了。”

穿：一件羽绒服标价上千元。

天冷了，小崔想买件羽绒服或棉服，“一件羽绒服标价上千元，而且千元以上的衣服比比皆是。”小崔不知道都是什么人买，但她是买不起的。这几天商场搞活动，她转遍了也没舍得买一件衣服。在小崔的记忆里，以前500元在商场就能买件不错的衣服。

住：商品房价格5年涨了3倍。

小崔的住房是一栋60平方米的两居室。“2004年买的，大约是1800元一平方米，卖下来10万出头，贷了6万元。”1800元一平方米的房价对于刚参加工作3年的小崔来说，仍然是很高，所以，她当时挑选了一套小户型。“现在真后悔，当时应该多借点钱、多贷点款，买套大的，现在就不用换房了。”小崔说，几年前她眼看着周围的房价一个劲儿上涨，均价基本都在6000元以上。而在2004年，周边的高端楼盘也不过3000多元（每平方米）。

感受：收入实际被降低了30%。

小崔和老公都供职于私企，几年来跳了几家单位，整体收入没有增加，物价却不断上涨。同样的大米价格，增长了50%。“买啥涨啥！用流行的网络用语来说就是：CPI，你懂的。”

经济学课堂

CPI是反映市场物价一个基本术语，是居民消费物价指数(Consumer Price Index)的缩写。我国的CPI指数是按食品、烟酒及用品、衣着、家庭设备用品及服务、医疗保健及个人用品、交通和通信、娱乐教育文化用品及服务、居住这8大类来计算的。这8大类的总和加起来是100。其中，食品所占比重最大，包括粮食、肉禽及其制品、蛋、水产品、鲜菜、鲜果等。

国家统计局在每一类消费品中选出一种代表品，比如，大多数人是吃米还是吃面，是穿皮鞋还是穿布鞋等。把这些代表品的物价按每月、每季、每年折算成物价指数，定期向社会公布，就是人们所说的官方的CPI指数。

CPI的计算公式是：

CPI=（一组固定商品按当期价格计算的价值）／（一组固定商品按基期价格计算的价值）×100%

CPI是反映城乡居民消费水平和消费品价格变动情况的重要指标，也是观察通货膨胀水平的重要指标。如果CPI在过去的12个月中上升了2.3%，就表示当下的生活成本比12个月前平均要高出2.3%，而这无疑是不受欢迎的。在生活成本提高时，金钱价值便会随之下降。如果CPI在12个月内上升了2.3%，那么去年的100元纸币今年只可以买到价值97.7元的商品或服务。

CPI升幅过大，就表明货币贬值幅度过大，通货膨胀就可能成为经济不稳定的因素。一般来说，当CPI增幅大于3%时，就已经引发通货膨胀；而当CPI的增幅大于5%时，就已经是严重的通货膨胀了。在这种情况下，央行为了抑制通货膨胀，一般会实施紧缩货币政策和财政政策的举措，但这些举措有可能造成经济前景不明朗。

经济学茶座

对于普通老百姓而言，大家对CPI的关注归根结底还是对日常生活必需品的价格变化的关注，如说猪肉的价格变化、面粉的价格变化、蔬菜的价格变化等。那么CPI能如实地反映老百姓最关心的日常生活费用的增长吗？

2010年，物价走势随经济形势的变化而变化。肉价的涨涨跌跌，CPI涨幅的增长和回落，价格干预政策的实施……物价在这一年无疑吸引着大众的眼球，牵扯着百姓敏感的神经。比如在2010年下半年价格大涨，很多人感受到：想买车，结果油价涨了；想买点肉吃，结果猪肉价格涨了；无奈时想到吃方便面，结果方便面也涨价了。

但是CPI是反映不出具体的日常生活费用情况的，有时我们对物价的感觉与公布的统计数据会有所不同。与老百姓生活密切相关的是生活必需品的价格，即以肉类为代表的食品的价格。在看CPI的时候，我们应该注意到这些，一不小心，CPI就会与我们的切身感受有差距。

CPI是一个滞后性的数据，但它往往是市场经济活动与政府货币政策的一个重要参考指标。对于普通百姓来说，认识和了解CPI，我们才能成为一个懂经济的明白人。

基尼系数——贫与富的距离有多大

《新约·马太福音》里说，一个人在远行前把仆人叫到跟前，把他的家业交给他们。他按照各人的才干，把银子分给他们。仆人中一个分得5000，一个分得2000，一个分得1000。

领5000的仆人随即将银子拿去做买卖，另外赚了5000；领2000的仆人也照样另赚了2000；但那领1000的仆人却把主人的银子埋在地里。

过了许久，主人回来了，那领5000的仆人又带来另外的5000，他告诉主人："主人啊，你交给我5000，请看，我又赚了5000。"

主人说："好！你这又良善又忠心的仆人，你在不多的事上有忠心，我要把许多事交给你管理；可以进来享受你主人的快乐。"

那领2000的也带着自己赚的银子来了："主人啊，你交给我2000，请看，我又赚了2000。"

主人说："好！你这又良善又忠心的仆人，你在不多的事上有忠心，我要把许多事交给你管理；可以进来享受你主人的快乐。"

那领1000的仆人来向主人汇报："主人啊，没有种的地方要收割，没有散的地方要聚敛，我就把你的1000埋藏在地里。请看，那1000在这里。"

主人回答说："你这又恶又懒的仆人！你既知道我没有种的地方要收割，没有散的地方要聚敛，就是把我的银子放给兑换银钱的人，在我回来的时候，也可以连本带利收回。"随后主人又吩咐："夺过他这1000来，给那有10000的仆人！因为凡有的，还要加给他，叫他有余；没有的，连他所有的也要夺过来。”

社会学家R·默顿借用这个故事来类比社会中存在的上述现象，并称其为“马太效应”。在国民收入分配领域，马太效应显现出贫者越贫、富者越富的状态，这种情况对经济的协调发展和社会的和谐进一步产生影响。因此，用以测量贫富差异程度的基尼系数应运而生。

经济学课堂

基尼系数是意大利经济学家基尼于1912年提出的，可以定量测定收入分配差异程度，是国际上用来综合考察居民内部收入分配差异状况的一个重要指标。

基尼系数的经济含义是，在全部居民收入中，用于进行不平均分配的那部分收入占总收入的百分比。基尼系数最大为“1”，最小为“0”。前者表示居民之间的收入分配绝对不平均，即100%的收入被一个单位的人全部占有；而后者则表示居民之间的收入分配绝对平均，即人与人之间收入完全平等，没有任何差异。这两种情况只是在理论上的绝对化形式，在实际生活中不会出现。因此，基尼系数的实际数值只能介于0～1之间。

为了研究国民收入在国民之间的分配问题，美国统计学家洛伦兹于1907年提出了著名的洛伦兹曲线。它先将一国人口按收入由低到高排列，然后考虑收入最低的任意百分比人口所得到的收入百分比。将这样的人口累计百分比和收入累计百分比的对应关系描绘在图形上，即得到洛伦兹曲线。

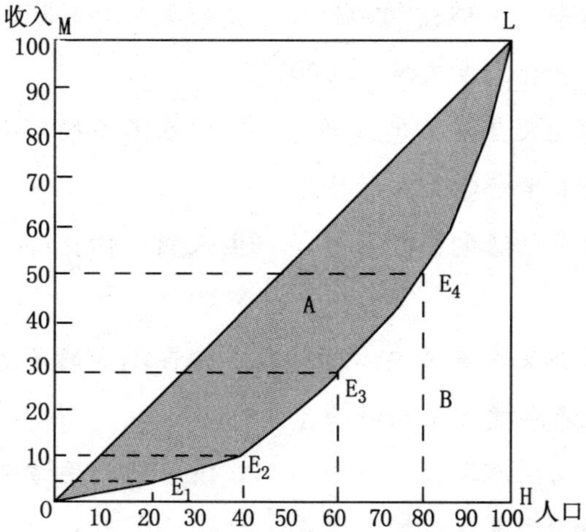

如上图所示，横轴OH表示人口（按收入由低到高分组）的累积百分比，纵轴OM表示收入的累积百分比，弧线OL为洛伦兹曲线。

一般来讲，洛伦兹曲线反映了收入分配的不平等程度。弯曲程度越大，收入分配越不平等。如果所有收入都集中在一人手中，而其余人均一无所获，收入分配达到完全不平等，洛伦兹曲线则成为折线OHL。另一方面，若人口累计百分比等于收入累计百分比，则收入分配是完全平等的，洛伦兹曲线成为通过原点的45度线OL。

一般来说，一个国家的收入分配，既不是完全不平等，也不是完全平等，而是介于两者之间。相应的洛伦兹曲线既不是折线OHL，也不是45度线OL，而是像图中这样向横轴突出的弧线OL，尽管突出的程度有所不同。

将洛伦兹曲线与45度线之间的部分A叫做“不平等面积”，当收入分配达到完全不平等时，洛伦兹曲线成为折线OHL，OHL与45度线之间的面积A+B叫做“完全不平等面积”。不平等面积与完全不平等面积之比就是基尼系数。显然，基尼系数不会大于1。

经济学茶座

目前，国际上用来分析和反映居民收入分配差距的方法和指标有很多。基尼系数由于给出了反映居民之间贫富差异程度的数量界线，可以较客观、直观地反映和监测居民之间的贫富差距，预报和防止居民之间出现贫富两极分化，因此得到世界各国的广泛认同和普遍采用。

国际上通常把0.4作为收入分配差距的“警戒线”。一般发达国家的基尼指数在0.24～0.36之间。

在中国，一部分人已经先富起来，这是客观现实。大部分人虽然已经解决了温饱问题，收入有所提高，却还算不上富裕，这也是中国的客观现实。居民收入差距不断扩大，就是中国客观现实的反映。

改革开放以来，我国在经济增长的同时，贫富差距逐步拉大，基尼系数越过警戒线已是不争的事实。我国社会的贫富差距已经突破了合理的限度，总人口中20%的最低收入人口占总收入的份额仅为4.7%，而总人口中20%的最高收入人口占总收入的份额高达50%，突出表现在收入份额差距和城乡居民收入差距进一步拉大、高低收入群体差距悬殊等方面。缩小收入差距是摆在我国政府面前的一个突出问题。

将基尼系数0.4作为监控贫富差距的警戒线，应该说是对许多国家实践经验的一种抽象与概括，具有一定的普遍意义。但是，各国、各地区的具体情况千差万别，居民的承受能力及社会价值观念也不尽相同，所以基尼指数0.4这一界限只能作为宏观调控的参照系数，而不能成为教条。

负担系数——上有老，下有小

经济学故事

中国人向来重视亲情，孟子曰：“仰足以事父母，俯足以畜妻子。”也就是说，一个家庭至少要包括父母、子女两代。如果经济富足，寿命较长，加上其他条件，可以上有父母、祖父母，下有儿子、孙子，四世同堂，这样的家庭被称为“义门”。

改革开放以来，我国的人口家庭结构趋向小型化，而且这种趋势仍在延续。据统计，1953年我国家庭平均人口为4.33人，20世纪50年代、60年代、70年代都大体稳定在4.23～4.43人之间。80年代后期至90年代初，随着计划生育的推行和家庭观念的变化，独生子女增多，家庭平均人口逐渐下降，家庭构成呈现小型化趋势。1982年平均每个家庭的人口为4.4人，2005年为3.13人，23年间家庭平均人口减少了1.27人。独生子女人数越来越多，而由独生子女加父母组成的独生子女家庭也成为城市中最基本的家庭模式。

对于80年代出生的独生子女而言，如今差不多正当而立之年，他们在担起社会责任的同时，也感受到自己肩上的沉重负担。对于绝大部分80后年轻家庭来说，要至少供养四个老人，还有自己的小孩。这样的负担可以用一个经济学名词来测算，即负担系数。

经济学课堂

负担系数也称抚养系数、抚养比，是指人口总体中非劳动年龄人口数与劳动年龄人口数之比。从整个社会来看，它表明每100名劳动年龄人口负担多少非劳动年龄人口。负担系数可分为总负担系数、少儿负担系数和老年负担系数。14周岁及以下和65周岁及以上也可能有人参加劳动，15～64岁的劳动年龄人口中也可能有人实际未参加劳动。上述指标只是根据年龄划分来计算的，并不一定反映实际抚养与被抚养的比例，故又称为年龄负担系数，以区别于经济负担系数。负担系数一词一般均指年龄负担系数。

总负担系数=（小于14岁人口数+65岁以上人口数）/15岁至65岁人口数×100%

总负担系数为少儿负担系数与老年负担系数二者之和，而少儿负担系数和老年负担系数所反映的负担性质不同。一般来说，少年儿童尚未成为劳动适龄人口，社会和家庭为他们的成长必须付出一定的费用。他们中途夭折，社会对他们的付出就无法收回。老年负担则不同，除个别人外，他们都已为社会作出一定的贡献，他们享用的部分实际上是他们过去劳动的扣除。因此，如果分别计算少儿负担系数和老年负担系数，则可以反映人口年龄结构变化对社会经济发展带来的影响。

经济学茶座

1980年世界平均负担系数是71.2，1999年是60.0。我国1980年的负担系数是67.4，1990年是57.6，1999年是47.9，呈现一种下降的趋势，但是这种下降是计划生育的结果。因为低于14岁的儿童人口增长受到了极大的限制。然而，随着老龄人口的增多，这种趋势已经发生改变。

《中国人口老龄化发展趋势预测研究报告》指出，21世纪的中国将是一个不可逆转的老龄化社会。到2050年，我国老年人口规模将达到峰值4.37亿。同时，联合国预测，21世纪上半叶，我国将一直是世界上老年人口最多的国家，占世界老年人口总量的五分之一；21世纪下半叶，我国将仅次于印度，位居第二老年人口大国。

1982年第三次人口普查到2004年的22年间，中国老年人口平均每年增加302万，年平均增长速度为2.85%，高于1.17%的总人口增长速度。2004年底，中国60岁及以上老年人口达到1.43亿，占总人口的10.97%。

每个人都会有年老的一天，在不久的将来，一对夫妻要养四位老人，全社会有接近4亿的老年人口，我们将如何面对？解决的基本办法就是建立健全覆盖城乡的基本养老保险制度，进一步完善社会保障体系。只有重视以养老保险在内的社会保障制度建设，才能切实减轻80后乃至90后们的负担，促进社会的稳步发展。

恩格尔系数——从柴米油盐看生活水准

经济学故事

在古代，官员的俸禄又称俸给、俸食等，就相当于我们现在的工资。从古代的情况看，谷粟是主要的俸禄形式，也称为禄米，甚至当时的官品等级也要以禄米的数量来计算，例如汉朝的三公（最高行政官员）秩万石，九卿秩中二千石。石，即为禄米的计算单位，每石为斛（十斗），重120斤。以粮为俸禄的方式一直延续到清朝。

我国古代的俸禄多以实物为主体，间有部分货币。比如，唐朝的官俸主要由授田、赐禄和俸料三部分组成。授田是指为防止物价波动并最终保证官员利益而由政府按官品高低而统一分授的田地，分为职事田和永业田，田地所有权归国家，使用权和收益权归被授官员享有。赐禄是按年发放的禄米，也称岁禄。

古代官员们的俸禄与粮食密不可分。经济学家认为，随着经济的发展，人们在吃上的支出比例越来越少，而在服装、汽车、娱乐上的消费比例越来越多，吃在人们心目中的地位逐渐下降。这便表明中国人的恩格尔系数降低了。

经济学课堂

恩格尔系数（Engel' s Coefficient）是食品支出总额占个人消费支出总额的比重。19世纪德国统计学家恩格尔根据统计资料，得出了消费结构变化的一个规律：一个家庭收入越少，家庭收入中（或总支出中）用来购买食物的支出所占的比例就越大。随着家庭收入的增加，家庭收入中（或总支出中）用来购买食物的支出比例则会下降。推而广之，一个国家越穷，每个国民的平均收入中（或平均支出中）用于购买食物的支出所占比例就越大，随着国家的富裕，这个比例呈下降趋势。

恩格尔定律可以用公式表示为：

食物支出占总支出的比率（R1）=食物支出变动百分比/总支出变动百分比×100%

食物支出占收入的比率（R2）=食物支出变动百分比/收入变动百分比×100%

恩格尔定律主要表述的是食品支出占总消费支出的比例随收入变化而变化的一定趋势，揭示了居民收入和食品支出之间的相互关系，用食品支出占消费总支出的比例来说明经济发展、收入增加对消费结构的影响。

根据联合国粮农组织提出的标准，恩格尔系数在59%以上为贫困，50%～59%为温饱，40%～50%为小康，30%～40%为富裕，低于30%为最富裕。恩格尔系数一般随居民家庭收入和生活水平的提高而下降。

简单地说，一个家庭或国家的恩格尔系数越小，就说明这个家庭或国家经济越富裕。反之，如果这个家庭或国家的恩格尔系数越大，就说明这个家庭或国家的经济越困难。当然数据越精确，对家庭或国家的经济情况的反映也就越精确。

恩格尔定律是根据经验数据提出的，它是在假定其他一切变量都是常数的前提下才能适用的，因此在考察食物支出在收入中所占比例的变动问题时，城市化程度、食品加工、饮食业和食物本身结构变化等因素都会影响家庭食物支出的比例。只有达到相当高的平均食物消费水平时，收入的进一步增加才不对食物支出产生重要的影响。

经济学茶座

消费支出反映了居民的物价消费水平，是很重要的宏观经济学变量，被作为宏观调控的依据之一。恩格尔系数是国际上通用的衡量居民生活水平高低的一项重要指标，国际上常常用恩格尔系数来衡量一个国家和地区人民的生活状况。

吃是人类生存的第一需要，在收入较低时，其在消费支出中必然占有重要地位。随着收入的增加，在食物需求基本满足的情况下，人们消费的重心才会开始向穿、用等方面转移。

随着经济的迅速发展，人们花在食物上的支出相对于以前已经多出不少，但是食物支出占整个家庭支出的比例却呈现下降的趋势，花在住房、汽车、教育、娱乐等方面的支出占越来越大的比重，这就是恩格尔系数在不断降低。

国家统计局的资料显示，改革开放以来，由于收入持续快速增长，我国居民家庭的恩格尔系数呈现下降趋势，与1978年的57.5%相比，2007年我国城镇居民家庭恩格尔系数为43.1%，这是居民消费结构改善的主要标志。这表明我国以吃为标志的温饱型生活正在向以享受和发展为标志的小康型生活转变。

但是恩格尔系数也并不是对每一个人或每一个家庭都完全适用的。如自诩为美食家的人，以吃尽天下美食为己任，他们花在食物上的消费比例肯定比其他消费多，但依此断定他们贫困或富裕就会有失偏颇。

生活成本指数——生活压力为什么很大

经济学故事

白居易是唐代著名诗人，自小聪明，生下来刚六七个月就能辨认“之”、“无”两个字，五六岁就开始学写诗。大概在他十五六岁那年，他的父亲白季庚在徐州做官，让他到京城长安去见世面，结交名人。长安是唐朝的都城，物价尤其是米价与其他地方相比会贵很多。

当时，长安有一个文学家顾况，很有点才气，但是为人高傲。白居易听说了顾况的名气，带了自己的诗稿，到顾况家去请教。顾况听说白居易是个官家子弟，不得不接待。

顾况看了看白居易，又看了看名帖，看到“居易”两个字时，皱起眉头说：“近来长安米价很贵，只怕居住很不容易呢！”

白居易被顾况莫名其妙地数落了几句，也不在意，恭恭敬敬地站在旁边请求指教。顾况拿起诗卷随手翻着，他的手忽然停了下来，眼睛盯着诗卷，轻轻地吟诵起来：

“离离原上草，一岁一枯荣；野火烧不尽，春风吹又生。”

读到这里，顾况脸上显露出兴奋的神色，马上站起来，紧紧拉住白居易的手，热情地说：“能够写出这样的好诗，住在长安也不难了。”

对于白居易来说，在长安生活的成本并不低，不过他的卓越才识并不会让他担心在长安的生活成本问题。但是，对于现代的大多数人而言，高昂的生活成本往往让他们倍感压力。

经济学课堂

生活成本的高低常用生活成本指数来衡量。生活成本指数是指商品和服务的典型消费组合在当期的成本与基期的成本之比，目前主要的生活成本指数有四种，即理想生活成本指数、拉氏指数、帕氏指数以及链式加权指数。

理想生活成本指数是指以当前价格达到一个与基期相同的消费者效用水平的所花成本与基期的比值。该指数以1990年作为基期，指数定为100。

拉氏指数是指购买与基期相同的产品组合所花成本与基期的比值。拉氏指数总是比理想生活成本指数更大，因为拉氏指数假定消费者在价格改变的时候不改变自身的消费习惯。但事实上，当价格发生改变时，消费者会通过改变消费商品组合——多买那些变得相对便宜的东西，少买那些变得相对昂贵的东西，从而达到和以前一样的效用水平。

帕氏指数是指消费者当期购买一商品服务组合所花成本与基期购买同样产品所花成本的比值。帕氏指数与拉氏指数的不同之处在于，拉氏注重基期选定的商品服务组合，而帕氏注重当期选定的商品服务组合。不过，它们都是固定权重指数，即各种商品与服务数量保持不变的生活成本指数。正如拉氏指数放大了理想生活成本指数，帕氏指数也相对缩小了理想生活成本指数，因为在基期人们可以以更少的成本达到与当期相同的效用水平。

由于拉氏指数与帕氏指数都不能提供一个完美的生活成本指数，而理想生活成本指数所需的信息量又过大，那么最好的办法就是通过链式加权的方法，即考虑到商品与服务消费数量的变化，因此，链式加权指数出现了。目前，美国已经将其应用到计算CPI的方法中。

经济学茶座

2009年7月7日，美国著名咨询公司美世公司发布了《2009年全球城市生活成本排名》调查报告。报告显示，日本东京成为全球生活成本最高的城市，北京的排名位居前十，香港、上海、深圳、广州排名前25位。

在这份调查报告中，调查者选取了全球六个大洲的143个城市作为调查对象，对各个地区200多个项目的花费进行了比较，其中包括住房、交通、食品、服装、家用品、娱乐消费等。在比较过程中，调查人员以美国生活费用最高昂的城市纽约作为评判标准，其指数为100，其他城市的指数都同纽约对比。第一名东京的指数为143.7，最后一名约翰内斯堡的指数为49.6。

在这份排名榜上，位于前25名的城市大多属于发达国家；而在这“25强”中，中国内地城市就占了4个。

为什么身在发展中国家的我们会“享受”着发达国家的生活成本呢？我国正处于改革开放后30年高速发展的积累期，各地在城市化进程中所需的生产要素很大部分都向北京、上海、深圳、广州等大型城市集中，这些要素包括劳动力、资本、技术等。大城市在日渐繁华的同时，流动人口大大增加，物质消费需求和住房需求也越来越大，这些在无形中推高了城市的生活成本。

我们还应看到，在北京、上海等大城市里工作、生活的人，有50%以上都是外地人口。在户籍制度的保障下，本地居民还基本能承受城市较高的生活成本，生活质量随着城市发展迅速上升，但外地人因城市生活成本较高，生活质量并不能与城市发展同步。

就目前来看，在北京、上海等大城市要降低生活成本没有立竿见影的方法，而有待于于未来房价及房租的降低，减少其占劳动者收入支配的百分比，以及外地务工者有更完善的社会保障措施，从而降低他们的生活成本。

个人收入——真正属于自己的价值

经济学故事

2009年3月18日，《福布斯》中文版率先发布了2009年中国名人榜。姚明继2008年以5600万美元（按照当时汇率折合大约3.88亿元人民币）年收入位居排名榜榜首之后，在2009年又以大约3.58亿元人民币的收入继续雄踞排名榜首，几乎没有受到任何经济危机的影响。刘翔的个人收入依然稳居第二名，以大约1.3亿元傲视姚明之外的名人榜群雄。

章子怡7800万元的个人收入虽然无法和姚明相提并论，也还是相当可观；易建联的个人收入从2008年的2900万元人民币上升至2009年的3710万元；而郭晶晶的个人收入也达到3050万；乒乓球名将张怡宁的个人收入达到1345万元，王励勤个人收入达到1150万元；而林丹的个人收入则为1475万元。

近年来，个人收入的多少被看做身份的象征，于是出现了各种类型的收入排行榜。不管是哪种排行榜，也无论在排行榜中位居第几，能在榜上留名的人物的个人收入都非常可观。姚明等这些明星们的收入如此高，也是和他们的辛苦付出以及明星效应成正比的。

经济学课堂

个人收入作为一项经济指标，是指个人通过各种途径获得的收入总和。个人收入反映的是个人的实际购买水平，预示了消费者未来对于商品、服务等需求的变化。个人收入指标可以用于预测个人的消费能力，是未来评估消费者购买动向及经济情况好坏的一个有效指标。

对于大多数人来说，个人收入主要由两部分组成，一是工资总额，二是工资外收入。工资总额很好理解，就是单位在一定时期内直接支付给本单位全部职工的报酬总额，包括计时工资、计件工资、奖金津贴、补贴、加班工资等。工资外收入则是指职工在工资总额以外，在本单位内或单位外，获得的现金或实物，主要包括保险性福利费用、财产性收入、转移性收入等。

个人收入主要反映了居民的收入情况。随着全国经济运行质量的提高，人们的个人收入水平也得到较大幅度的增长。在个人收入的分配与再分配过程中，个人可支配收入比单纯的个人收入更有价值，因为它代表每个人可用于消费支出或用来储蓄的货币金额。个人可支配收入指个人收入扣除向政府缴纳的个人所得税、遗产税和赠与税、不动产税、汽车使用税以及交给政府的非商业性费用等以后的余额。

人均可支配收入被认为是消费开支最重要的决定性因素，因而常被用来衡量一国生活水平的变化情况。在一定时期内，物价上涨，使得相同的货币所能购买的生活消费品和社会服务的数量与基期相比相应减少，造成货币的购买力下降，货币贬值。因此，在计算人均可支配收入的实际增长时，必须要扣除价格因素的影响。在国家统计部门所编制的各种价格指数中，最能反映物价对人民生活影响程度的是居民消费价格指数。在计算人均可支配收入的实际增长时，要扣除居民消费价格指数。

具体的扣除方法，用公式表示为：

人均可支配收入实际增长率=（报告期人均可支配收入/基期人均可支配收入）/居民消费价格指数×100%

家庭可支配收入=实际收入－家庭副业生产支出－记账补贴－个人所得税总和

人均可支配收入（或人均生活费收入）

=家庭可支配收入（或生活费收入）/家庭人口

一般来说，人均可支配收入与生活水平成正比，即人均可支配收入越高，生活水平越高。因此，人均可支配收入是衡量各国经济发展情况的重要指标。

经济学茶座

总体说来，个人收入提升总比下降好，个人收入提升代表经济景气，下降当然是经济放缓或衰退的征兆，对货币汇率走势的影响也不言而喻。如果个人收入上升过快，央行担心通货膨胀，又会考虑加息，加息又会对货币汇率产生强势的效应。

国家统计局于2009年7月27日公布上半年的居民收入情况，全国城镇居民人均可支配收入实际增长11.2%，全国农村居民人均现金收入实际增长8.1%。调查资料显示，上半年城镇居民人均可支配收入8856元人民币，农村居民人均现金收入2733元。

但是，很多人认为国家统计局公布的居民收入增长之快，与他们自身的真实收入相比，存在很大偏差。其实制约公众工资增长和消费感觉的，不单是收入和消费的绝对增长幅度，还有住房、养老、医疗、教育、保险等公共产品的供给与保障。目前这些公共产品的供给始终难以让人满意——昂贵的医疗费、“市场化”的教育、飞涨的房价等，压得人们喘不过气来。

我们的个人收入是在不断增长的，这一点毋庸置疑。在个人收入不断增长的同时，我国的GDP也在不断攀升，只是近些年来个人收入的增长幅度多数年份低于GDP的增长，居民最终对GDP的分享逐年减少，因此，居民个人收入与GDP之间的差距越拉越大。

幸福指数——幸福是可以衡量的

经济学故事

有一个穷人和妻子、几个孩子共同生活在一间小木屋里，屋里整天吵闹不休，他感到家里就像地狱一般，于是他去找智者求救。智者说，只要你答应按我说的做，就一定能改变你的境况。智者说，你回家去，把奶牛、山羊和那些鸡都放到屋里，与人一起生活。穷人听了，简直不敢相信自己的耳朵，但他事先答应要按智者的话去做，只好先去试一试。

情况自然是更加糟糕，穷人在痛苦不堪中过了两天。

第三天穷人又来找智者。他痛不欲生，哭诉着说，那只山羊撕碎了房间里的一切东西，鸡飞得到处都是，它们让我的生活如同噩梦，人和牲畜怎么能住在一起呢？智者说，赶快回家，把它们全都弄出屋。

过了半天，穷人又找到智者。他是一路跑来的，满脸红光，兴奋难抑。他拉住智者的手说，谢谢你，我现在觉得我的家就是天堂。

穷人把寻求幸福的方法寄托在智者身上，但智者并没有让穷人的处境有任何改观，只是让穷人经受了一段更痛苦的生活，而这就让穷人感受到了幸福。事实上，一个人生活得幸福与否，从来没有一个恒定的标准，在更多情况下，幸福是一个人在现实生活中的感受，是与原来的生活、与周围人的生活的一种比较。

经济学课堂

美国经济学家保罗·萨缪尔森提出了一个关于幸福的方程式：

幸福=效用/欲望

简单地说，幸福就是效用和欲望的比较。效用是人消费某一种物品时得到的满足程度，欲望则是对某一种物品效用的强烈需要。比如金钱能够给人带来效用，每个人都有发财的强烈欲望，当一个人赚到钱后，他就有一种幸福感。根据这个公式，如果两个人的财富欲望水平相等，都是10万元，那么赚了5万元的人就比赚了2万元的人幸福。如果赚5万元的人的欲望是10万，赚2万元的人的欲望是2万，那么赚了2万元的人虽比赚了5万元的人赚得少，但比5万元的人幸福。由此可见，欲望超过了效用，幸福感就会消失。

现代经济学认为，财富仅仅是能够给人带来幸福的因素之一，人们是否幸福，很大程度上取决于许多和财富无关的因素，如感情、健康、精神等。一些社会学家和经济学家通过大量的调查研究发现，美国人拥有的财富比欧洲人多，但是美国人的幸福指数并不比欧洲人高。而拿中国来说，人们的生活水平比改革开放前有了非常大的提高，但是不少人常常觉得自己不幸福。

经济学茶座

一般来说，人往往越缺少什么，什么就越能够给他带来幸福。重病中的人恢复健康，游子回到母亲的怀抱，其幸福的感觉是无法比拟的。人的欲望是无穷的，一个欲望满足了，又会产生新的欲望。比如你原来是租房住的，当你住进自己买的房子的愿望得到满足后，你就会非常幸福。但是这种幸福也许持续不了多久，新的欲望就产生了，如买车、住更好的房子等，这时又会感到不幸福。

幸福感也和周围人的比较有关。比如你虽然买了一套自己的房子，和以前租房住相比是有了很大的改观，但是你的朋友都在住别墅，所以房子给你带来的效用仍然很小，你的欲望满足的程度很小，你幸福的指数也相应的小。如果你住的是别墅，而你的同事、朋友住的都是楼房，你就会感到非常幸福。

虽然幸福指数是人们的个人主观感受，但是对于政府而言，发展经济，提升人民生活质量，使老百姓真正能感受到幸福是职责所在。经济发展不是目的，而是手段。通过这种手段，达到百姓幸福的目的是政府的不懈追求。

为政之道，以民为本；治国之道，必先富民。从古至今，历来重民生者得民心，得民心者得天下。政府在切实保障和改善民生方面坚持的是发展为了人民、发展依靠人民、发展成果由人民群众共享。加快发展是保障和改善民生的重要基础，离开发展谈改善民生，无疑是空中楼阁。但如果发展的成果不能为广大人民群众共享，同样会脱离群众，甚至失去民心。检验和衡量发展得好不好的最根本标志，是看人民的富裕程度和幸福指数。

第二十章　经济热点

——身边的经济学现象

中国制造——世界离不开中国商品

一位美国记者萨拉曾经突发奇想：如果没有中国制造，世界将会怎样？于是她决定从2005年1月1日开始带领全家不买中国产品，看看这一年的生活将会是怎么样的。萨拉把这一年的很多生活经历与有趣的故事记录下来，写成了《离开中国制造的一年》。

在这一年中，萨拉一家在生活中接连遇到了很多有趣而充满挫折的事。萨拉不得不给4岁的儿子购买标价为68美元的意大利鞋；老鼠横行时，一家人还得为使用“人道”的中国捕鼠器还是“非人道”的美国捕鼠器而犯难。最后，为了不让老公造反、不让儿子失望，在2006年元旦，萨拉只能向中国制造“投降”。萨拉在《离开中国制造的一年》的结尾写道：“我们最终决定，还是跟中国产品共存吧。发誓一辈子不用中国产品，似乎不太现实。不靠中国产品过日子太难了，至少不懈地坚持下去太难了。我不知道自己还有没有勇气再来一次，从某些方面来说，我情愿不去设想，未来10年不靠中国产品过活，日子会有多难。”

经济学课堂

提起“中国制造”，人们不禁感到颇为自豪。中国制造可以说创造了多项世界第一的纪录，也让全世界的消费者重新认识了中国的制造能力。从新中国成立时连最简单的火柴和铁钉都被称为“洋火”、“洋钉”的一穷二白，到建立了完整的工业体系，飞机、卫星、导弹、轮船、火车、汽车、计算机、通讯电子等都建立了自己的品牌，这是一个质的飞跃。

据商务部2008年统计，目前世界500强除了极少数公司没有在中国投资投产外，

95%以上把中国作为自己的生产基地，通过合资或OEM代工的方式进行“中国制造、全球消费”的运营。我国在全球制造业中所占的份额在2006年时已经达到8%，总量上超过日本，成为全球第二大制造大国，有172类产品总量居世界第一，同时我国还参与全球产业链的分工，作为世界工厂的地位已经形成，这是中国制造业跨越式发展的一个重要标志。

中国制造取得如此瞩目的成就，是否意味着我们就可以高枕无忧了？答案当然是否定的。据统计，近年来我国设备投资的2/3依赖进口，光纤制造装备的100%，集成电路芯片制造设备的85%，石油化工装备的80%，轿车工业设备、数控机床、纺织机械、胶印设备的70%被进口产品占领；中国每年要花费6000亿元从国外进口大型设备；劳动生产率大概只是美国的1/23。世界知名品牌少、核心技术创新少、拥有自主知识产权企业少，主要依靠低廉的劳动力和价格占领市场，要摆脱这些问题，中国制造还有很长的路要走。

除了自身具有的短板外，中国制造还面临着诸多挑战。第一，随着中国经济水平与西方发达国家的差距逐步缩短，人民生活水平不断提升，低工资、低待遇的中国劳动力初期开发阶段已经成为历史，以往的核心竞争力是拥有低劳动力成本优势，目前这种优势正在衰退，而且这是一个不可逆转的发展趋势。第二，各种原材料、能源价格不断上涨，成本优势面临遗失殆尽的危险。此外，全民环保意识的提升，以及知识产权保护的加强，更对原有的中国制造业提出了挑战。

那么，如何能将“MADE IN CHINA”改为“MADE BY CHINA”？这一改变的背后，反映出我国产业的价值取向必须发生巨变——将“中国制造”升级为“中国创造”。

经济学茶座

2009年，有一个所谓的“钱学森之问”引发了社会热议。“钱学森之问”其实就是科学界泰斗钱学森提出的一个疑问：“为什么我们的学校总是培养不出杰出人才？”与钱老发出的这一问相似，同样的问题亦困扰着中国企业，为什么如此庞大的企业集群，自主创新能力却如此之弱，自主创新成果又如此之少（我国拥有自主知识产权核心技术的企业仅为万分之三）？这是我国企业界的“钱学森之问”。

一位长期从事国有大企业审计工作的官员曾感慨地说：一个没有自主知识产权和品牌的企业如同建在流沙上的高楼，规模再大，即使进了500强，也有可能在合作方撤出技术和品牌后数月内就烟消云散。这并不是危言耸听，而是在某种程度上反映了这些年来中国制造在取得辉煌成就背后的阴影和尴尬。

中国制造正越来越多地走向世界，这一现象体现了中国国力的提高和中国企业参与全球竞争的能力。然而，细加分析，我们就可以发现，不少标以“中国制造”的出口产品，依然以劳动密集型的加工产品为主。一味依靠价格低廉的加工产品是难以在国际市场上取得优势地位的。21世纪的世界经济是创造力经济，只有具备创造精神的企业才有可能成为国际竞争的赢家，企业才有可能得到更好的发展。

企业是创新的主体，应当有好的氛围、环境、体制和政策来支持企业创新。从“中国制造”到“中国创造”，是全球经济一体化的需要，是企业化解竞争压力的需要，是企业长远发展的需要。如果企业最终不能走上“中国创造”这条路，那么它在国际市场上将很难有长久的立足之地。

应该说，中国制造大量走向世界，这是中国国力大幅提升的表现，也可以说，这是中国创造走向世界的前奏，但这绝不等于说我们的企业可以就此止步。对于一个具有优秀历史传承的民族来说，创新永远是一杆不断跨越的标尺。随着中国制造的崛起，具有民族创新精神的“中国创造”也一定能令人瞩目地登上国际市场的大舞台。

效率与公平——做大“蛋糕”与均分“蛋糕”的烦恼

有7个人在一起共同生活，其中每个人都是平凡而平等的，没有什么凶险祸害之心，但不免具有自利的心理。他们每天要分食一锅粥，却并没有称量用具和有刻度的容器。

大家发挥聪明才智，试验了各种不同的方法。

方法一：拟定一个人负责分粥。大家很快就发现，这个人为自己分的粥最多，于是又换了一个人，但总是主持分粥的人碗里的粥最多、最好。

方法二：大家轮流主持分粥，每人一天。这样等于承认了个人有为自己多分粥的权力，同时给予每个人为自己多分的机会。虽然看起来平等了，但是每个人在一周中只有一天吃得饱而且有剩余，其余6天都饥饿难挨。

方法三：大家选举一个信得过的人主持分粥。开始这个品德尚属上乘的人还能基本公平，但不久他就开始为自己和溜须拍马的人多分。

方法四：选举一个分粥委员会和一个监督委员会，形成监督和制约。公平基本上做到了，可是由于监督委员会常提出多种议案，分粥委员会又据理力争，等分完时，粥早就凉了。

方法五：每个人轮流值日分粥，但是分粥的那个人要最后一个领粥。令人惊讶的是，运用这一方法后，7只碗里的粥每次都一样多，就像用科学仪器量过一样。此时，每个主持分粥的人都意识到，如果7只碗里的粥不相同，他无疑只能拿到最少的那份。

经济学课堂

分粥的故事告诉我们效率与公平的关系，其实质就是如何把“蛋糕”做大，如何使“蛋糕”分得更均匀一些。

公平指人与人的利益关系及利益关系的原则、制度、做法、行为等都合乎社会发展的需要。公平是一个历史范畴，不存在永恒的公平。不同的社会，人们对公平的观念是不同的。效率就是人们在实践活动中产出与投入的比值，或者叫效益与成本的比值，如果比值大，效率就高，也就是效率与产出或者收益成正比，而与成本或投入成反比。也就是说，如果想提高效率，必须降低成本或投入，提高收益或产出。

效率和公平是经济学中绕不过去的话题。经济学普遍认为，要强调公平，就要牺牲效率；而要强调效率，就难免要付出不公平的代价。因此，同时实现效率和公平是一种两难处境。

绝大多数人都希望同时实现公平与效率，事实上，同时实现公平和效率几乎不可能。要提高效率，难免有不平等，而要实现平等，往往又要以牺牲效率为代价。在30年的改革实践中，我国一直施行“效率优先”的策略，但人们发现，不公平状况的持续恶化对效率也会产生负面影响。如不公平导致各阶层之间分配性冲突增加，从而影响经济增长。所以，经济发展并不能一味讲效率。

在公平与效率难两全的情况下，经济学家也做了大致的分工，即“市场讲效率，政府讲公平”，要求政府尽快建立健全社会保障体系，而市场依旧是以效率竞争的场地，这在一定程度上减少了效率与公平的困扰。

经济学茶座

公平是自古以来永恒的话题，《百喻经》中“二子分财”的故事就体现了人们的一种公平观。

《百喻经》中“二子分财”的故事是这样的：

古印度有一个贵族，得了重病将不久于人世。他临终前告诫两个儿子：“我死之后，要合理分配财务。”父亲死后，两个儿子听从了父亲的教导，将所有遗产分成两份，但是哥哥指责弟弟分得并不均匀。于是，一个老人给他们出主意说：“我教你们分财产，一定是均匀的。将所有的物品全部破为两半，就是将衣服、盘子、瓶子、盆、缸从中破为两半，铜钱也从中破为两半，每人各取一半。”

“二子分财”的分法可以说是绝对公平，但是所有的东西都被损坏了，这种公平有什么用呢？实际上，两个儿子有完全平等的继承权，财产应该平分，但是不可能完全相等。如果把公平理解为完全平分，那是一个极大的误解，要知道公平永远是相对的。

如何做到最大化的公平呢？这就涉及公平与效率的问题，要实现效率与公平的完美结合，并不容易。举个例子来说：

两个孩子得到一个橙子，由一个孩子负责切橙子，而另一个孩子选橙子。最后，这两个孩子按照商定的办法各自取得了一半橙子，高高兴兴地拿回家了。其中一个孩子把半个橙子拿到家，把皮剥掉扔进了垃圾桶，把果肉放到果汁机里榨果汁喝。另一个孩子回到家把果肉挖掉扔进了垃圾桶，把橙子皮留下来磨碎了，混在面粉里烤蛋糕吃。

从上面的情形我们可以看出，虽然两个孩子各自拿到了看似公平的一半，然而，他们各自得到的东西并未物尽其用。表明上看似公平，却并未达到双方利益的最大化，即资源利用效率并没有达到最优。

在公平与效率之间，既不能只强调效率而忽视了公平，也不能因为公平而不要效率，应该寻求一个公平与效率的最佳契合点，最大化地实现效率，促进公平。

房价——收入赶不上房价的上涨

在武汉工作的80后张阳很郁闷，武汉的房价不断攀升，早已经超过他的心理承受底线——5500元每平方米。对于毕业两三年的他来说，即使想买个50平方米左右的小房子也很难。

张阳毕业后通过事业单位招聘考试来到沌口某学校任教，又与沌口某企业的小吴谈恋爱，他本以为幸福生活将拉开序幕，没想到因为那遥不可及的房子，他的美好姻缘还没怎么开始就走到了尽头。走在街头，望着林立的高楼，张阳不知道自己的情感归宿到底在哪里？

张阳与女友两人的月收入共4000元左右。按照当前的房价水平，买房子对他们来说无异于痴人说梦。他连做梦也没想到过武汉的房价会在短短的两三年之内打着滚儿地往上翻。

在武汉城区，一套80平方米的房子，至少要50多万元。对张阳这样的年轻人来说，房子只不过是一个遥不可及的梦。

经济学课堂

衡量房价与人们购买能力的指标是房价收入比，即指住房价格与城市居民家庭年收入之比。

按照国际上的一般标准，房价收入比在3～6之间被认为是比较正常的。根据2008年《中国统计年鉴》的相关数据计算可知，2007年我国的房价收入比平均为15，远高于国际上普遍认为的正常水平。

我国各个城市的房价收入比都是不平衡的，中小城市的房价收入比多在6倍以上，属于房价过高的范畴，据调查，我国大部分大中城市房价收入比超过6，其中北京、沈阳、贵阳、南京、广州、大连和西安的比率超过了10，甚至更高。

业界专家分析，中国的高房价是众力合推的结果。

从经济学的角度来看，房子是稀缺资源，中国拥有13亿人口，而这自然成为中国人购房的硬需求，其硬需求产生的购买力自然可以预见，如此巨大的内在需求使得中国的房价很难保持较低价位。

房地产暴利是房价居高不下的根本原因。追求最高利润是资本运营的唯一目的，房地产商为保持高利润，通过恶意炒作、囤积居奇、积压闲置土地、控制房源供给、联手哄抬房价等，达到榨取购房者以获得最大利润的目的。

炒房团是高房价的潜在推力。如“温州炒房团”资金雄厚，集团运作，在各地房地产市场频频出手，如飓风一般攻城略地，所到之处房价急升。

国际热钱大量涌入，为高房价推波助澜。自2005年以来，人民币一直处于持续升值或升值预期中，吸引了大量国外游资流入中国市场，这就是国际热钱。这些游资的目的就是赚钱，根据资本的洼地效应，哪里预期有利润，热钱就会冲到哪里。我国各城市的房价持续攀高，使得国际热钱越来越集中到房地产，在一定程度上促使房价居高不下。

经济学茶座

万科集团董事长王石认为，年轻人应该在40岁以后再买房。作为房地产开发商，给出这样的建议着实让人吃惊。但仔细分析起来，“对于年轻人来说，买房未必比租房好”确实有一定的说服力。作为开发商，当然愿意大家都买房，但从实际出发，年轻人没有最后稳定下来之前，还是租房为好。买房的好处是让人有安心感，而不好之处是当想变卖它，或是自己想换工作时，房子往往会成为包袱。比照国外的一些城市，20多岁就买房的年轻人非常少。为了减少自身压力，现在年轻人即便要结婚成家，也还是先租房为好。

李梅在一家银行工作，工资不低，但她坚决不做房奴。她在市中心地段一个幽静雅致的高档社区租了一套两居室的房子，60平方米左右，精装修。到她家里玩的朋友，无一例外地都注意到了李梅经常出去旅游的照片，在大家的羡慕声中，李梅不无得意地说照片都是休假时拍的。用她自己的话说，打死也不做房奴，年轻时的生活不能只为还贷，应该“不辜负自己”去享受生活。

她的父母常为她一个月那么多的房租心疼不已，说都抵得上买房的月供了，劝李梅贷款买房。李梅的观点是：“买房就意味着今后的几十年要背着还贷的压力生活，何必让自己那么累呢？还不如把那些钱拿来旅游，四处走走，开阔眼界，或者多给自己添些漂亮的衣服，也不负青春年华。所以，买房不如租房，个人空间、自由时光、有钱心态、安居之所，一样都不少。”

当下至少对三类人来说，租房是最理性的选择，即刚刚参加工作的年轻人、收入不够稳定的人、工作流动性较大的人。这些人如果不考虑自身的经济条件，一味盲目贷款买房，不仅会出现难以还贷的情况，还可能因为无法还贷而使房产被银行没收。如果那样，就有点得不偿失了。

很多人认为买房是改善居住条件的途径，其实租房也是改善居住条件的途径。当租赁成为一种常态，生活就不会因为租房而变得不幸福。事实上，即便在发达国家，居民平均住房自有率也仅为50%左右，流行的住房时尚是先租房后买房的“梯度住房消费”模式。

也有不少人认为，以中国的传统观念看来，长期租房并不现实。是租，还是买？这是目前摆在不少人面前的一个难题。可能对于大多数人来说，“买房才是正路”，虽然买房可能要花掉毕生的积蓄，还得为装修、买家具忙活，但有人就是觉得“痛并快乐着”。但事实上，租房也可以过得很不错，轻松而洒脱。因此，租房与买房应该视自己的具体情况而定，三思而后行。

人民币升值——人民币越来越值钱

经济学故事

澳大利亚幅员广袤，风景优美，一直是世界各地人们争相旅游的胜地。金融危机爆发后，欧美游客数量大减。传统的旅游格局是圣诞、元旦假期欧美游客多，春节期间中国游客多，如今则变成新年、春节大都是中国游客了。中国游客的增多与出游澳大利亚的花销下降有关。国际金融危机导致澳大利亚酒店价格大跳水，中国的旅行社趁机集中采购，大幅下调春节出境游报价。以广州某旅行社为例，“澳洲大堡礁金钻包机之旅8天”，全程入住国际品牌五星级酒店、范思哲套房、包机直飞等，2008年春节价格是88888元，2009年降为39999元，价格降低了一半以上。当然价格降低最主要的原因是由于澳元贬值和人民币升值，澳元对人民币汇率从2008年的1：6.8下降到1：4.5左右。

经济学课堂

自2005年7月21日我国开始实行以市场供求为基础，参考一揽子货币进行调节，有管理的浮动汇率制度以来，人民币兑美元中间价屡创新高，升值幅度逐渐加快。2005年人民币对美元升值2.56%，2006年升值3.35%，2007年升值6.9%。到2008年，人民币兑美元汇率中间价已经突破7.0的关口，再创汇改以来新高。

在人民币大幅升值的背景下，有人认为人民币升值是中国国力昌盛、强大的表现，是人民币走向世界的前奏；有人则认为，对于我们这样一个欠发达的人口大国来讲，人民币升值是一种虚假繁荣，是一种泡沫。

持续几年的人民币升值对我们到底有哪些益处？这是人们最关心的问题。

第一，扩大国内消费者对进口产品的需求，使他们得到更多实惠。人民币升值给国内消费者带来的最明显变化就是手中的人民币更值钱了，当然这是相对于购买国外的产品或服务而言的。

第二，减轻进口能源和原料的成本负担。我国是一个资源匮乏的国家，大量能源和原料需要进口，在国际能源和原料价格比较高的情况下，国内企业势必承受越来越重的成本负担。目前我国需要大量的能源和原材料用于国内建设和发展，如果人民币升值到合理的程度，便可大大减轻我国进口能源和原料的负担，从而使国内企业成本降低，竞争力增强。

第三，有利于实现我国的产业结构调整。长期以来，我国依靠廉价劳动密集型产品的数量扩张实行出口导向战略，使出口结构长期得不到优化，我国在国际分工中因此一直扮演“世界工厂”的角色。人民币适当升值，有利于推动出口企业提高技术水平，改进产品质量，从而促进我国的产业结构调整，改善我国在国际分工中的地位。

第四，有助于缓和我国和主要贸易伙伴的关系。鉴于我国出口贸易发展的迅猛势头和日益增多的贸易顺差，我国的主要贸易伙伴一再要求人民币升值。对此，简单地说“不”，对贸易双方都没有好处，因为这会不断恶化我国和它们的关系，给我国对外经贸发展设置障碍，而人民币适当升值，可有效减少对外贸易的摩擦与纠纷。

当然，人民币升值也有消极的一面，首当其冲的应该是出口企业。人民币升值，将造成出口企业的利润空间被极大地压缩。而这种痛楚会在一定的时间内由出口企业转移到其他行业和领域，一旦人民币单边升值预期形成并得到强化，我国可能重新面临流动性过剩、资产价格上升、通胀压力抬头的不利局面。

人民币升值有利有弊，但人民币究竟升值还是贬值，以及升值或贬值的幅度该有多大，应由政府依据各方情势仔细权衡。

经济学茶座

自从汇改以来，人民币对美元的汇率累计升值已超过20%。中国老百姓不无欣喜地发现，对比美元，自己手中的人民币愈发“经花”了。实际上，对此是有人欢喜有人忧。

爱好出境购物的人们，在人民币升值的背景下，选择了去以美元为结算货币的地方，购买同样的物品折算成人民币之后价格比以前便宜了不少。此外，由于中国香港目前实行的是港元与美元挂钩的联系汇率制度，受人民币对美元汇率持续走高的影响，人民币比港元越来越“贵”。人民币贵过港币，无疑降低了内地游客赴港旅游的成本，使大家因此享受到更便宜的香港游，从而吸引更多的人加入到香港游的行列。

需要指出的是，普通老百姓对人民币升值的理解，表面上看是“更值钱”、“更划算”，但是，这也很容易陷入人民币升值预期下的“货币幻觉”。具体说来，就是如果人民币相对美元升值，也意味着个人的人民币资产相对美元更值钱。但价格只存在于交易当中，如果个人不打算与外币进行兑换或交易，不打算购买美国商品，不打算出国旅游，不打算投资美国资本市场，那个人就享受不到人民币升值带来的购买力增加的好处。

个人所得税——交税是一种义务

经济学故事

公元8年，王莽登上皇帝宝座，把国号改为“新”，次年改元为“始建国”。

始建国元年，即公元9年，王莽开始推行经济改革措施，设立了对工商业者的纯经营利润额征收的税种“贡”。《汉书·食货志下》中记载：“诸取众物鸟兽鱼鳖百虫于山林水泽及畜牧者，殡妇桑蚕织纺绩补缝，工匠医巫卜视及它方技商贩贾人，贷肆列里区谒舍，皆多自占所为于其所在之其官，除其本、计其得，十一分之，而以其一为贡，敢不自占，自占不以实者，尽没入所采取，而作县官一岁。”其大意是凡是从事采集、狩猎、捕捞、畜牧、养蚕、纺织、缝纫、织补、医疗、卜卦算命之人及其他艺人，还有商贾经营者，都要从其经营收入中扣除成本，算出纯利，按纯利额的十分之一纳税，自由申报，官吏核实，如有不报或不实者，没收全部收入，并拘捕违犯之人，罚服劳役苦工一年。

从税收制度的构成要素来说，王莽的“贡”已具备所得税的特征，其征税对象为纯赢利额；以从事多种经营活动取得纯收入的人为纳税人；税率为10%；纳税人自行申报，官吏核实；对违法者有处罚措施。由于王莽的“贡”征收范围广，征收方法繁，不仅技术操作上不可行，而且引起了人民的群起反抗。到公元22年，王莽不得不下旨免税，但为时已晚。两年后，王莽便国破身死。但是王莽首创的税种“贡”，其实质就是现今的所得税。

经济学课堂

所得税又称所得课税、收益税，指国家对法人、自然人和其他经济组织在一定时期内的各种所得征收的一类税收。一般所得税可划分为个人所得税、企业所得税两大类。

“所得”是税收上的一个很重要的概念。由于认识角度的不同，人们对所得也有着不同的理解。从经济学的角度来看，所得是指人们在两个时间点之间以货币表示的经济能力的净增加值。因此，所得就应该包括工资、利润、租金、利息等要素所得和赠与、遗产、财产增值等财产所得。

通过所得税的征收，更可影响各方面的利益分配格局，客观上也影响纳税人的行为，从而达到一定的调节目的，导致社会财富的再分配。尤其对社会分配不公、收入相差悬殊的现象，所得税更能扮演财富分配“利器”的重要角色。

从2008年3月1日起，我国个税免征额将1600元／月上调至2000元／月。个人所得税根据不同的征税项目，分别规定了三种不同的税率：

1．9级超额累进税率。对工资、薪金所得，按月应纳税所得额计算征税。该税率按个人月工资、薪金应税所得额划分级距，最高一级为45%，最低一级为5%，共9级。

例如，小孟7月份取得工资收入为3500元，那么他应该纳税为：

应纳税所得额=3500−2000=1500（元）

应纳税额=500×5%+（1500−500）×10%=125（元）

2．5级超额累进税率。适用按年计算、分月预缴税款的个体工商户的生产、经营所得和对企事业单位的承包经营、承租经营的全年应纳税所得额划分级距，最低一级为5%，最高一级为35%，共5级。

3．比例税率。对个人的稿酬所得，劳务报酬所得，特许权使用费所得，利息、股息、红利所得，财产租赁所得，财产转让所得，偶然所得和其他所得，按次计算征收个人所得税，适用20%的比例税率。其中，对稿酬所得适用20%的比例税率，并按应纳税额减征30%；对劳务报酬所得一次性收入特高的，除按20%征税外，还可以实行加成征收，以保护合理的收入和限制不合理的收入。

例如，王教授出版一部专著，一次性获得稿酬20000元，那么他应纳税为：

应纳税所得额=20000×（1−20%）=16000（元）

应纳税额=16000×（1−30%）×20%=2240（元）

经济学茶座

1980年，第五届全国人民代表大会通过《中华人民共和国个人所得税法》时，确立了分类征收的个税体制，即对纳税人的各项收入进行分类，采取“分别征收、各个清缴”。

欧美等个税制度成熟的国家一般采用的是综合与分类相结合的个人所得税制，除对个人不同收入来源采取相应的分类，还采用综合个人所得税制，将其全年的收入纳入计税范围，以家庭为主体征收个人所得税。此外，美国的个人所得税还与物价指数挂钩。

我国财政部有关官员在多个场合表示，缩减现行个税税率的级距，在当前情况下更具可操作性。相关学者更是指出，中国当务之急是抬高个人所得税起征点和降低其累进税率的档次，给白领减负。只有中产阶级扩大，消费才能够稳定，经济才不至于大起大落。

要关注个人所得税制度建设，最关键的是纳税人纳税意识的建立。因此，每个人都应该树立纳税人意识，为国家税收作出应有的贡献。

低碳经济——让低碳成为生活方式

2010年1月17日中午12点左右，从广州2号线万胜围站开出的地铁车厢里，20多名只穿短裤，露出大腿的青年男女旁若无人地翻阅报纸或看书，这群年轻人是想借此宣传环保，提倡低碳生活。

在此之前，美国、英国等国家多个城市已经举行了“不穿裤子搭地铁活动”。受此启发，梁先生在广州发起了类似的活动，想借此宣扬低碳生活方式，迎接广州亚运。参与者夏先生表示：“虽然国外的这种活动纯粹是为了增加生活乐趣，但我们希望能通过自己的努力，宣传低碳理念、节约能源，为广州迎接亚运做一些宣传。”

这些参与者身上打出了各种口号，比如梁先生的背包上就贴着“低碳经济是地球的退烧药”的标语，还有的手拿宣传纸牌“RESCUE THE EARTH!（拯救地球）”，一位参与者的口号则颇有幽默感，上书“低碳生活，洒‘脱’到底”。

有些参与的网友坦言，一开始都感到很尴尬，但后来想，这也是为拯救地球出一分力，所以就豁出去了。

20多岁的广州小伙小吴特别强调：“现在地球污染如此严重，我们再这样下去，地球就‘玩完’啦！这道理如果在教科书上说100次，也不一定能吸引大家的兴趣，倒不如用这种方式引起大家的注意。”

经济学课堂

所谓低碳经济，是指在可持续发展理念指导下，通过技术创新、制度创新、产业转型、新能源开发等多种手段，尽可能地减少煤炭、石油等高碳能源消耗，减少温室气体排放，达到经济社会发展与生态环境保护双赢的一种经济发展形态。

低碳经济提出的大背景，是全球气候变暖对人类生存和发展的严峻挑战。随着人口和经济规模的不断增长，能源使用带来的环境问题及其诱因不断为人们所认识，不止是烟雾、光化学烟雾和酸雨等危害，大气中二氧化碳（CO_2）浓度升高带来的全球气候变化也已被确认为不争的事实。

在此背景下，“低碳经济”、“低碳技术”、“低碳生活”、“低碳社会”、“低碳城市”等一系列新概念应运而生。能源与经济以至价值观实行大变革的结果，可能将为逐步迈向生态文明走出一条新路，即摒弃20世纪的传统增长模式，直接应用创新技术与创新机制，通过低碳经济模式与低碳生活方式，实现社会的可持续发展。

发展低碳经济，一方面是积极承担环境保护的责任，完成国家节能降耗指标的要求；另一方面是调整经济结构，提高能源利用效益，发展新兴工业，建设生态文明。这是摒弃以往先污染后治理、先低端后高端、先粗放后集约的发展模式的现实途径，是实现经济发展与资源环境保护双赢的必然选择。

经济学茶座

如今，“低碳”已经成为最热门的词汇，这源于人类对全球气候变暖和煤炭、石油等传统能源日益匮乏的普遍焦虑，也意味着低碳会引发一场包括生产方式、生活方式和价值观念在内的巨大变革。事实上，低碳之风早就在世界上刮了起来。

低碳理念从2003年提出后就日益受到各国的青睐。2007年，日本环境部提出低碳规划，倡导物尽其用的节俭精神，希望用更简单的生活方式达到低碳目的，但生活质量并不会因此而降低。2008年，日本政府提出了“低碳社会行动计划”，将低碳社会作为未来的发展方向和政府的长远目标。巴西则通过发展生物能源来实现低碳目标，巴西政府颁布了关于使用生物柴油的法令，规定从2008年起，全国市场上销售的柴油必须添加2%的生物柴油，到2013年添加比例则提高到5%。

2009年11月25日，中国政府宣布，到2020年我国单位国内生产总值二氧化碳排放比2005年下降40%～45%，非化石能源占一次能源消费的比重达到15%左右，森林面积、森林蓄积量分别比2005年增加4000万公顷和13亿立方米。这是我国根据国情采取的自主行动，充分体现了中国对全人类高度负责的精神。

在可预见的将来，任何企业今后都势必面临更加严格的环保标准，与其被动拖延，使自己在未来面对更狭小的企业生存空间，不如主动出击，提升企业碳价值链条每个环节的内在价值，力争成为未来低碳经济的领跑者。

有人认为，企业在低碳转型时要解决发现需求、调整产品、技术创新等核心问题，而这对于刚刚转型的中国企业来说，意味着增加成本。因此，企业要学会“两条腿走路”，一方面要即时关注国家对一些行业的补贴细则，积极申请政策扶持；另一方面要向一些优秀的低碳企业学习，抢占低碳知识、低碳资金和低碳技术等制高点。